에세이로 만난
클래식 산책

한국현대수필 100년 사파이어문고 ㉚

정연원 수필집

에세이로 만난 클래식 산책

인쇄 | 2025년 11월 14일
발행 | 2025년 11월 17일

글쓴이 | 정연원
펴낸이 | 장호병
펴낸곳 | 북랜드
　　　　04556 서울 중구 퇴계로41가길 11-6, JHS빌딩 501호
　　　　41965 대구 중구 명륜로12길 64(남산동)
　　　　전화 (02)732-4574, (053)252-9114
　　　　팩스 (02)734-4574, (053)252-9334
　　　　등록일 | 1999년 11월 11일
　　　　등록번호 | 제13-615호
　　　　홈페이지 | www.bookland.co.kr
　　　　이-메일 | bookland@hanmail.net

책임편집 | 김인옥
기　　획 | 전은경
교　　열 | 서정랑

ⓒ 정연원, 2025, Printed in Korea
저자와 협의하여 인지를 생략합니다.

ISBN 979-11-7155-165-1　03810
ISBN 979-11-7155-166-8　05810 (E-book)

값 18,000원

이 책은 2025년 한국예술인복지재단
예술활동준비금지원사업으로 발간되었습니다.

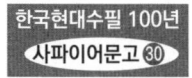

에세이로 만난 클래식 산책

정연원 수필집

북랜드

책머리에

날마다 선물처럼 주어지던 낮과 밤, 새천년 가을밤에 들이닥친 화마가 낮을 삼켜버렸다. 날벼락을 맞은 내 삶은 천 길 낭떠러지로 내동댕이쳐졌다. 앞이 보이지 않는 절망의 늪에서 살아갈 의지마저 바닥날 때 나를 붙잡아준 것은 음악이었다.

불에 탄 잿더미 속에서 움튼 새싹은 25년 동안 희망의 집을 만들어 냈다.

상상도 할 수 없었던 시각장애인의 삶에서 음악은 다시 나를 세우기 위한 대들보와 같았다. 그동안 모은 재료들이 조금씩 규모를 갖추어 이제 작은 집 한 채를 지을 정도가 되었다. 그 하나하나의 곡들이 기적의 새 삶에 발원지가 된 클래식 음악이다.

예전의 나는 클래식 음악으로 밥벌이하며 살았었다. 우리의 음악은 세계 상위권인 국력이나 경제력에 비해 지나친 대중성에 휘둘려 선진국 수준에서 뒤떨어지는 것 같아 답답하고 안타까웠다. 마침 사고에서 살아나면서 클래식과 하나가 되는 경험을 했다. 클래식은 인류가 만들어낸 공동의 언어이며 문화이다. 다시 살아난 인생에서 세계인의 문화 언어인 클래식을 알리는 데 힘을 보태려 한다. 나의 진심이 전달될 때까지 멈추지 않으리라. 잘 알려진 드라마나 영화 속에서 자주 들었던 곡들을 끄집어내 음악의 이론적 배경과 감상을 위한 기초지식을 토대로 에세이를 엮어 보았다. 어렵다고 밀어낸 클래식 음악을 친근하게 접할 수 있도록 길 안내라도 할 수 있다면 전공한 보람을 느낄 수 있을 것이다.

  자료의 토대는 200회를 마친 대구시각장애인문화원 〈역사문화기행의 클래식 시간〉과 각종 음악 교실에서 다루었던 곡들과 〈점자 새소식〉, 계간 《문장》에 연재하고 있는 '정연원의 음악 산책'을 모았다.

  책은 1부 〈주저앉다〉, 2부 〈일어서다〉, 3부 〈걷다〉, 4부 〈즐기다〉로 엮었다. 3부, 4부는 시각장애인이 되어 방황하다가 다시 음악 연주회장을 찾은 해후의 여정이다. 음악으로 다시 찾은 내 삶처럼 클래식과 가까워지려는 입문자에게 도움이 되었으면 한다.

  끊임없는 관심과 감동으로 삶의 끈을 튼튼하게 이어주는 가족이 있었기에 용기를 낼 수 있었다. 음악이 있어 시각장애인으로서의 인생 후반기가 보람과 행복으로 가득하다. 그 행복과 즐거움을 널리 알리는 일이 내 소명이라 다짐한다. 이 책이 마중물이 되어 음악에서 피아노처럼 모두에게 독주이고 협주이며 중주이고 반주이고 싶다.

2025년 11월

청담 정연원

추천사 |

손안에 음악감상실을…

장호병 (사)한국문인협회 부이사장

우선 정연원 사백님의 『에세이로 만난 클래식 산책』 상재를 축하드립니다.

세상에는 음악을 낭만이라 생각하는 사람과 사치라 생각하는 사람, 두 부류가 있습니다. 빠듯한 경제력과 시간에 쫓기는 팍팍한 삶에서는 금전 부담과 기회비용이 필수적 생존비용보다 절박하지 않으니 사치로 여길 수도 있습니다.

어느 시대나 삶의 무대를 들여다보면 약육강식의 틈바구니에서 생존에 급급한 사람들이 많았고, 유유자적할 수 있는 사람은 드물었습니다. 벼랑 끝에 서 있는 절박한 사람들에겐 음악이 사치가 아니라 오히려 절실한 구원의 나팔수가 아니겠습니까? 6.25 전쟁기 한 트럭 분의 음반을 싣고 대구로 피란 온 박용찬은 향촌동에서 음악감상실 '르네상스'를 열었습니다. 멀지 않은 곳에서 포성이 이어졌지만 클래식 음악은 끊이지 않았습니다. 당시 외신들은 "폐허에서 바흐의 음악이 흐른다."고 타전했습니다. 그 절망의 시간에 음악이 사람들에게 위안과 희망을 주었습니다.

전쟁이 끝난 뒤, 대구는 물론 부산 서울 등지에도 고가의 고음질 음향장비를 갖춘 전문 음악감상실이 등장하여 음악 마니아들에게 인기가 많았습니다. 그리고 많은 음악다방이 생겨 새로운 직업의 DJ가 신청곡을 받아 감성적 멘트로 곡해설을 하고 LP판을 플레이하였지요. 엊그제처럼 성행했던 이 일이 몇몇 라디오 방송을 제외하고는 자취를 감추었습니다.

음악의 수요가 줄어들어서가 아닙니다. 1980년대에 들어오면서 녹음기술의 보편화, 1990년대에 들어 음악 재생기기 보급의 영향 때문입니다. 레코드와 특정 음향설비가 된 전문 음악감상실을 찾을 필요가 없어졌습니다. 손안의 스마트폰이 세계 최고 수준의 연주를 찾아 재생할 수 있는 전문 음악감상실 기능을 수행하기 때문입니다. 따로 비용이 들어가지도 않습니다.

바쁜 현대인들이 클래식은 '어렵다, 공부해야 한다, 시간이 없다'는 등의 접근불가 공식부터 먼저 떠올립니다. 하지만 클래식은 과도한 스트레스를 피하기 어려운 현대인들에겐 정신 건강과 감정 리듬을 조절하는 데 가장 접근성 높은 예술 자원입니다. 사치로 여겨졌던 클래식이 지금은 유튜브 스트리밍 덕분에 마음만 먹으면 언제 어디서든 즐길 수 있습니다.

저자는 감상을 위한 곡해설과 흥미있는 정보들을 이 책에 집대성하였습니다. QR코드에 스마트폰을 갖다 대면 바로 유명 오케스트라 단원들의 연주를 감상할 수 있습니다. 이어폰을 이용하면 이 행복한 여유를 옆 사람이 눈치를 챌 수도 없습니다.

음악은 일상생활에서 피폐해진 정서를 회복하고, 쌓인 스트레스를 해소하면서 일상 리듬을 회복하고, 함께하는 이들과 추억을 만들어 가는 등 삶의 질을 높입니다. 축제와 결혼식, 장례식, 각종 모임에서 음악은 공동체의 정서 자원이라 하겠습니다. 단절의 현대사회를 살아가는 교양인이 생존하는 데는 음악이 사치가 아니라 필수적인 낭만임을 알 수 있습니다.

저자는 잘나가던 인생에서 화마로 하루아침에 시력을 잃는 등 절망의 나락으로 떨어졌습니다. 음악의 힘으로 20여 년의 암흑 터널을 견뎌냈습니다.

클래식에 대한 진입장벽을 걷어내고, 독자들에게 '손안의 음악감상실'을 열어준 저자 정연원 선생님께 존경과 응원을 담은 큰 박수 보냅니다.

차례

책머리에 · 4

추천사 | 손안에 음악감상실을… _장호병 · 6

1 주저앉다

비창 교향곡	14
FOR YOU	18
자클린의 눈물	24
엘비라 마디간	30
페르 귄트 모음곡	35
도나우강의 잔물결	41
알비노니 아다지오	46
헝가리 광시곡	51
파헬벨 캐논	57
하프 협주곡	63
트럼펫 협주곡	68
무반주 첼로 모음곡 1번 '프렐류드'	73
터키 행진곡	78
결혼 행진곡	84
교향곡 레닌그라드	90

2 일어서다

운명 교향곡 98
사랑의 인사 103
엘리제를 위하여 109
마레키아레 115
아란후에스 협주곡 121
푸니쿨리 푸니쿨라 126
헌정 130
아이네 클라이네 나흐트뮤지크 136
중앙아시아의 초원에서 141
루슬란과 류드밀라 서곡 146
사랑의 기쁨과 사랑의 슬픔 152
송어 158
드보르자크 유모레스크 163
쇼스타코비치 재즈 모음곡 169
위풍당당 행진곡 175

3 걷다

개선 행진곡 182
파비오 비온디와 에우로파 갈란테 188
임현정의 피아노 독주회 194
정명훈과 KBS교향악단 201
대구시립교향악단 495회 정기 연주회 208
빈 필하모닉 215
런던 심포니를 만나다 222
빈 필의 특별한 추모 228
룩셈부르크 필하모닉 234
런던 필하모닉 240
취리히 톤할레 오케스트라 247
체코 필하모닉 253
라이프치히 게반트하우스 오케스트라 259
프라이부르크 바로크 오케스트라 265
막심 벤게로프 바이올린 독주회 271

4 즐기다

베를린 필하모닉 스트링 콰르텟 278
2024 평창대관령음악제 284
2024 대구 국제 피아노 페스티벌 Ⅰ 291
2024 대구 국제 피아노 페스티벌 Ⅱ 298
카푸숑과 로잔 챔버 오케스트라 305
마리아 조앙 피레스 피아노 독주회 312
정명훈과 라 페니체 오케스트라 319
얍 판 츠베덴 & 서울시립교향악단 325
2025 대구시립교향악단 신년음악회 332
낭만주의 거장 차이콥스키 & 라흐마니노프 338
안드라스 쉬프 & 카멜라 안드레아 바르카 345
알렉상드르 캉토르프 & 프랑스 국립오케스트라 350

글을 마치며 | 356
참고문헌 | 357
부록 | 358

일러두기

❶ 기초적인 음악 이론은 부록에 담았다.
❷ 책의 활용은 차례의 순서보다 알고 있는 곡부터 선택한다.
❸ QR 코드의 음악은 먼저 들어보고, 곡의 설명을 익힌 후 다시 듣는다.
❹ 감상 곡 설명 도중에 나오는 다른 곡들도 들으면 음악과 더 가까워질 수 있다.
❺ 음악을 꾸준히 듣다 보면 어느 순간 총체적인 '들림의 음악'이 된다.
❻ 한 달에 한 번은 음악회(전시회, 연극, 영화) 감상을 권한다.

1
주저앉다

비창 교향곡

교향곡은 1~4악장으로 규모가 크다. 악장마다 분위기가 달라 셈여림의 파도가 감성을 끌어당기기도 하고 밀어내기도 한다. 숨어있던 감성들이 부대끼고 씻겨 조약돌처럼 반들거리게 한다. 그곳에는 신비한 열정과 밝음이 있다.

비창 교향곡은 나의 갈증과 허기를 채워주는 차茶와 집밥이다. 그리고 이상理想과 낭만을 연결하는 무지개다리다. 그 무지개 너머의 세계는 세속의 게으름과 어리석음, 탐욕을 말끔히 씻어내는 곳이다.

젊은 시절 차이콥스키 교향곡 6번 나단조 비창悲愴: Pathetique(슬프고 마음이 아픔)의 블랙홀에 빨려 들어갔다. 모든 것이 모자라고 암울한 여린 마음을 구석구석 쓰다듬어 아픔을 닦아주었다. 때로는 강렬한 몸부림이 극복의 또 다른 힘이 되어 마음의 빈자리를 채우고 활력을 불어넣는다.

비창 교향곡의 떨림과 울림이 하도 강렬하여 스코어score; 총보(總譜)

를 보면서 샅샅이 읽고 살폈다. 제1악장의 서주가 시작되어 잘 알려진 비창의 주제가 가슴을 조이다가 갑자기 포효하듯 포르티시모의 강렬한 폭발이 된다. 이어지는 슬픔의 격렬한 몸부림은 활력의 속내로 불쑥 모습을 나타낸다. 2악장의 경쾌한 리듬은 고뇌를 잠시 덮었다. 3악장에서는 삶의 고통과 다툼을 벌이면서 그것을 극복하는 듯 장중하게 끝을 맺는다. 이어지는 4악장에서는 비창을 불러낸다. 켜켜이 쌓이고 찌든 슬픔과 서러움을 빨래터의 아낙처럼 치대고 방망이질하며 비틀어 짜고 헹군다. 깨끗해진 빨랫감을 툴툴 털어 널고 간짓대로 받쳐놓는다. 곡이 끝나면 뽀송뽀송해진 빨래를 만지는 손맛처럼 가볍고 상쾌해진다.

젊은 시절 친구들과 비창을 감상하고 있을 때 1악장의 폭발 부분에서 옆에 앉은 친구가 "어머" 하며 다급히 내 가슴에 숨어 들었다. 예상 밖의 상황에 놀라고 당황하여 쩔쩔맸다. 그러나 그녀는 얄밉도록 태연하게 내 심장 소리를 듣고 있었다.

"너무 놀라 환상의 품속을 찾았지 뭐."

그녀는 스스럼없이 팔짱을 끼고 놓지 않는다. 모두 미소를 띠고 있는데 나만 어쩔 줄 몰라 하며 잔뜩 긴장했다. 열린 자리에서 이성의 접근을 상상해 보지 못한 처지라 덫에 걸린 노루같이 눈만 껌뻑였다. 음악은 들리지 않고 얼굴이 달아올라 안절부절못했다. 2악장이 가까워지면서 그녀의 팔짱에 버둥대지 않고 나도 비창의 품에 안길 수 있었다. 다른 때보다 여운이 크게 남은 비창은 뜨거운 온천욕을 한 것 같았다.

 이를 계기로 비창 교향곡은 본질과는 달리 젊음의 유희가 되었고 누군가의 감성을 알아보는 도구로 썼다. 새로운 친구를 만나면 비창 교향곡을 같이 들어본다. 놀랄 수 있는 이 부분에서 반응하는 모습은 다양했다. 무의식 속에서 일어나는 상대방의 속내를 살필 수 있었다. 관심 있는 여성과 둘이서 들을 때는 그녀가 내게 기대기를 은근히 바라기도 했다. 하지만 비창의 고뇌와 기쁨을 같이 겪고 나면 감동의 여운에 따라 비밀을 공유한 것처럼 가까워지기도 하고 멀어지기도 했다.

 어느 날 갑자기 닥친 사고로 아내가 떠나고 시각장애인이 되었다. 생각이 멈추고 삶이 허물어졌다. 어떻게 보냈는지 일 년이 지났다. 보이지 않으니 들리지도 않았다. 어느 날인가, 소음만 가득한 머릿속에 빛처럼 음악 소리가 뚜렷하게 들리기 시작했다. 그 곡이 차이콥스키의 교향곡 제6번 비창 교향곡이었다. 그때 내 주위는 아수라장이 되고 황폐해진 그대로였다. 홍수로 둑이 넘어진 들판에 사람의 손길이 닿기 시작하듯 그 옆을 비창 교향곡이 오랜 시간 동안 함께했다. 불의의 사고는 젊은 시절의 암울했던 때보다 더 무겁고 잔인했다. 극한의 슬픔은 극한을 이겨내는 활력을 불러온다고 했던가. 비창이 지나간 자리에 슬픔은 사라지고 더 강한 의지와 불

같은 열정이 깃들기 시작했다.

이후의 생활은 걷기와 녹음도서 독서, 음악을 듣는 일이 일상이 되었다. 그 속에서 점차 조각난 마음과 무기력한 육신을 다독거렸다. 갈등과 대립으로 고뇌하던 젊은 시절, 음악을 들으며 위로받고 용기를 주던 교향곡들이 다시 몰려든다. 내게는 모두가 비창 교향곡이다. 음악에 푹 빠졌던 시절이 다시 시작되었다고 할까. 하루에 교향곡 몇 곡이라도 듣고 싶은데 시간이 턱없이 모자란다. 지나간 시간을 다시 돌려받아 지치도록 듣고 싶다. 허송해 버린 시간을 만회라도 할 수 있으면 좋으련만 늦은 후회는 안타까움만 자아낸다.

비창 교향곡은 내 삶의 가족이고 친구이며 주치의主治醫이다. 슬프면 슬프다고, 힘들면 힘들다고 비창과 마주했다. 그때마다 빨래의 물기를 짜내듯 슬픔과 고통을 없애 주었다. 앞으로의 삶은 나와 비창 교향곡이 운명적으로 만난 것처럼 많은 사람들과 함께하련다. 그리고 비창 교향곡이 주는 보슬보슬하고 향기로운 삶. 순도 높은 감동의 떨림과 울림을 만들어 나갈 것이다.

비창 교향곡 제6번 나단조 op. 74(Pathetique) 전악장
비창 교향곡 제6번 나단조 op. 74(Pathetique) 1악장
비창 교향곡 제6번 나단조 op. 74(Pathetique) 4악장

FOR YOU

 '당신을 위하여'

대사와 음악이 잊히지 않는 영화 〈랩소디Rhapsody〉다.

이 영화는 주인공 리즈와 바이올리니스트 빅과, 피아니스트 존의 삼각 사랑에 대한 이야기다. 빅이 성공을 거둔 곡은 차이콥스키의 바이올린 협주곡이며, 존은 라흐마니노프 피아노 협주곡 2번이다. 사랑 고백으로 'For you포유'를 유행시킨 지고이네르바이젠Zigeunerweisen이 영화의 중심을 잡아준다. 여성의 힘, 사랑의 정열, 음악의 위대함, 러시아의 광활함, 집시의 열정과 비애, 환희가 한데 어울렸다.

리즈는 유명해진 빅 때문에 늘 혼자 바라보아야 했다. 어느 날 식당에서 빅이 바이올린을 꺼내 앉아 있는 리즈에게 "For you."라고 외친다. 그녀 앞에 꿇어앉아 지고이네르바이젠의 2부 '집시의 달' 부분을 연주한다. 이 영화를 잊지 못하게 하는 장면이다. 태풍

18

의 눈처럼 강렬하게 두 사람과 그 주위를 응시한다. 리즈 앞에 꿇어앉아 연주하는 빅의 혼신의 연주를 받아들이는 주인공의 황홀한 표정 연기가 매혹적이다. 이 부분은 오로지 리즈만을 위한 연주이고 태초의 인간처럼 두 사람에게 집중했다. 이런 포유를 받은 연인은 얼마나 황홀할까. 이들 사랑의 고백과 확인 과정은 그리 길지 않았다. 음악이 끝나고 짧은 키스까지 사랑의 깊이와 넓이는 한량이 없다. 분방한 환희의 셋째 부분에서 빅은 리즈를 떠나 관중 속으로 휩쓸려 들어간다. 빅을 쫓는 리즈의 눈길은 행복과 환희, 쓸쓸함이 뒤엉켜 있다. 이 고독을 못 이겨낸 리즈는 피아니스트 존과 결혼하지만, 다시 떠난다. 광란에 가까운, 모두가 어울리는 연주는 나를 압도하고 말았다.

사라사테는 파가니니에 이은 스페인의 천재 바이올린 연주가이며 작곡가이다. 그가 작곡한 지고이네르바이젠은 세 부분으로 이루어진 바이올린 소품이다. 제1부는 열정과 애수, 2부는 감미로운 비애, 3부는 환희의 분방함이다. 바이올린의 화려한 연주에 집시의 정서가 담겨있어 정열적이고 애조가 섞인 곡이다.

이 영화는 대학 새내기 시절에 친구들과 함께 보았다. 영화를 보고 나오면서 친구가 여학생에게 한쪽 무릎을 꿇고 손을 앞으로 내밀며 "For you."라고 외쳤다. 웃음판이 벌어졌다. 그리고 한 사람씩 그 친구의 지도로 동작을 따라 하기도 했다. 지금의 손 하트 모양이나 '사랑해'라는 말이 익숙지 않았던 시절 청춘들의 발랄한 몸짓이었다. 그 뒤부터 사랑 고백이나 청혼할 때 '포유' 혹은 '당신을 위해⋯.'라며 무릎을 꿇는 모습을 보면 입꼬리가 슬며시 올라간다. 사소한 일에도 무릎을 꿇으며 포유를 외치던 친구들과 그 시절이 그립다.

이 영화는 이런 연기와 우스갯거리도 좋았지만, 나에게는 음악의 연주가 더 큰 감동이었다. 빅의 바이올린 연주는 혼신의 힘을 다하는 열정이 돋보였다. 특히 존은 아내 리즈의 텅 빈 마음을 채우고 인정받기 위해 오직 피아노와 사랑을 향하는 모습이 인상적이었다. 드디어 존은 독주회를 시작하지만, 그를 떠난 리즈의 빈자리를 보고 연주가 불안해진다. 지휘자가 자주 눈길을 보내면서 관심을 가질 때는 실수를 할 것 같아 마음을 졸이기도 했다. 그러나 존은 사랑과 방황을 넘어선 자리를 알고 있는 듯, 마지막 부분의 휘몰아치는 연주는 자신은 물론 지휘자와 관중들이 대가大家를 맞이하는 환호가 되었다. 한 여성이 위대한 두 연주가를 만들어냈다. 그 위대한 여성도 사랑의 갈등에 아파한다. 예술의 힘과 사랑의 힘 줄다리기는 끝나지 않을 것 같다.

지고이네르바이젠이라는 긴 이름을 단숨에 외워버린 나의 감동은 용돈이 부족하던 시절 점심을 굶을 작정으로 레코드점으로 향했다. 지고이네르바이젠과 차이콥스키 바이올린 협주곡이 같이 들어있는 것과 라흐마니노프 피아노 협주곡 2번과 3번이 들어있는 LP 레코드 2장을 샀다. 나는 한동안 배가 불렀다. 이 레코드판은 친구들과 함께하며 점심까지 해결해 준 골드 디스크였다.

영화의 제목인 랩소디도 좋았다. 이는 즉흥성을 중시한 악곡의 한 형식으로 서사적, 영웅적, 민족적인 색채를 지니는 환상곡 풍의 기악곡이다. 분방함과 열정이 녹아있는 영화 〈랩소디〉의 랩소디 음악에서 '나의 모든 것을 당신에게 드립니다.'라는 포유의 짧은 말 한마디에 나는 포유의 포로가 되었다. 격식에 얽매이는 긴 사설 대신 간단한 말 한마디로 자신의 모든 것을 바치는 행동이 너무 멋지지 않은가. 포유는 상대방을 위하고 배려하는 최대의 존경이고 예의였다. 대가족과 농촌 공동생활에서 익히고 몸에 밴 포유의 정서가 현대의 언어로 바뀐 데 불과하다. 배려와 존중, 아낌없이 주는 대자연의 섭리처럼 자발적인 마음의 표현이 나를 음악과 삶의 주인공으로 만들어 갔다.

'For you'는 집중과 몰두였다. 나는 일과 주위의 사람들에게 영화의 포유처럼 집중하는 버릇이 있다. 내가 머무는 곳마다 모두가 즐거운 포유였다. 포유는 진정성이 생명이다. 내 마음이 움직이는 대로 한 행동이 아부한다고 오해를 받은 적도 있었다. 포유의 생활은 나를 여유롭게 만들었다. 학생 시절에는 학생 모두가 '그대들'이었다. 군대 시절은 지휘관처럼, 학교에서는 교장이나 학장처럼, 합주·합창단의 지휘자일 때는 악곡이나 단원처럼 그곳이 내 포유의 대상이었다.

이 곡의 첫 부분 '미라시도-', 뻗어나가는 관현악의 힘찬 서주는 마음을 열게 하고 힘을 불러낸다. '집시의 노래'라는 뜻의 지고이네르바이젠은 사라사테가 헝가리를 여행하면서 집시들 사이에 전해지는 각종 춤곡에 다양한 연주 기법을 더해 바이올린 독주곡으로 만들어낸 작품이다. 그만큼 연주하기도 까다로워, 당시에는 사라사테 말고는 이 곡을 연주할 수 없었다고 한다. 열정과 애수가 교차하는 1부가 끝나면 포유 부분의 느린 '미미라-미 레도시라시-' 2부가 애수 띤 감미로운 바이올린 가락이 최상의 마음 콩깍지를 만들어 사랑에 빠지고 만다. 오로지 당신만을 위한 가락이다. 3부는 '레레라라 레레미-' 짧고 경쾌한 리듬이 영화에서처럼 자유분방한 집시의 환희에 내몰린다. 군중 속으로 빨려 들어간 빅의 연주에 달콤하던 짧은 2부의 황홀이 못내 아쉽다. 집시의 정열과 애수 환희가 뒤섞인 음악에 흠뻑 젖는다. 3부의 피치카토의 화려한 바이올린 연주는 어디서도 맛볼 수 없는 열정과 기쁨을 느끼게 한다.

살아오면서 열정 애환 기쁨은 한 묶음으로 다가왔다. 순서가 바뀌고 강약의 차이는 있지만 언제나 같이 다닌다. 시각장애의 입문기에 꼭 들어야 하는 필수곡에는 지고이네르바이젠이 들어있었다. 아무리 괴로워도 영화 〈랩소디〉의 포유 부분은 흘려듣지 않았다.

연주에는 이 부분에 약음기를 이용하기 때문에 더 감미롭다. 지금은 내가 다른 사람들을 향하여 하던 '~위하여' 대신 다른 사람들이 나를 위해 'For you'라고, 도움과 사랑의 말을 듣고 있다. 그 화답으로 몇 년 전부터 음악 선물로 나의 새로운 'For you'의 주행을 쉬지 않고 있다.

그대들에게, 당신을 위하여 For you!

사라사테 바이올린 소품 8 작품 20(지고이네르바이젠)
차이콥스키 바이올린 협주곡 Violin Concerto D Major op. 35
라흐마니노프 피아노 협주곡 2번 Piano concerto c minor No.2 op. 18

자클린의 눈물

반백 년이 넘도록 머리를 맞대 온 동료이자 친구인 선배가 무더위 속에 소천했다. 평생을 땀과 눈물로 소금을 얻어온 샐러리맨이었다. 나도 뒤따라야 할 길이지만 코로나 팬데믹으로 더욱 허전하고 쓸쓸해 보인다.

그를 떠나보내며 더위에 지치고 슬픔에 겨워 힘든 시간을 보내야 했다. 그를 추모하려 오펜바흐의 첼로 곡인 작품번호 76의 두 번째 곡 '자클린의 눈물'을 불러왔다. 선율 따라 슬픔이 뭉게뭉게 솟구친다. 사람의 목소리와 가장 닮았다는 첼로 음이 울부짖음과 흐느낌으로 다가온다.

곡을 듣다가 문득 이 곡의 이름처럼 친구의 이름으로 '○○의 눈물'이라고 이름을 붙여 본다. 이름을 부르니 추모의 정이 더욱 새로워지며 그와 함께한 추억과 아쉬움이 몰려왔다.

유대인인 오펜바흐Offenbach, 1819~1880는 독일의 쾰른에서 태어나 어릴 때 프랑스의 파리로 이주하여 작곡과 첼로를 배웠다. 그는 약 90편의 희가극오페레타; operetta을 쓰기도 했는데, 오페레타 〈천국과 지옥〉 그리고 〈호프만의 이야기〉가 잘 알려져 있다.

자클린의 눈물은 오펜바흐가 1846년에 작곡했는데 이 작품은 op. 76. '숲의 하모니Les Harmonies des Bois'라는 세 곡 중 두 번째 곡이다. 이 곡은 사람의 마음을 자극하는 애절하고 비통한 느낌을 준다. 이 시기에 오펜바흐는 유럽을 첼로 연주자로서 연주 여행하고 있었지만, 이 곡은 곧 잊히고 말았다.

'자클린의 눈물'에서 자클린은 영국의 촉망받던 첼리스트인 '자클린 뒤 프레Jacqueline Du pre, 1945~1987'를 일컫는다. 이 곡의 '자클린의 눈물Jacqueline's Tears, 프랑스어 쟈크린느의 눈물Les Larmes de Jacqueline'이라는 제목이 붙어있지만, 첼리스트 쟈크린느는 오펜바흐의 사후에 태어나 활동한 연주가이기 때문에 오펜바흐는 쟈크린느을 알지 못한다.

당시 음악계에서는 안타깝게도 젊은 나이에 요절한 비운의 첼리스트 자클린 뒤 프레를 애도하는 분위기가 높았다. 이때, 독일의 첼리스트 '베르너 토마스 미푸네Werner Thomas-Mifune'도 그녀의 죽음을 애도하고 있었다. 그는 100여 년 전에 작곡되었다가 잊힌 슬픈 가락을 지닌 오펜바흐 '숲의 하모니'를 찾아냈다. 그는 그 곡을 자기의 음반에 담으며 '자클린의 눈물 Jacqueline's Tears'이라고 이름을 붙여 그녀를 추모하였다. 이 곡은 첼리스트 후배에 의해 재탄생되어 사람들의 심금을 울리는 특별한 추모곡이 된 것이다.

첼리스트 '자클린 뒤 프레'는 당시 남성의 전유물로 여겼던 첼로를 완벽하게 연주한 촉망받는 여성 첼리스트였다. 1967년 영국의 음악계에서는 슈만과 클라라의 결혼에 비교될 만큼 시선을 끄는 세기의 결혼식이 있었다. 천재 첼리스트 '자클린 뒤 프레'와 유명한 젊은 피아니스트이며 지휘자 '다니엘 바렌보임Daniel Barenboim'이 그 주인공이었다.

그들의 행복한 결혼생활은 그리 오래가지 못했다. 그녀는 결혼 후 약 5년 뒤 '다발성 뇌척수 경화증'이라는 병을 얻었다. 자클린은 28세부터 더 이상 연주할 수 없게 되었다. 그런 와중에 남편인 다니엘은 연주 활동 중 만난 여류 피아니스트와 사랑에 빠져 그녀에게 결별을 선언한다. 그녀는 촉망받던 첼리스트와 행복한 새색시의 삶을 송두리째 빼앗겼다. 14년 동안의 힘에 겨운 투병 끝에 결국 42세의 젊은 나이로 생을 마감한다. 마지막에는 척수 손상으로 인한 안면 마비로 눈물조차 흘릴 수 없었다. 병상에서는 젊은 날 사랑하는 남편과 녹음했던 음반들을 듣는 것이 일상이었다.

"나는 운이 좋아 다니엘을 만났고, 그렇기에 연주하고 싶었던 곡들을 모두 음반에 담을 수 있었다."라며 행복한 추억을 자주 회상했다고 전한다.

다니엘은 그의 훌륭한 능력에도 불구하고 아내를 비정하게 대한 것으로 도덕적인 흠이 따라다닌다. 이에 비해 자클린은 자기에게 닥친 가혹한 운명과 남편의 배신을 담담하게 받아들인다. 그녀의 불행하고 참담한 삶에 비하면 나는 무엇이 불만일 수 있을까. 자클린의 첼로 음악의 열정과 삶, 순애보, 아쉬운 죽음이 알려지면서 사람들의 마음을 더욱 아쉽고 안타깝게 하였다.

자클린의 눈물은 다단조 3/4박자 느리게다. '미도시/ 라솔파/ 솔라솔/ 시~~'로 시작한다. 둘째 박이 센 음이 되도록 첼로의 저음에서 곧바로 상승하여 고음에서 하행하는 탄식의 모티브Seufzermotiv 형태로 폐부를 찌르는 듯 더욱 슬픔을 자아내게 한다. B 부분 다장조의 '솔/ 도도도/ 라라/ 레도~'의 연결도 첫 부분과 크게 바뀌지 않고 있다. 형식은 가요 2부 형식으로 되어 있고 그것이 한 번 반복되는 구조이다.

장례나 추모곡으로는 칸타타나 레퀴엠을 사용한다. 이 곡은 그리그의 극음악, 페르킨트에 나오는 '오제의 죽음'과 함께 딩사자의 이름이 적시된 비가엘레지, elegy로서 추모곡funeral music으로 잘 알려져 있다. 따라서 첼로나 피아노에 기교적으로 화려한 부분은 없다. 곡은 매우 슬프고 애절하며 곡의 선율은 거의 첼로에만 집중되어 있다. 반주 분야는 독주 악기의 선율을 부각해 주는 화음 제시의 역할을 충실히 하고 있다. 마치 요절한 자클린 뒤 프레를 위해 작곡을 한 듯한 느낌이 들게 하는 곡이다. 아마 이보다 더 애통에 찬 선율은 어디에도 없으리라.

동료이자 선배의 죽음에 자클린의 눈물까지 더위를 몰고 왔다. 다행인 것은 자클린의 첼로 음반이 많다. 엘가의 첼로 협주곡, 드보르자크의 첼로 협주곡, 브람스 첼로 협주곡, 하이든 첼로 협주곡 등에서는 젊은 날의 천재 자클린이 다시 살아 돌아온 듯 생생하다. 그녀와 남편의 피아노 반주로 만든 베토벤의 첼로 소나타 다섯 곡은 특별했다. 반주와 첼로가 한 치의 양보 없이 자기의 역할에 충실한 것은 부부라는 관계여서 더 완벽하게 조화를 이룬 것 같다. 자클린의 회상처럼, 나는 친구의 죽음에서 잊힌 행복한 추억들을 만날 수 있었다. 이 곡들이 자클린의 분신처럼 더위를 이겨내고 안타까운 마음을 조금씩 풀어내며 그들의 행복한 음악에 빠져들 수 있었다.

바흐의 무반주 첼로 모음곡이 독백을 통하여 자신의 마음을 넓히는 것이라면 자클린의 눈물은 슬픔을 숨기지 않고 한 음씩 마음을 맑게 씻겨주는 곡이다. 폭넓고 중후한 첼로 소리와 고음에서 하향 연주의 흐느끼는 듯한 단순한 음이 뒤를 받쳐준다. 곡이 흐를수록 친구와의 희로애락이 빛나더니 하나씩 멀어져간다. 듣는 이의 마음을 비우게 하며, 가는 이의 발걸음을 그나마 쉽게 옮길 수 있게 하는 첼로 음이었다.

눈물은 슬픔과 기쁨을 씻어내는 정화수이다. 자클린의 눈물은 고통과 슬픔 뒤에 오는 아름다운 추억으로 마음을 위로한다. 또한 음악으로 전하는 우정과 이별의 인사였다.

자클린의 눈물
엘가의 첼로 협주곡

엘비라 마디간

    피아노 협주곡이 또 다른 사랑의 이름이 되었다. 영화 속 음악이 곡의 별칭이 된 영화 〈엘비라 마디간〉, '1889년 스웨덴 백작 육군 장교 식스틴 스피리 중위와 덴마크 출신 소녀 엘비라 마디간이 숲속에서 자살하다. 이 영화는 실화다.'라는 자막으로 시작된다.

불륜이지만 진실하고 아름다운 사랑 이야기다. 1967년 감독 '보 비더버그'에 의해 스웨덴에서 만들어졌으며 우리나라에는 1972년에 개봉되어 큰 감동을 주었다.

서커스 단원인 엘비라 마디간은 스웨덴 공연에서 운명적인 한 남자를 만난다. 그는 아내와 2명의 자녀를 둔 유부남이었다. 그들은 수년간 서로 몰래 편지를 주고받았다. 그러던 어느 날 식스틴이 시비 끝에 사람을 죽이는 사고가 발생한다. 식스틴은 정당방위였음에도 불구하고 아무도 믿어주지 않자 탈영하여 둘은 사랑의 도피를 감행한다. 사랑의 도피는 가난과 사회적 냉대에 부딪혀 약 한 달 만에 끝난다. 그때 엘비라는 스물한 살, 식스틴은 서른네 살이었다. 영화는 이 한 달을 다루고 있다.

영화의 끝부분이 압권이다. 둘은 마지막 소풍을 떠난다. 엘비라와 식스틴은 잔디밭에서 최후의 만찬을 하고 서로 포옹을 한 채, 사랑하는 연인에게 총을 겨눈다. 차마 방아쇠를 당기지 못하는 남자. 그때 그들 앞에 나타난 한 마리의 나비, 여인은 나비를 따라 뛰어가고, 양손에 나비를 담아 올리는 순간, 화면은 멈추고 두 발의 총성이 울린다.

이 장면에서 모차르트의 피아노 협주곡 제21번 제2악장의 아름다운 선율이 흐른다. 영화에 삽입된 모차르트의 피아노 협주곡 제21번 다장조 K. 467, 2악장은 그때부터 아예 '엘비라 마디간'이라 불렸다. 특이하게 클래식 음악인 엘비라 마디간은 빌보드 차트에 6주간이나 올랐었다.

엘비라 마디간은 안단테느리게, F장조, 4/4박자, 가요형식이다. 낮은 현의 피치카토(따따 끊어서)의 도움을 받아 더없이 맑은 제1주제 '도솔미도/ 솔 파미레도/ 디(도#)레~'를 제1 바이올린으로 노래한다. 이어 제2주제가 나타나며 독주 피아노로 넘어가서 반복한다. 이 주제는 조성이 변하지만 곡의 흐름은 한결같이 맑고 부드럽다. 이 음악으로 말미암아 불륜을 담은 영화 〈엘비라 마디간〉은 묘하게 달라졌다. 너무도 순수하고 열정적인 아름다운 사랑으로 그려진 것이다.

　이 곡은 모차르트가 1785년에 작곡한 3곡의 피아노 협주곡 중 두 번째 곡이다. d단조 K. 465, C장조 K. 467, 내림 E장조 K. 482이다. 이 곡 C장조 K. 467은 '숭고하리만치 장중함을 가진' 곡이라고 모차르트의 아버지가 딸에게 보낸 편지에 평가된 악곡이다. 이 곡은 3악장이다. 제1악장은 알레그로 마에스토소(빠르고 장엄하게), C장조, 4/4박자, 협주곡 풍의 소나타 형식이다. '도솔도미 파미레도 시라솔~' 또렷한 현악기로 제1주제가 낮은 현으로 이어지고 제2주제가 관악기로 나타난다. 제3악장은 알레그로 비바체 아사이(더 빠르고 활기차게), 2/4박자, 론도 소나타 형식이다. 총주에 이어 피아노가 반복한다. 카텐차를 거쳐 론도 주제를 네 번 나타내고 끝난다. 연주 시간은 약 26분으로 부담스러운 시간이 아니며 현악기와 목관악기, 팀파니가 독주 피아노와 어울린다. 초연은 그해 3월 12일, '예약 연주회'에서 모차르트 자신에 의해 연주되었다.

　연주회에 참석한 그의 아버지는 딸에게 보낸 편지에서 "청중들의 갈채를 받았으며 많은 사람들이 눈물겨워했다."라고 전했다.

　젊은 시절의 나는 이 영화를 보고 그들의 적극적인 사랑과 아름다운 이국적인 풍경에 깊은 감명을 받았다. 특히 극적인 장면과 음악의 어울림에 감탄했다. 영화 음악에 대해 새로운 길에도 눈을 떴다. 그리고 모차르트 음악에 반해 버렸다.

모차르트Mozart, 1756~1791는 35세에 생을 마감하여 작품정리가 되어 있지 않았다. 그의 작품은 친구인 쾨헬에 의해 정리되었다. 모차르트 곡에는 op(작품번호) 대신 KV 혹은 이 곡처럼 K. 467이라는 번호가 붙는다. 모차르트는 아버지의 조기교육으로 음악의 신동으로 알려졌다. 어릴 때부터 누나와 피아노 연주 여행을 다니며 유명해졌다. 그는 음악의 신동답게 오페라를 비롯하여 각 악기의 협주곡 등 모든 분야에서 큰 업적을 남겼다. 특히 피아노 소나타나 협주곡이 많다.

모차르트의 구슬 굴리는 듯한 피아노곡은 마음을 정화하는 데 더할 나위 없다. 나는 그의 피아노곡 악보 필사에 집중하고 있었다. 특히 엘비라와 나이가 같은 피아노 협주곡 21번의 2악장인 엘비라 마디간은 악보를 외워서 적을 수 있었다.

모차르트는 궁정이나 교회에 속하지 않고 홀로서기를 한 음악가로 우뚝 선다. '예약 연주회'로 자기의 작품을 직접 연주하는 새로운 제도를 만들었다. 어려운 삶에도 그의 음악은 단조의 음악이 적고 언제나 밝고 긍정적이며 독립적이었다. 나 역시 힘들어 막막할 때마다 그의 음악을 들으며 홀로서기를 해왔다. 모차르트의 피아노곡은 처음 LP판이었을 때는 아내의 태교용이었고, 그 후 CD는 딸과 며느리의 태교 음악으로 쓰였다.

이 영화는 결코 불륜의 사랑을 미화한 것이 아니고 객관적으로 두 연인의 도피행각을 그려 순수한 사랑의 위대함을 설득한다. 영상을 압도한 음악, 부드러운 색채, 화면의 감각, 느린 동작이나 정지된 상태를 구사한 장면 묘사는 사랑의 본질을 투시한 것이리라.

이 영화는 칸 영화제에서 여우주연상과 뉴욕 비평가상, 골든 글러브상을 받으면서 대중들의 인기를 얻는다. 그 후 실제 주인공이 묻힌 두 사람의 묘지에는 찾는 이가 줄을 잇는다고 한다.

엘비라 역을 한 '피아 디거마크Pia Degermark'는 스웨덴의 귀족 출신으로 처음 출연한 이 영화로 칸 영화제 여우주연상을 받았다. 그녀는 엘비라 마디간의 이미지를 영구히 간직하기 위해 평생 많은 출연 제의에도 불구하고 모두 거절했다고 한다.

영화의 주인공들은 틀에 얽히고 오염된 세상에서 자연의 숲으로 도피한다. 그리고 아름다운 자연 속에서 사랑을 이루고 마무리한다. 나도 그들의 사랑과 용기를 부러워했었다. 하지만 나는 그 틀을 벗어나지 못하고 지금껏 살아왔다. 그곳에는 언제나 모차르트의 음악이 있었기 때문이다.

나는 이 영화가 생각나면 핑크 마티니의 '초원의 빛'을 고명처럼 들어본다. 그러면 엘비라의 떠도는 영혼을 감싸며 위로하는 듯한 가냘픈 목소리가 감동의 여운을 이어준다.

영화 속 모차르트의 음악처럼 모두에게 위로와 사랑을 보낸다.

모차르트 피아노 협주곡 21번 2악장

페르 귄트 모음곡

페르 귄트Peer Gynt는 입센이 쓴 희곡이다. 이 희곡의 남자 주인공 이름도 페르 귄트다.

페르 귄트는 몰락한 지주의 아들로 몽상가이기도 하다. 그는 영웅심이 강하며, 난봉꾼이자 방랑벽이 심한 과대 망상적인 인물이다. 그는 사랑하는 두 여인 어머니 오제와 연인 솔베이를 남겨 둔 채 세계 각지를 돌아다닌다. 결국 빈털터리가 되어 연인 솔베이의 오두막으로 돌아오는데….

모음곡suite, 組曲은 이야기가 있는 악곡의 모음이다. 초기 모음곡은 춤곡의 메들리medley였으나 점차 극의 배경음악이나 소나타보다 작은 형식의 기악곡 모음을 일컫는다. 바흐의 무반주 첼로 모음곡, 비제의 '아를르의 여인' 모음곡, 차이콥스키의 발레 모음곡 등 널리 알려진 모음곡이 많다.

에드바르드 그리그Edvard Grieg, 1843~1907는 노르웨이의 국민악파 작곡가, 피아니스트, 지휘자이다. 그리그는 극작가 헨리크 입센의 노르웨이 민속 설화를 소재로 쓴 5막 페르 귄트 연극에 배경음악을 의뢰받았다. 그는 31세 때 이 곡을 쓰기 시작하여 다음 해 여름에 완성했다. 이 극의 배경음악은 5곡의 전주곡을 비롯하여 행진곡, 춤곡, 독창곡, 합창곡 등 모두 23곡으로 이루어져 있다. 그리그는 이 곡에서 8곡을 골라 원곡과 다른 새로운 느낌의 '제1모음곡' 4곡과 '제2모음곡' 4곡으로 새로운 '페르 귄트 모음곡'을 발표했다. 초연은 1876년 2월이다.

♪ 제1모음곡, op. 46

• 제1곡 아침의 정경 Morgenstimmung

원래 4막의 전주곡으로, 페르 귄트가 모로코 해안에서 맞은 아침 일출을 묘사한다. 이 아름다운 아침의 정경은 새벽을 열고 아침을 맞이하는 희망과 활력을 주는 곡이다.

• 제2곡, 오제의 죽음 Åase's døt

느리고 비통하게 연주된다. 페르 귄트는 연인 솔베이를 남겨 두고 어머니 오제에게로 돌아오지만, 병상의 오제는 아들 '페이'의 여행 이야기를 들으며 임종한다. 망나니 아들 때문에 마음고생을 한 고독했던 어머니의 죽음을 잘 나타낸다. 추모식이나 영결식에 많이 사용되는 곡이다.

- 제3곡, 아니트라의 춤 Anitras Tanz

4막에 나오는 아랍 공주 아니트라가 춤을 추는 장면이다. 현악기와 트라이앵글로 연주하는 동양풍의 매력적이고 요염한 듯 관능적인 음악이다. 원곡은 모음곡 2번에 있는 아라비아 춤 다음이지만 모음곡에서는 완전히 떨어져 있다.

- 제4곡, 산속 마왕의 전당에서 In der Halle des Bergkönigs

2막 산속 마왕의 동굴 장면이다. 마왕의 딸을 만나 마왕의 동굴에서 펼쳐지는 음악이다. 행진곡풍의 곡으로 페르 귄트가 마왕의 딸을 꼬드기려는데, 클라이맥스에 이르러 멀리서 들려오는 종소리에 폭발음이 들려 악마들이 뿔뿔이 흩어져버리는 광경이 잘 묘사되어 있다.

♤ 제2모음곡, op. 55.

- 제1곡 잉그리드의 탄식 Der Bruderovet Ingrids Klage

페르 귄트는 결혼식에서 신부 잉그리드를 납치하여 산속으로 데려온다. 잉그리드가 슬퍼하는 장면이다. 원곡에서는 2막의 전주곡이다. 신부의 납치라는 짧은 테마가 관현악을 통해 격렬하고 야성적인 절규를 한다. 그러나 페르 귄트는 곧 권태를 느껴 도망치며 곡은 탄식으로 끝난다.

- 제2곡, 아라비아의 춤 Arabischer Tanz

4막에 나오는 아라비아 궁전의 장면이다. 페르 귄트는 예언자로 가장하고 춤을 구경한다. 춤은 3부로, 1부는 아랍 여인들의 춤이 경쾌하면서도 이국적인 선율이다. 2부는 공주의 유혹하는 듯한 관능적인 부분이며, 3부는 다시 1부가 재현되고 아쉬움을 남긴다.

• 제3곡, 페르 귄트의 귀향 Peer Gynts Heimkehr

5막에 나오는 폭풍이 휘몰아치는 해안의 저녁이다. 페르 귄트는 미국에서 금광을 하여 많은 돈을 벌었다. 부푼 귀향길에 폭풍을 만나 목숨만 겨우 건진다. 그리그는 천지를 뒤엎는 큰 폭풍우의 정경을 실감나게 표현했다.

• 제4곡, 솔베이의 노래 Solveigs Lied

페르 귄트의 귀향을 애타게 고대하는 솔베이의 심정을 노래한 곡이다. 페르 귄트는 오랜 여정을 마치고 솔베이가 머무는 오두막을 찾는다. 백발이 된 솔베이는 페르 귄트가 자기의 무릎을 베고 평화스러운 죽음을 맞게 한다. 솔베이의 노래는 연인을 기다리며 모든 것을 받아들이고 녹여내는 지고지순한 여인의 사랑이 담겨있다.

페르 귄트 모음곡 중 가장 유명한 곡은 아침의 정경과 오제의 죽음, 솔베이의 노래이다. '아침의 정경 morning mood'은 페르 귄트가 방랑 중 배가 난파되어 모로코 해안가에 닿은 안도와 절망의 장소이다. 이곳의 여행에 경험이 있다며 영화 '카사블랑카' 릭스(똑같이 꾸민) 카페에서 피아노 연주로 여행자를 맞이한다. 이튿날 이곳 아침의 일출을 보면 무심코 들었던 지난밤의 멜로디가 모두 꿈틀대는 감동을 맛볼 것이다. 그리그는 아름다운 모로코 해안의 새벽빛 아침 바다와 하늘을 한 폭의 수채화처럼 플루트 선율로 그려내어 모음곡 첫 번째 곡으로 삼았다. 아침의 정경은 듣는 이에게 하루를 여는 새로운 활력과 희망이 가득한 페르 귄트의 상징 곡이 되었다.

어머니 '오제의 죽음The Death of Ase'은 '미라시 미라시~'로 시작하여 슬픔의 극을 넘어선다. 어머니에게 자식은 언제나 망나니인가? 어머니는 남은 자식이 편안해져야 저세상에서도 안식을 얻는 존재인 것이다. 모음곡의 마지막 '솔베이의 노래Solveig's song'는 페르 귄트의 안식처럼 숭고한 사랑의 아우라aura를 만들어 낸다.

페르 귄트는 노르웨이의 설화를 입센이 희곡으로 만든 성공적인 작품이지만 내용은 막장 드라마와 같은 망나니이다. 그러나 그리그는 아침의 정경으로 활력을 주고, 오제의 죽음으로 후회와 애도를 불러오고, 솔베이의 노래로 시공을 초월한 사랑을 맛보게 한다. 페르 귄트 모음곡은 성공보다는 성장과 성숙을 이룬 삶의 방향과 지혜를 주는 작품이어서 더욱 애착이 간다.

이 모음곡은 영화나 드라마의 장면에 가장 많이 사용되는 곡들이다. 솔베이지 혹은 솔베이그로 불리는 'Solveig'는 '솔베이'의 잘못된 표기이다.

지금 내 주위는 작은 것에도 다투고 원망과 미움이 가득하다. 페르 귄트 모음곡은 가슴 울리는 기다림의 큰 사랑이 담겨있다. 오페라 나비부인의 핑크톤 부인 초초의 기다림과 성춘향의 기다림, 솔베이의 기다림을 만나본다. 아름다운 사랑이 삶을 윤택하고 행복하게 하는 감동의 힘을 만날 것이다.

행복은 발견하는 것이라고 한다. 희곡을 통해 얻은 느낌과 음악을 들으며 얻은 감정이 달랐다. 보는 것이 전부가 아니다. 이 곡은 나의 상상력을 키우고 감동의 밭을 넓혀주었다. 우리는 호텔의 스위트룸suite room에서 쉬는 것은 여건이나 경비 문제로 쉽지 않다. 그러나 같은 이름의 스위트 음악suite; 모음곡은 마음만 먹으면 언제나 즐길 수 있다.

행복을 발견하고 즐기는 것은 자기 자신의 몫이리라.

〈솔베이의 노래 가사〉

그 겨울이 지나 또 봄은 오고 또 봄은 가고 그 여름날이 가면 더 세월이 간다. 세월이 간다. 아! 그러나 그대는 내 님일세 내 님일세. 내 정성을 다하여 늘 고대하노라. 늘 고대하노라.

아! 그 풍성한 복을 참 많이 받고 참 많이 받고 오! 우리 하느님 늘 보호하소서. 늘 보호하소서. 쓸쓸하게 홀로 늘 고대함 그 몇 해인가. 아! 나는 그리워라, 널 찾아가노라. 널 찾아가노라.

페르 귄트 '아침의 정경'
페르 귄트 '오제의 죽음'
페르 귄트 '솔베이의 노래'

도나우강의 잔물결

　　용오름 같은 팡파르가 '도나우강의 잔물결'을 환하게 연다. 깊이를 알 수 없는 물줄기가 느린 걸음으로 나를 감싸며 사로잡는다. 나를 깨운 가락은 도도하게 흐른다.

　'도나우강의 잔물결Donau Wellen Walzer'은 루마니아왕국 초대 군악대 총감독을 지낸 이오시프 이바노비치Iosif Ivanovici, 1845~1902가 1880년 작곡하였다. 전주와 4개의 작은 왈츠 및 종결부로 되어 있으며, 연주 시간은 7분 30초 정도다.

　이 곡은 a단조, 3/4박자, 알레그로 모데라토(꽤당히 빠르게)다. 현악기의 여린 트레몰로(같은 음을 같은 속도로 여러 번 치면서 연주하는 기법)에 이은 관악기의 팡파르(짧고 씩씩한 악곡)가 대지를 깨우고 장엄한 모습을 드러낸다. 짧은 도입부의 전주에 이어 현악기가 느리게 첫 번째 왈츠를 시작한다. '미/ 미/ 솔#라/ 시/ 솔#미/ 도/ 시라/ 미~'의 제1왈츠의 아름다운 a단조의 가락이 연주된다. 이 가락이 반복될 때는 이

주저앉다 41

미 빠져있는 자신을 볼 수 있을 것이다.

이어 관악기의 상행 음과 스타카토와 같은 빠른 제2왈츠 F장조가 나타나며 반복된다. 더욱 선명해진 왈츠의 리듬에 몸이 리듬을 타게 한다. 다시 현악기가 충분한 여유를 지닌 박자로 느린 제3왈츠 a단조가 다른 가락으로 나타나 분위기를 바꾸며 반복한다. 제4왈츠 f단조가 나와, 제2왈츠의 가락이 한번 나오고 제1왈츠가 다시 나타난다. 피날레 부분은 C장조로 당당하게 끝난다.

도나우강은 영어로 다뉴브, 체코어로 두나이, 루마니아어로 두너레아라고 불린다. 약 2,850킬로미터에 달하는 긴 강이다. 알프스 북부 산지에서 발원해 독일, 오스트리아, 체코 등 여러 나라를 지난다. 도나우강은 우리나라 강과 달리 서에서 동으로 흐르며, 유럽 각국의 산지와 협곡을 지나 평야를 거쳐 흑해에 이르게 된다. 이 곡은 긴 강의 여러 여정을 짧은 곡으로 단조와 장조, 왈츠의 리듬에 실어 인생의 희로애락을 잘 나타낸 것이다. 특히 애수를 띤 특유의 선율은 동유럽적인 자연과 분위기를 지니고 있어 우리의 감성을 자극한다. 오케스트라 연주도 좋지만, 피아노 연주도 아름답다.

이바노비치는 동부 유럽의 유서 깊은 지방 루마니아의 서부 바나트에서 태어났으나 출생 연도는 분명하지 않다. 그는 군악대 대장답게 팡파르와 행진곡, 왈츠 등 수많은 통속 민요도 많이 썼다. 그중 시인으로 이름난 왕비 엘리자베스의 필명筆名인 '카르멘 실바

Carmen Sylva' 왈츠와 가장 유명한 '도나우강의 잔물결'을 남겼다.

  왈츠는 오스트리아에서 시작된 가장 대중적이고 유명한 서양 고전음악의 춤곡이다. 4분의 3박자로 속도는 약간 빠른 편이다. 강약약, 쿵짝짝의 박자를 정확히 짚어 주는 리듬에 우아한 선율이 온몸을 움직이게 한다. 어깨를 들썩이게 하는 우리의 굿거리장단이나 세마치장단처럼 특별히 리듬을 강조하는 음악이다. 19세기 유럽 사교계를 완전히 지배하다시피 한 장르다.

  '도나우강의 잔물결'은 선율의 아름다움 때문에 미국에서는 '애니버서리 송(기념의 노래)'이란 이름으로 불리고 있다. 우리에게는 윤심덕尹心悳의 '사死의 찬미'로 친근한 곡이다.

  일제강점기인 1926년 우리나라 최초의 여성 성악가인 윤심덕은 '사의 찬미'라는 번안 가요를 발표한다. 윤심덕은 1920년 동경 음악학교를 졸업하고 돌아와 음악 활동과 교편생활을 하다가 극단 토월회 회원으로 신극 운동에 참여했다. 그녀는 당시 유행하던 노래를 일본에서 레코드 녹음을 했다. 다음 날 윤심덕은 음반사 사장에게 특별히 한 곡을 더 녹음하고 싶다고 청했다. 그 곡이 바로 '도나우강의 잔물결'에 자신이 쓴 가사를 붙인 '사의 찬미'다. 미국 유학을 떠나는 여동생 윤성덕의 피아노 반주에 맞춰 불렀다.

  '광막한 황야에 달리는 인생아

    너의 가는 곳 그 어데냐~~'

1926년 8월 3일, 음반 녹음을 마친 윤심덕은 동갑내기 애인인 극작가 김우진과 함께 관부연락선을 타고 귀국하던 도중 함께 껴안고 현해탄에 몸을 던졌다. 시대를 앞서가던 신식 여성과 부잣집 유부남의 이루어질 수 없는 사랑은 이렇게 비극적으로 끝나고 말았다. 그녀의 유서가 돼 버린 이 염세적인 노래는 이들의 죽음과 더불어 세간에 숱한 화제를 뿌리며 날개 돋친 듯 팔려나갔다. 당시에 10만 장이나 팔렸다고 하니 대단하다.

한편 항일 운동가였던 주기철 목사는 민족의 기개와 신앙의 지조를 지키기 위해 일제의 신사참배 강요에 결연히 맞섰다. 그는 감옥에서 '영문 밖의 길'을 노래하며 저항하다가 1944년 4월 21일 평양형무소에서 옥사했다.

'서쪽 하늘 붉은 노을 영문 밖에 비치누나 연약하온 두 어깨에 십자가를 생각하니~~'라는 가사를 만들어 '도나우강의 잔물결' 곡조에 맞춰 부른 '영문 밖의 길'은 희망과 부활을 외치는 찬송가가 되었다.

도나우강 하면 다른 나라 사람들은 요한 슈트라우스 2세Johann Strauss II, 1825~1899의 '아름답고 푸른 도나우강'을 떠올리지만, 우리나라 사람들은 이바노비치의 '도나우강 잔물결'을 떠올린다. 그만큼 한국인들에게는 절망 속에서 애환을 함께한 특별한 곡이기 때문이리라.

이 시절 우리 민요 외에 선교사를 통해 들어온 찬송가와 외국 가곡을 통해 신식 창가가 걸음마를 시작했다. 대구의 청라언덕과 애틋한 사랑을 노래한 우리나라 최초의 가곡인 이은상 작사 박태준 작곡의 '동무 생각(사우思友, 1922)', '오빠 생각(1925)', 홍난파의 '봉숭아(1920)', '고향의 봄(1929)', 윤극영의 '반달(1924)' 등도 이 시기였다.

우리에겐 한때 나라도 복장도 글도 음악도 내 것이 부정되고 업신여김을 당했던 시절이 있었다. 내 노래가 없던 시절, 도나우강 잔물결에 가사를 붙여 '사의 찬미'와 '영문 밖의 길'이 가슴의 울화를 풀어낼 때, '이 풍진세상을 만났으니~'로 시작되는 '희망가(1923)' 역시 우리의 마음을 움직였다. 희망가는 미국인이 작곡한 찬송가에 가사를 바꿔 부른 번안 가요였다. 이처럼 우리의 근대음악은 당시의 감성과 정서에 맞는 외국의 곡을 가져온 것이다. 그 곡에 알맞은 가사를 붙여서 부른 수많은 번안 가요가 한을 녹여내고 마음을 채워주는 양식과 응원가가 되었다. 100년이 된 오늘 우리는 K팝이라는 한류 음악으로 세계를 누비고 있다.

유성기에서 아련한 '사의 찬미'가 들려온다. 그 위를 관현악곡의 '도나우강 잔물결'이 겹친다. 부서져 내린 지난날의 애증들이 잔물결 위를 춤추며 흘러간다.

이바노비치 '도나우강의 잔물결'
윤심덕 '사의 찬미'

알비노니 아다지오

내전 중인 유고슬라비아 1992년 5월 27일, 보스니아 수도 사라예보에서 연방 탈퇴를 반대하는 세르비아 민병대가 쏜 포탄이 떨어졌다. 빵을 사려고 줄 서 있던 시민 22명이 목숨을 잃었다. 폭발 다음 날 텅 빈 비극의 이 자리에 한 남자가 나타나더니 첼로를 꺼내 들었다. 사라예보 필 하모니 오케스트라 첼로 단원 베드란 스마일로비치Vedran Smailovic였다. 그는 검은 연주복을 입고 곡을 연주하기 시작하였다. 그가 연주하는 동안 포격은 멈췄다. 건물 곳곳에 숨어있던 세르비아 저격수들도 그를 쏘지 않았다. 연주는 사망자 22명을 추모하기 위해 22일간 계속되었다.

그의 연주는 사라예보 시민은 물론 전 세계를 위로하였다. 이 장면은 캐나다 소설가 스티븐 갤러웨이가 『사라예보의 첼리스트』라는 소설을 2008년에 출간하여 더 유명해졌다.

베드란 스마일로비치가 연주한 곡은 '알비노니 아다지오 또는 아다지오 g단조'라고 부르는 첼로로 편곡된 멜로디이다. 나단조, 3/4박자, 아주 느린 아다지오 ♩=60(사분음표를 1분에 60회 치는 빠르기로 연주하라는 기호)이다. '미레도 시라/ 라#솔/ 파 미레도시/ 시라~~' 시작하여 도돌이표로 반복된다. 이 곡의 제목처럼 아다지오의 느린 멜로디가 망자를 추모하고 산 자를 위로하였다.

토마스 알비노니Tomaso Albinoni, 1671~1751는 코넬리, 비발디와 더불어 이탈리아 바로크 음악의 황금기를 이룬 작곡가이다. 알비노니의 생애에 대해 그리 많이 알려진 것은 없지만, 그의 부친이 종이 제조업과 판매업을 크게 하고 있었기 때문에 물질적으로 넉넉한 환경에서 자랐다고 한다. 그 때문에 귀족이나 교회에 고용되어 생계를 위한 음악을 이어가던 다수의 음악가와는 달리 음악을 즐길 수 있었던 몇 안 되는 음악가이다. 요한 제바스티안 바흐가 특히 알비노니의 작품을 좋아했다고 한다.

'아다지오 g단조'는 엄밀히 말하면 알비노니의 작품이 아니라고 할 수 있다. 제2차 세계대전 직후 이탈리아의 작곡가이며 음악학자인 레모 지아조토Remo Giazotto가 알비노니의 작품 목록을 만들었다. 그는 폐허가 된 독일 드레스덴의 섹슨 주립도서관에서 알비노니 소나타의 스케치 수준에 불과한 자필 악보 일부를 발견했다. 그는 여기에 멜로디를 붙여 오르간과 현악 합주를 위한 곡으로 완성하였다. 그러나 이 곡의 대부분 음반에는 제목과 함께 편곡 지아조토Arrangement Giazotto라고 표기되어 있다.

　2015년 이라크 바그다드 폭탄 테러가 일어났을 때, 그 현장에는 이라크 국립교향악단 지휘자 카림 와스피Karim Wasfi가 연주하였다. 위험을 무릅쓴 그는 "날마다 죽음을 경험하는 상황 속에서 사람들이 음악으로 일상을 되찾을 수 있도록 노력하려 한다." 또 "추하고 파괴적인 전쟁에 맞서 삶의 아름다움과 창조성에 대해 보여주고 싶었다."라는 말로 자기의 심정을 밝혔다. 사라예보의 베드란 스마일로비치도 뉴욕타임스와 인터뷰에서 말했다.

　"나는 음악가다. 다른 주민이 그러는 것처럼 나는 내가 할 수 있는 것을 하는 것이다."

　이처럼 전장의 한복판에서 목숨을 건 용감한 연주자와 포격을 멈추게 한 음악의 힘이 놀라웠다. 이제는 테러가 일어난 현장에 의료진이나 구급대에 이어 음악인의 연주가 특별하지도 않은 일이 되었다.

　'아다지오 g단조' 작품은 오르간 또는 현악 합주로만 이루어졌지만, 점차 커지는 인기에 다른 악기로도 연주할 수 있도록 편곡되었다. 이탈리아의 지휘자인 이노 사비니Ino Savini, 1904~1995는 '아다지오'를 오케스트라로 편곡하여, 1967년에 잔섹 필하모닉 오케스트라로 지휘하였다.

　매우 섬세한 선율과 낭만적인 감성이 길고 낮게 이어지는 이 곡은 이미 1981년에 멜깁슨이 열연한 〈갈리폴리〉를 비롯해 수많은 영화와 드라마에 활용되었고, 라라 피안 등 팝가수들에 의해 리메이크 되어 대중적으로 유명해진 명곡이다. 거기에다 포격과 폭발로 사람이 죽은 자리에서 연주된 곡이 되면서 가슴을 저미는 곡으로 남게 되었다. 죽은 사람의 영혼을 위로慰勞하고 살아 있는 사람들을 위무慰撫하는 곡으로 다시 태어난 것이다. 이제는 세계인의 위혼곡(레퀴엠)이 되었고 명곡의 서열에 올랐다.

전쟁을 나타낸 음악은 헤아릴 수 없이 많다. 특히 오늘의 러시아는 큰 침략을 두 번이나 당했다. 먼저 나폴레옹의 러시아 침공을 나타낸 차이콥스키의 '서곡 1812'가 있다. 2차 대전에는 독일 나치군이 소련을 침공하여 레닌그라드(현 상트페테르부르크)를 870여 일간 봉쇄하여 100만여 명이 굶어 죽었다. 이때 소련 작곡가 쇼스타코비치의 교향곡 제7번 '레닌그라드'가 탄생하였다. 이 곡은 세계 곳곳에서 연주되어 나치를 규탄하는 평화의 상징이 되었다.

2차 세계대전 때 독일군 병사가 가사를 쓴 진중 가요 '릴리 마를렌'이 있다. 연인과 간호장교를 그리는 가사의 노래가 라디오를 통해 발표되자, 독일 군인은 물론 연합군들의 군가가 되었다. 영국, 미국 등 각국의 군인들은 자기들의 가사로 바꾸어 불렀다. 우리의 6·25전쟁에서도 국민가요가 된 '전우여 잘 자라'가 있다. 나는 어릴 때 이 노래를 부르며 여동생 둘을 보내고 큰형님의 장례를 치렀다.

이처럼 노래는 서로의 대화며 공감이다. 그리고 위로와 희망이다.

영화 속의 전쟁 음악으로는 〈플래툰〉에서 사무엘 바버의 '현을 위한 아다지오', 〈콰이강의 다리〉에서 '보기 대령의 행진곡(휘파람)', 〈피아니스트〉에서 '쇼팽 발라드 1번' 등은 그 영화뿐 아니라 듣는 사람들에게 위로와 위안을 안겨주는 곡들이다.

세계인의 위혼곡이 된 '알비노니 아다지오'는 마음이 울적하거나 복잡할 때 들으면 편안해진다. 엄숙하고 느린 음이 호흡을 늦추고 맥박을 낮추어 준다. 어느새 마음이 선율에 동화되어 숨소리가 고요해짐을 느끼게 될 것이다.

음악 속에는 어떤 경우에도 좌우되지 않는 자유와 사랑, 행복의 신비한 힘이 들어있다.

알비노니 아다지오 첼로 편곡
군가 릴리 마를렌
차이콥스키의 서곡 1812
사무엘 바버의 현을 위한 아다지오
보기 대령의 행진곡

헝가리 광시곡 Ungarische Rhapsodien

프란츠 리스트Franz Liszt, 1811~1886는 헝가리 출신의 피아니스트다. 교향시의 개척자로 널리 알려진 작곡가이지만 오히려 헝가리 광시곡이 그를 더욱 빛나게 만들었다는 평가다. 그만큼 그의 헝가리 광시곡에는 만인이 공감할 수 있는 헝가리의 영혼인 자유분방함과 힘차고 정열적인 생명력이 넘치고 있기 때문이다.

격렬하고 애수 띤 리듬과 멜로디, 감성을 쉽게 자극하여 마음을 설레게 하는 집시음악이다. '차르다시Czardas(장중하고 느린)'라는 특유의 춤곡을 지닌 헝가리 음악, '라싼Rassan'이리고 불리는 장중하고 느린 부분과, '프리스카Frisca'라고 불리는 원시적이고 열광적인 빠른 리듬의 두 부분으로 구성된다. 거기에 이 음악만의 고유한 당김음Syncopation과 즉흥적인 카덴차가 듣는 이를 흥겹게 만들어 준다.

1839년에서 1885년에 걸쳐 리스트는 조국 헝가리에 전승되어 온 집시의 춤곡 차르다시를 소재로 하여 작곡하였다. 총 19곡으로 이루어진 '헝가리 랩소디'는 첫 15번까지는 그가 비르투오소Virtuoso 로서 주목을 받은 이후인 바이마르 시대(1848~1861년)인 1840년대에 작곡했고, 16번부터는 그의 후기 시대인 1880년대 초중반에 작곡하여 무려 40여 년이라는 긴 공백을 갖고 있다.

그중에서도 특히 제2번 C#단조·제6번 D♭장조·제9번 E♭장조(페스트 시의 사육제)·제12번 C#단조·제14번 f단조·제15번 a단조 등 6곡이 유명하며 제15번에는 헝가리의 민족적 행진곡 '라코치 행진곡'을 사용하였다.

서사시의 한 부분이라는 뜻의 역사적 영웅적 민족적 색채를 갖는 환상적인 기악곡을 랩소디 혹은 광시곡이라 부른다. 널리 알려진 리스트의 대표적인 광시곡 2번은 C#단조, 2/4박자, 렌토(아주 느리게), 아 카프리치오(비교적 형식이 자유로우며 활기차고 기교적인)다. 카프리치오는 광상곡狂想曲, 기상곡綺想曲으로 불리기도 한다.

악곡의 골격은 서주와 라싼, 프리스카 3부분으로 구성되어 있다. 곡이 시작되면 묵직하고 힘찬 '라라 도도 라솔라 솔~' 장중하고 슬픈 분위기로 엄숙하게 시작한다. 뒤를 이어서 춘정이 풍부한 선율이 연주된다. 서주부를 이어서 라싼이 살짝 선을 보인 후, 곧 프리스카로 들어가서 경쾌한 선율의 노래가 된다. 이 선율은 점차 화려해지고 발랄한 발전을 보이면서 클라이맥스에 이르게 된다. 곡이 끝에 이르면 특징적인 저음의 코다가 화려하게 장식되면서 끝난다.

  이 곡은 피아니스트들이 자신의 뛰어난 기량을 선보임과 동시에, 청중들에게는 날갯짓하듯 순식간에 마음을 사로잡을 수 있는 곡이다. 어떤 피아노 독주곡들보다 큰 인기를 누렸던 작품이기도 하다. 이 곡은 1847년에 작곡되어 헝가리의 작가이자 정치가였던 라즐로 텔레키 László Teleki 백작에게 헌정되었다.

  헝가리 광시곡 19곡의 원곡은 모두 피아노 독주곡이다. 그 가운데 6곡을 골라서 리스트와, 그의 제자이고 저명한 작곡가이기도 한 도플러가 오케스트라 연주용으로 편곡했다. 오케스트라 악보를 출판하면서 붙인 작품의 일련번호가 원곡과 서로 다르게 매겨졌다. 제1번(14번), 제2번(2번), 제3번(6번), 제4번(12번), 제5번(5번), 제6번(9번)으로 괄호 안의 숫자가 원곡의 일련번호이다. 오케스트라의 편곡도 새로운 명곡이 되었다.

  헝가리는 유럽에 있으면서도 그 조상은 원래 아시아 인종인 우랄 알타이인 핀 우고르인이다. 헝가리 음악의 기원은 매우 오래되었으며, 유럽의 다른 나라에서는 찾아볼 수 없는 독자적 형식을 가지고 있다.

  예술적 음악을 시작한 것은 이 고장에 정주하기 시작한 핀 우고르인이다. 11세기 초에 나라를 세우고 그리스도교로 개종함에 따라 유럽화했다. 그들의 전통적인 음악이 그레고리오 성가 등과 바꾸어 놓이게 되었다. 15~16세기의 르네상스기에는 바크파르크 등의 유명한 류트 연주자가 나타나서 크게 유행하였다. 또한 집시가 많이 정착하기 시작했다. 19세기는 헝가리 출신으로 리스트Franz Liszt, 1811~1886와 에르켈Erkel Ferenc, 1810~1893이 크게 활약했다. 후바이 Jeno Hubay, 1858~1937의 국민적인 음악이 브람스의 헝가리춤곡과 함께 우울한 라싼과 광분하는 듯한 프리스카가 교체하는 '차르다시'의 리듬을 세계에 넓혔다.

　20세기에는 바르톡Bela Bartok, 1881~1945과 코다이Kodály Zoltán, 1882~1967가 농민 음악에 포함된 다양한 음악을 수집하여 혼란한 현대음악에 새로운 생명력을 불어넣었다.

　이처럼 헝가리 광시곡에는 헝가리의 마음과 혼이 들어 있다. 한편 우리의 고전 음악은 헝가리보다 다양하고 예술적인 음악들이다. 연례·제례악이며 삼현육각 각종 산조와 판소리, 농악, 가곡 등 풍부한 리듬과 가락이 훨씬 많다. 하지만 역사를 빼앗겼던 시기와 6·25전쟁으로 우리의 전통음악은 자리를 잃었다. 또한, 힘든 보릿고개를 넘으면서 예술적으로 승화시키는 작업은 여유가 없었다. 그사이 지나친 대중성과 외국의 음악이 해일처럼 밀려와 뒤늦게 시작된 한국민속 음악은 한국인들의 동의조차 얻지 못하고 있는 실정이다. 각종 장단이며 악기와 성악곡이 잊히고 있는 현실이 안타깝다.

어렸을 때부터 피아노의 신동으로 인정받은 리스트는 13세 때 헝가리를 떠나서 일생을 프랑스와 독일에서 보냈다. 그의 나이 27세 되는 1838년에 고국 헝가리가 홍수로 고생을 겪고 있다는 소식에 가슴속에 잠자고 있던 그의 조국애가 불타올랐다.

구호기금을 모금하기 위해 헝가리를 찾아간 리스트는 국립극장과 각지를 순회 연주하였다. 몸을 돌보지 않고 열심히 활동해 많은 자선금을 조국에 헌금할 수 있었다. 이러한 리스트에게 사람들은 밤 연주가 끝나면 횃불을 들고 그를 호위하며 숙소까지 배웅하는 등 뜨거운 동포애를 보여준다. 이때부터 리스트는 헝가리의 민속 음악을 수집해서 '헝가리 광시곡'을 준비하게 된다.

그는 12개의 교향시와 2곡의 피아노 협주곡, 여러 곡의 종교 합창곡, 헝가리 광시곡, 다양한 피아노 독주곡 등을 작곡한 당대 최고의 거장 피아니스트였다. 피아노의 초절기교 주의자인 비르투오소였다. 오늘날 보편화한 피아노 독주회를 최초로 만들어 냈으며, 오빠 부대를 거느렸나. 70여 곡이 넘는 작품 외에도 책을 집필하고 다른 작곡가들의 유명한 작품들을 피아노곡으로 편곡하였다.

한 사람의 음악인인 리스트가 행한 음악 활동이 얼마나 많은 영향을 끼쳤던가. 게으르고 무능함에 부끄럽기만 하다. 나는 마음이 울적하고 불안할 때나 주위가 혼란스러울 때 이 곡을 만난다. 가능하면 19곡 전부를 만나려고 애쓴다. 여의찮으면 잘 알려진 6곡이나 제2번 한 곡이라도 충분하다. 또한, 관현악곡으로 편곡된 곡은 더 장중한 다른 묘미도 있다. 이 곡들은 어느 헝가리 음악보다 격렬하고 애수를 띤 곡들이다.

　헝가리 랩소디에는 헝가리인의 문화 유전자가 들어 있다. 그 속을 거닐다 보면 비슷하지만, 더 다양하고 멋진 우리의 흥과 신명, 한恨인 밈Meme도 들어 있다. 헝가리안 랩소디와 우리의 리듬과 가락에는 해와 달, 달과 별이 같은 모양으로 춤춘다. 고유의 진한 향을 풍기면서….

리스트 헝가리 광시곡 전곡(19곡)
리스트 헝가리 광시곡 제2번

파헬벨 캐논 Canon and Gigue in D Major

결혼 축하의 시간이다. 보통 축하 연주는 분위기를 더욱 상승시켜 주는데 이 곡은 달랐다. 소란스럽던 예식장이 점차 가라앉아 편안한 분위기를 만들어낸다. 처음 듣는 곡이지만 바이올린의 반복에 허밍으로 따라갈 수 있었다. 예식장을 차분하고 편안하게 만든 곡이 바로 '파헬벨의 캐논 D장조'였다. 결혼 생활처럼 이 곡은 두 사람의 사랑과 생활 방식을 다지듯 반복이 계속된다. 새 삶을 꾸려나가는 예지처럼 들렸다.

파헬벨 캐논 D장조는 원래 이름이 '3내의 바이올린과 통주져음을 위한 캐논과 지그 D장조'다. 곡은 4/4박자 알레그로 모데라토이며 연주 시간은 4분 정도다. '미레도시라솔라시~' 주제와 통주저음 '도솔라미파도파솔'의 오스티나토(반복) 캐논이다. 곡의 이름에서 보듯 3개의 바이올린과 1대의 첼로나 하프시코드가 연주하는 돌림노래다.

이 곡은 다성음악이라서 복잡하게 들릴 수도 있지만 사실 음악적으로 크게 어려운 곡은 아니다. 총 4대의 악기로 연주하는 실내악곡으로 저음 악기가 4분음표 8개(도솔라미파도파솔)로 이루어진 2마디의 반주를 끝없이 반복하는 동안 3대의 바이올린이 2마디 간격으로(미레도시라솔라시) 똑같은 멜로디를 연주하는 짧고 간단한 3성 병행 캐논 형식이다.

파헬벨의 캐논과 지그에서는 바이올린 부분에서 각각의 4마디 가량의 변주 12개가 존재한다. 이 캐논은 주제를 느리게 연주하는데 선율은 곡이 끝날 때까지 무려 28번 반복되고 정교하게 순환되는 곡이다.

구조가 간단하다고 해서 그 감동이 작은 곡은 절대 아니다. 각 악기가 돌아가며 연주하는 멜로디를 집중해서 들으면 4대의 악기가 만들어내는 조화에 큰 감동을 받게 된다. 곡 제목에 있는 지그는 바로크 시대에 유행하였던 춤곡의 이름이다. 캐논이 끝난 후 실제로 지그가 연주되는 경우는 드물다.

캐논은 '규칙', '표준'을 뜻하는 그리스어에 그 어원을 두고 있다. 중세 이래 가장 엄격한 모방 형식을 갖춘 대위법 악곡의 일종이다. 주제인 제1 성부의 선율이 시작되고, 이것에 응답하는 다른 성부에 의해 일정한 시간적 간격을 두고 정확하게 주제 선율이 모방하는 형식을 캐논이라고 한다. 그렇다면 캐논과 푸가의 차이는 무엇일까? 둘 다 모방 때문에 전개되는 형식이다. 그러나 푸가Fuga에서는 모방이 주제에만 한정되는 것에 반해, 캐논에서는 시종일관 모방이 행해지는 것이 차이점이라 할 수 있다.

이 곡의 작곡 시기는 미상이지만 클레먼시 버턴힐은 1694년경에 작곡된 것으로 추정한다. 이 곡은 400여 년간 잊히다가 1919년 구스타프 베크만에 의해 출판되었다. 1940년에 보스턴 팝스 오케스트라에 의해서 음반으로 발매되어 크게 알려졌다. 가장 대중적인 바로크 음악의 하나인 '바흐 G 선상의 아리아'에 비견될 정도로 유명하다.

요한 파헬벨Johann Pachelbel, 1653~1706은 독일 뉘른베르크 출신이다. 바로크 시대 작곡가이며 오르간 주자였다. 성당 및 궁정에서 오르간 주자로 활동하며 다수의 오르간곡 및 실내악곡을 작곡했다. 특히 오르간곡은 독창적이라는 평가를 받으며 훗날 독일 바로크 음악의 작곡 모델이 되었다.

이 곡이 작곡되던 당시 정황에 대해서는 알려진 바가 거의 없다. 어느 작가는 파헬벨의 '캐논과 지그'가 1694년 10월 23일 요한 제바스티안 바흐의 큰형인 요한 크리스토프 바흐의 결혼식에서 연주하기 위해 작곡됐다는 가설을 내놓기도 했다. 요한 크리스토프 바흐는 파헬벨의 제자였고, 이 결혼식에 파헬벨이 참석했다는 기록이 있다. 바흐의 아버지 요한 암브로지우스 바흐와 파헬벨, 그리고 바흐 가문의 몇몇 사람들이 연주에 참여했었다고 한다.

요한 파헬벨은 작곡가이자 음악 교사인 하인리히 슈베머와 오르가니스트이자 작곡가인 베커에게 음악을 배웠다. 16세에 알트도르프대학에 입학했으나 가정형편이 어려워져 학교를 그만두게 되었다. 그 후 레겐스부르크 김나지움 장학생으로 공부하게 된다. 평생 오르가니스트로 지냈다. 바흐의 부친과 사귀고 큰형을 3년간 가르치기도 했다. 그는 이탈리아풍의 남독일 양식과 중부 독일 방식을 독창적으로 융합했다. 선율 진행이 아름답고 화음이 단순하며 음형 연주의 기법 등, 독특한 코랄 편곡을 중심으로 하여 코랄 푸가, 코랄 파르티타 등의 걸작을 남겼다. 바흐에게 큰 영향을 끼친 것으로 평가된다.

이 곡의 반복 음형은 클래식 음악의 여러 명곡에서 찾아볼 수 있다. 헨델은 이 반복부를 자신의 '오르간 협주곡 11번' g단조 HWV 310, 2악장의 주제와 변주로 삼았다. 모차르트는 오페라 마술피리에서 세 소년이 등장할 때, 피아노 협주곡 23번 K. 488의 마지막 악장에 이 부분을 도입했다. 모차르트는 하이든으로부터 이 음형을 배웠을 것으로 짐작된다.

하이든은 1785년 작곡한 현악 4중주 37번 Op. 50-2의 '미뉴에트 악장'에서 캐논을 사용했다. 헨델, 하이든, 모차르트도 파헬벨의 작품과 완전히 화성적으로 일치하지는 않는다. 특히 하이든과 모차르트가 빌린 반복 음형은 마지막 마디에서는 규칙에서 벗어나 변격 반복이라고도 일컬어진다. 17세기 독일과 이탈리아, 프랑스에서는 바소 오스티나토(고집 저음이라고도 번역된다)가 사용된 몇몇 작품들은 '샤콘느(바로크 시대 4~8소절의 화성 모형을 반복하는 형태의 춤곡)'나 '파사칼리아(16세기 중엽에 유행한 파사칼리아는 2박자의 4~8마디의 행진곡이 춤곡이 된 것)'라 불렸다. 이런 작품들은 고음의 변주 부분을 잘 통합시킬 수가 있었다.

파헬벨 캐논은 운명 교향곡, 사계 등과 함께 세상에서 널리 알려진 유명한 클래식 음악 중 하나다. 특히 이 작품은 클래식 원곡은 물론이고 크로스오버, 대중음악, 국악 등에서의 수많은 편곡과 인용 등으로 인해 클래식을 모르는 사람도 즐겨 듣는 작품이다. 하지만 가까스로 전해진 파헬벨 당대에 출판된 것은 '음악의 즐거움 Musikalische Ergötzung'이라고 이름 붙여진 파르티타(바로크 시대 이탈리아에서 사용된 변주곡) 모음집이 유일하고 극소수의 따로 떨어진 악보들이 존재했을 뿐이다.

내가 이 곡을 처음 만난 곳이 결혼 예식장이었디. 그날 축하 연주단의 연주가 분위기를 부드럽게 만든 느낌이 오래 남아있었다. 이 곡을 잊고 있을 즈음 나는 중요한 연주회를 앞두고 몹시 긴장하고 있었다. 여러 가지 방법을 동원하여 마음의 안정을 찾으려 했으나 효과가 없는데 늦은 밤에 이 곡을 들으며 꿀잠에 빠졌다. 그 연주회는 파헬벨 캐논이 마중물 역할을 하여 생각보다 좋은 결과를 얻었다.

 그 후 내 생활에서 결심을 해야 할 때나 새로운 출발을 해야 하는 날에는 이 곡을 들어왔다. 특히 큰 행사를 앞둔 긴장된 순간이면 여러 음악 중 마지막에 이 곡을 반드시 듣는다. 같은 멜로디가 반복하며 모방하다가 새로운 변화를 맞이하는 우리의 삶처럼, 자연의 순환처럼, 성취감도 생기고 즐거운 순간도 맞이하게 된다.

 이 곡은 오랫동안 나의 마음을 안정시키고 멋지게 세련시켜 온 라피크Rafik; 사막을 같이 걷는 동행자다.

 24학년도 대학 수학능력 시험 날이다. 할아버지의 대표 선수 큰 예쁜이가 출전한다. 평소처럼 새벽 명상을 하면서 이 곡을 들었다. 마음이 차분하게 가라앉으며 그간의 노력이 자부심과 자신감으로 채워진다. 할아버지의 이 기운이 손주에게 전해져 자신의 신화를 만들어 가는 데 동행하리라 믿는다.

파헬벨 캐논

하프 협주곡 Harp Concerto in B flat

희뿌연 연무 같은 시야를 건너뛴 자리에 상쾌한 숲길이 열린다. 하프의 멜로디가 특유의 음색으로 맑고 부드러운 푸른 들판으로 길을 안내한다. 헨델의 하프 협주곡 내림나장조다.

1736년 2월 19일, 런던 '왕의 극장King's Theater'에서는 엄청난 규모의 음악회가 열렸다. 찬 바람이 몰아치던 그날, 헨델의 작품 네 곡이 초연됐다.

오라토리오 '알렉산더의 향연'이 중심 레퍼토리였고, 막간에 합주 협주곡 C장조, 오르간 협주곡 g단조 op. 4-1, 그리고 이 하프 협주곡 B♭장조(op. 4-6)가 연주됐다. 헨델은 기나긴 오라토리오의 막간에 합주 협주곡과 오르간 즉흥연주를 삽입해서 청중들을 즐겁게 했다. 이 초연 연주회에서 오르간 협주곡은 헨델 자신이 연주했고 하프 협주곡은 당시 명 하피스트 파엘이 연주했다.

하프 협주곡 내림나장조는 이 연주회를 통해 헨델의 협주곡 중에 가장 인기 있는 레퍼토리 중의 하나가 되었다. 누구나 자연 속을 거닐게 하고 아름다운 풍광을 상상하게 하는 곡이다. 전체적으로 유려함이 돋보이는 곡으로도 유명하다.

헨델은 이 곡을 오르간 협주곡으로 편곡하여 1738년 오르간 협주곡 첫 묶음 op. 4의 마지막 곡으로 출판했다. 그러나 요즘은 하프로 더 자주 연주한다. 또한, 방송프로의 시그널 신호와 배경음악으로 쓰이는 귀에 익은 곡이기도 하다. 연주 시간은 15분 정도다.

곡은 알레그로 스타카토 B♭장조 4/4박자다. 처음 시작이 '솔라시/ 도미미미미 솔라시/ 도레레레레 미파/ 솔 미파솔~~'.

못갖춘마디로 시작되는 스타카토의 가볍고 짧은 소리가 하프의 현을 떠나 숲속으로 달린다. 골짜기를 가득 메운 나무숲 위로 구름이 지나고 바람이 부채질한다. 시냇물도, 잎사귀의 부대낌도, 꽃들의 향기까지 한 덩이가 되어 나를 숲으로 데리고 다닌다.

이 곡은 원래 '류트 또는 하프를 위해' 쓴 곡이다. 이 곡은 알레그로 악장에서 전주와 같은 것, 즉 프랑스풍 서곡의 최초 부분과도 같은 것이다. 템포는 그다지 빠르지 않고, 점음표의 예민한 리듬을 거듭하여 스타카토로 진행한다. 여기에는 폭주가 없고 전부가 총주로서 가장 힘차게 연주된다. 즉, 곡의 첫머리에 나오는 상큼한 동기가 전체를 지배하는 것이다. 그러나 마지막 마디가 되면 갑자기 템포와 역도가 늘어져서 레치타티보(대화풍의 노래)와 같이 된다.

게오르크 프리드리히 헨델Georg Friedrich Handel, 1685~1739은 독일에서 태어나 이탈리아에서 성공을 거둔 후 하노버 궁정에 잠시 머물렀다. 영국에서 전성기를 맞이한 국제 감각을 가진 바흐와 함께 바로크음악을 대표하는 작곡가이다.

영국으로 귀화하여 영국의 국가적인 음악가로 존경을 받아 죽은 후에는 웨스트민스터 사원에 묻히는 영광을 얻었다. 평생 독신이었다. 46편의 오페라와 메시아의 할렐루야 합창을 비롯한 오라토리오, 왕궁의 불꽃놀이 수상음악 등의 오케스트라, 바이올린, 쳄발로, 오르간 분야에 이르기까지 많은 작품을 남겼다.

헨델의 작가 로맹 롤랑은 "헨델의 음악은 모든 이를 위한 보편적인 음악이며 뇌리에서 감각적으로 반복되고 점점 깊어지는 악절과 리듬의 반복이 있고 전체적으로 의기양양한 웅장함이 대중의 감성을 자극한다."라고 했다. 단적으로 낙천적인 예술이라 표현했다.

"그의 작품은 내밀한 예술이라기보다는 바깥으로 확산하는 예술, 햇볕같이 따스하게 퍼지는 예술이다. 감정이 없지는 않으나 무엇보다도 사람을 푹 쉬게 하고 힘을 주는 행복한 예술이 헨델이 음악이 가진 매력."이라고 했다.

하프Harp는 47개의 현을 가진 타원형의 발현악기이다. 현들은 각기 하나의 음을 내며 길이 순서대로 배열되어 있다. 짧은 현일수록 높은음을 내고 긴 현일수록 낮은음을 낸다. 공명통은 대개 나무나 가죽으로 만든다. 하프는 오케스트라와 실내악, 독주 악기다. 소리와 연주 자세가 아름답고 우아하다. 하지만 손가락으로 튕겨서 소리를 내기 때문에 연주하기가 어려울 뿐 아니라 가격이 비싸다. 예부터 궁정이나 교회 등의 상류층에서 사용된 악기이다. 지금은 많이 보급되어 있지만, 피아노처럼 일반 가정에서 자유롭게 연주할 수 없는 악기이다.

이 곡은 한여름 깊은 산골짜기의 청량한 감각을 느끼게 하는 음악이다. 하프의 소리는 한마디로 톡톡 터지는 상쾌함이라 할 수 있다. 탄산이 터지는 듯한 느낌의 음악이다. 시냇물 졸졸 흐르는 계곡이나 나뭇잎이 바람에 산들거리는 산뜻한 풍경이다. 자연 속에서 노니는 전원생활의 밝음이다.

헨델의 하프 협주곡 첫 부분이 잘 정리된 숲길에서 새로운 기지개를 켠다. 나를 어두운 바닥에서 밝음으로 일어나도록 머리를 깨운 곡이다. 이 곡은 큰 산이나 산맥이 아니다. 가볍게 산책길에서 만나는 들꽃 향기 가득한 곳으로 풍광을 따라다닌다. 누워 있으면 앉게 하고 앉으면 일어서게 한다. 그리고 한없이 마음의 산책을 떠나게 하는 곡이다.

움직이지 못하던 시절 누워서 이 곡과 함께 소풍을 다녔다. 냇가에서 가재도 잡고, 정자에 올라 도시락도 먹었다. 도토리도 줍고 버섯도 땄다. 어린 시절 고향에서 뛰어놀던 곳은 모두 다니며 실제로 걸어보리라 주먹을 쥐게 했다. 하프가 건네주는 사랑의 선율이 나에게 여유와 기품을 얹어준다.

헨델 하프 협주곡 1악장

트럼펫 협주곡 Trumpet Concerto E♭

캄캄한 허공 속에서 트럼펫 소리가 가까워진다. 환희와 승리를 상징하는 소리다. 나에게는 그런 소리와 향기가 멀어진 지 오래다. 지나쳤던 소리가 되돌아와서 기억 속의 나팔 소리로 머문다. 요제프 하이든의 트럼펫 협주곡이다.

트럼펫 협주곡이란 상당히 드문 종류의 곡이다. 하이든도 이 한 곡밖에 작곡하지 않았다. 1791년에 작곡된 이 곡은 악상이 아름다워 자주 연주된다. 전체는 단순하고 악상처리의 기법은 하이든만이 가능한 것이었다. 더욱이 끝 악장의 트럼펫 독주는 널리 알려진 국민 악곡이라 할 만큼 이름을 얻고 있다. 3악장은 단순한 론도 형식이면서 하이든의 악곡 가운데 극히 높은 수준에 이르고 있다.

• 제1악장 알레그로 E♭장조, 4/4박자

제1 주제가 제1 바이올린에 의해서 제시되고 계속 총주가 이어진다. 제2 주제를 빼고 곧 끝맺음 악구로 들어가 작은 코다를 이룬다. 제시부에서 독주 트럼펫이 제1 주제를 불기 시작한다. 이 위에 총주가 곁들여 짧은 경과에 들어가 딸림 조가 나온다. 제2 주제가 트럼펫에 의하여 노래가 된다. 전개부는, 먼저 제1 주제가 c단조로 나타나며 제1 주제가 전개된다. 재현부에서 제2 주제는 으뜸조로 옮겨져 셋잇단음형으로 채색된다. 그다음 끝맺음 악구가 재현하고 힘찬 코다로 들어간다.

- 제2악장 안단테, A♭장조, 6/8박자

먼저 제1 바이올린이 주요 멜로디를 노래하며, 이어서 독주 트럼펫이 거듭한다. 다음에 트럼펫과 바이올린이 교차하면서, 짧은 중간부를 이룬다. 따라서 또다시 처음의 멜로디가 트럼펫으로 돌아온다. 단순하고 작은 세도막 형식의 악곡이다.

- 제3악장 알레그로, E♭장조, 2/4박자

잘 알려진 TV 장학 퀴즈 주제음악이다.

'솔도/ 라도/ 시레솔시/ 도 도/ 시도레도 솔라시솔/ 도~~' 우리에게 익숙한 멜로디가 제1 바이올린이 제2 바이올린과 비올라의 3성으로 제1 주제를 한 번 여린 음으로 노래한다. 다음에 총주로 세게 이 주제를 거듭하고 끝 악구가 붙여져서, 일단 제1 주제부가 마감된다. 그 짧은 주제 제시에 이어 잘 알려진 트럼펫 독주가 가슴을 두드린다.

이어 두 개의 바이올린이 대위법으로 진행하는 경과부를 거쳐,

트럼펫으로 에피소드가 딸림 조로 곁들인다. 다음에 새로운 재료로 경과가 있고, 이 도막이 딸림 7음 위에서 페르마타(늘임) 마침을 하면, 주요주제가 트럼펫으로부터 재현한다. 바이올린에 의해서 거듭되며, 독주 악기와 서로 주제를 발전시키면서, 전개 부적 경과를 다듬어 간다. 다음에 한 번 더 트럼펫으로 주제가 상기된 후, 짧은 경과를 지나서, 제2 주제가 으뜸조로 옮겨 재현한다. 그 후 또다시 상당히 긴 경과 부가 계속되고, 페르마타 쉼을 거쳐 코다에 들어간다.

요제프 하이든Joseph Haydn, 1732~1809은 교향곡의 아버지 혹은 현악 4중주의 아버지로 불리는 오스트리아 작곡가이다. 8세에 빈의 성 스테판 교회 합창단에서 소년 소프라노로 탁월한 기량을 보였으나 변성기로 그만두었다. 27세에 보헤미아의 칼 폰 모르친 백작의 음악대 악장으로 취임하여 교향곡 1번을 작곡한다. 이듬해 마리아와 결혼한다. 29세에 아이젠슈타트 성주인 예술의 열렬한 옹호자 파울 안톤 에스테르하지 후작의 관현악단 악장에 임명되어 평생을 에스테르하지가와 인연을 맺었다.

두 번의 영국 방문으로 큰 성공을 거두기도 했다. 에스테르하지가의 세 번째 후작 니콜라우스 2세가 새로운 후작이 되었다. 니콜라우스 2세는 1세 후작 시대의 그 문화적 전통을 부활하려 에스테르하지의 관현악단 재건에 착수했다. 또다시 악장으로서의 활동을 시작한 하이든. 그는 영국에서 헨델의 오라토리오 메시아에 받은 감동으로 1798년(66세)에 〈천지 창조〉 초연은 대성공이었다. 그 당시 나폴레옹 군과 관계가 긴박했던 시기에 하이든이 오스트리아 국가를 작곡하였다. '아빠 하이든'으로 불리며 존경받은 행복한 음악가이다.

트럼펫Trumpet은 오케스트라에서 높은 음역을 연주하는 금관악기이다. 음색이 맑고 화려하며 환희와 승리를 상징한다. 전통적으로 군대에서 신호를 전달하거나 왕이 등장할 때 부는 팡파르 악기로 사용되었다. 바로크 시대에 이르러 예술 악기로 받아들여지며 오케스트라에 편성되었다. 고전주의 시대 오케스트라에서 화음을 연주하는 악기로 그 역할이 축소되었으나 19세기 초 밸브 트럼펫이 등장하면서 오케스트라 내 비중이 점차 커지고, 20세기 이후 독주 악기와 앙상블 악기로도 주목받았다.

트럼펫은 마우스피스Mouthpiece와 관tube, 밸브Valve, 벨bell로 이뤄져 있다. 유명한 트럼펫 곡으로는 하이든의 이 곡과 베르디 오페라 아이다의 개선행진곡, 베네치아의 카니발의 열정적인 곡 등을 꼽을 수 있다.

트럼펫은 조를 옮겨서 연주하는 이조移調악기이다. 현재 트럼펫 주자들이 가장 많이 사용하고 있는 기본이 되는 트럼펫은 B♭ 트럼펫이다. 같은 시기에 등장한 C 트럼펫 역시 오케스트라와 독주 악기로 보편적으로 사용되고 있다.

　하이든의 트럼펫 협주곡을 상징하는 3악장은 시작부터 현악기에 의한 주제가 총주로 나타난다. 뒤이은 트럼펫 독주는 희망과 꿈을 펼치게 하는 소리였다. 고등학생의 장학금이 걸린 문제가 출제되는 프로그램이다. 가볍고 상쾌한 소리가 참가자들의 졸인 가슴을 안정시켜준다. 그땐 나도 문제를 풀어보려고 했지만 언제나 아쉬움이 남았던 기억이다.

　트럼펫의 강렬함은 대조적인 부드러움과 맞물린다. 상쾌한 날씨에는 차분하게 만들고 구름이 낀 흐린 날에는 기분을 북돋는다. 절망에 빠지고 그리움에 흔들리는 사람을 건져내는 특별한 힘도 있다. 나에게는 트럼펫 협주곡이 특별했다. 지독한 아픔과 무력감을 풀어낸 긍정과 사랑의 묘약이었다.

하이든 트럼펫 협주곡 제1~2악장
하이든 트럼펫 협주곡 제3악장

무반주 첼로 모음곡 1번 '프렐류드'
Cello suite No. 1 Prelude in G Major

소곤거리는 듯한 낮고 부드러운 소리가 답답한 가슴을 어루만진다. 잠도 아니고 꿈도 아닌 상태가 얼마인지 모른다. 당시 나의 신세처럼 반주도 없이 첼로 혼자서 푸념하듯 긴 사설을 읊조린다. 그 소리가 가끔 바람을 일으켰다. 바흐의 무반주 첼로 모음곡이다.

요한 제바스티안 바흐Johann Sebastian Bach, 1685~1750가 작곡한 '여섯 개의 무반주 첼로 모음곡'은 역사상 무반주 첼로 솔로를 위해 쓰인 최고의 작품 중 하나다. 이 곡은 바흐가 1717년부터 1723년 사이에 썼을 가능성이 매우 크다.

첼로 모음곡은 ① 프렐류드Prelude ② 알르망드Allemande ③ 쿠랑트Courante ④ 사라반드Sarabande ⑤ 미뉴에트Minuet ⑥ 지그Gigue의 무곡으로 구성되었다.

• 제1곡 전주곡, 모데라토 ♩=84, G장조, 4/4박자. 연속되는 펼

침화음 '도솔파미 미솔파레'가 여덟 번이나 이어진다. 곡은 극히 즉흥적이고 자유로운 형식을 지니고 있다.

• 제2곡 알르망드, 모데라토 ♩=104, G장조, 4/4박자. 두도막 형식. 힘찬 주제다. 알르망드는 '독일 춤곡'이란 뜻으로 프랑스에서 일어난 느린 2박의 춤곡이다.

• 제3곡 쿠랑트, 알레그로 마에스토소 ♩=100, G장조, 두도막 형식. 정열적이고 힘차며 도약하는 주제와 그 발전. 이들 두도막 형식의 춤곡은 제1부의 끝에서 딸림음조로 바뀌고, 제2부는 그 딸림음조로 시작하여 다시 주제에 돌아온다. 제1부와 제2부가 함께 되풀이하여 연주된다. 쿠랑트는 2/4박자의 힘차고 발랄한 프랑스의 춤곡이다.

• 제4곡 사라반드, 라르고 ♪=80, G장조, 3/4박자, 두도막 형식. 극히 장중하고 힘찬 주제다. 사라반드는 3/4박자의 느리고 장중한 스페인의 춤곡이다.

• 제5곡 미뉴에트 제1 미뉴에트 제2 미뉴에트로 구성. 제1은 G장조, ♩=104, 제2는 g단조 ♩=112, 3/4박자. 제1, 제2각 두도막 형식. 2개의 제각기 두도막 형식의 춤곡을 제1, 제2와 같이 계속하여 연주하고, 마지막에 제1을 되풀이하지 않고 재현하면, 이것은 보통의 겹세도막 형식이 되어, 제2의 춤곡이 소위 트리오의 부분이 되는 것이다. 모음곡 속에 포함되는 미뉴에트, 가보트, 부레, 뮈제트

등은 대부분 이 형식으로 작곡되어 있다. 미뉴에트는 3/4박자 프랑스 농촌에서 시작한 상류사회와 궁중의 춤곡이다.

• 제6곡 지그, 알레그로 ♪=100, G장조, 6/8박자, 두도막 형식. 지그의 주제 악보는 카잘스에 의한다. 지그는 영국에서 시작된 3/8, 6/8, 12/8박자의 빠르고 활발한 춤곡이다.

바흐가 활동하던 당시에는 첼로가 그렇게 주목받는 악기는 아니었다. 독주가 아니고 합주의 경우 낮은 음부, 그것도 하프시코드의 낮은음을 보충하는 정도로밖에 사용되지 않았다. 바흐가 이 악기를 위해 6곡의 무반주 모음곡을 작곡하였다는 것은 첼로 음악의 역사에 오래도록 남을 공적의 하나다. 최근 연구 결과에 따르면, 원래 이 모음곡은 오늘날 우리에게 익숙한 다리 사이에 놓고 연주하는 다 감바 스타일의 첼로가 아닌 바이올린처럼 어깨에 얹고 연주하는 다 스팔라 악기를 위해 작곡되었다고 한다.

자필 악보는 남아 있지 않으며 그의 아내 안나 막달레나의 필사본만 남아 있다. 그 표지에는 '교회 악장 J.S Bach 작곡 무반주용의 첼로 독주용의 6개의 모음곡'이라 기록되어 있다. 바흐는 1720년 첫 번째 아내 마리아 바르바라를 사별하고, 다음 해 안나 막달레나와 재혼하였다. 안나는 뛰어난 소프라노 가수였고 하프시코드연주도 잘했다. 13명의 자녀를 두었다. 내조의 공도 컸다.

연주 시간은 바흐 자신의 것이 아니고 후대인들에 의한 것이다.

제1번 G장조 약 20분, 제2번 d단조 약 20분, 제3번 C장조 약 22분, 제4번 E♭장조 약 20분, 제5번 c단조 약 24분, 제6번 D장조 약 25분이다.

바흐의 무반주 첼로 모음곡은 잊혀졌다. 유명한 첼리스트 파블로 카잘스Pablo Casals, 1876~1973는 13세 때, 스페인 바르셀로나의 헌책방에서 프리드리히 그뤼츠마허 판본 바흐의 무반주 첼로 모음곡 악보를 발견했다. 작곡된 뒤 약 166년 만이다. 그가 이 곡을 공개적으로 연주한 것은 35년 후인 그의 나이 48세였던 1925년이었다. 그는 자기 연주를 녹음하는 것에 동의했고, 처음으로 여섯 개의 모음곡 전곡을 녹음한 그의 음반은 곧 명성을 얻었고, 지금도 여전히 사랑받는 연주 중 하나이다.

바흐를 흔히 '음악의 아버지'라고 일컫는데, 이건 일본에서 그렇게 가져다 붙인 것이다. 그렇다고 해도 개인적으로는 고개를 끄덕이게 된다. 사실상 우리에게 익숙한 클래식의 기반을 닦은 '바흐'와 '헨델'이기 때문이다. 그들을 음악의 아버지, 어머니라 부르는 것도 무방하다고 생각한다.

바흐의 무반주 첼로 모음곡은 마음의 평화가 필요한 날들이 많은 현대인에게 평온을 찾는 데 큰 도움이 되는 곡이다. 이 곡을 '첼리스트들의 바이블'이라고 부른다. 내게는 주저앉은 나를 일으켜 걷게 한 곡이기도 하다. 우선 다 벗어 던지고 알몸뿐인 상태에서 첼로 한 대가 주위를 위무하며 깨우기 시작한다. 부드럽고 걸림이 없는 소리가 '도솔파미 미솔파레~'가 반복되며 사람의 목소리와 가까운 첼로의 중음이 물 흐르듯 지나간다. 붕어가 숨을 쉬며 호수에 동그라미를 그리듯 무심하던 마음에 파문을 일으켰다. 새벽녘의 물안개 자욱한 사이를 바흐의 무반주 첼로 모음곡 1번 프렐류드가 내 가슴을 헤집고 들어왔다. 찌들고 잠든 뇌를 두들겼다. 음은 부드럽고 친근하지만 잠든 뇌를 깨우는 소리는 요란하다 못해 천둥처럼 거대했다.

  이 곡을 들으며 한 달쯤 지났을 무렵 전곡 듣기 도전에 나섰다. 몸 상태와 인내력을 점검하며 뇌수에 박혀있는 패배 의식과 열등감에서 벗어나기 위한 시험대였다. 졸졸거리던 석간수의 물소리가 시냇물을 만들면서 소리가 점점 커졌다. 몇 개의 여울목을 거쳐 깊은 강물이 소리를 죽이며 흘러간다. 약 2시간 10여 분을 정좌하고 땀을 흠뻑 흘렸다.

  자신감을 얻었다. 걸음마를 시작했다. 하루에 1만 보 걷기는 이 곡과 클래식 음악에 대한 나의 예의다.

바흐 무반주 첼로 모음곡 1번 '프렐류드'
바흐 무반주 첼로 모음곡 2~6번

터키 행진곡

라디오에서 익숙한 음악이 시간을 알린다. 흐르는 시간을 아는 일은 내게 중요한 일이다. 지금 하는 일을 계속할 것인가 끝내고 다음 일로 넘어갈 것인가를 정해주는 선택의 소리다.

초등학교 시절 시작과 끝, 모임의 알림은 '학교 종이 땡땡땡'이었다. 정오에는 사이렌이 울렸다. 기상과 취침나팔, 교회와 성당, 산사의 그윽하고 은은한 종소리가 시간을 알렸고 깨워주었다. 또한 대문을 두드리거나 '이리 오너라' 소리를 지르는 대신 초인종이 생겼고 그 소리가 베토벤의 '엘리제를 위하여'의 아름다운 가락으로, '쓰레기를 버리세요' 외치던 소리가 '새마을 노래' 가락으로 바뀌어졌다. 이처럼 단순한 종소리가 점차 의미가 함축된 알림 음악signal이 나타나면서 일반화되었다.

오늘은 내 생활의 리듬이 된, 모차르트 피아노 소나타 제11번 A

장조, K(쾨헬번호). 331의 제3악장 '터키 행진곡'을 들어본다. 라디오를 듣다가 '따라라라라 따라라라라 랏~'의 소리가 들리면 몇 시인지를 알려준다. 이 곡은 간결한 선율의 악구가 매력적인 볼프강 A. 모차르트Wolfgang Amadeus Mozart, 1756~1791의 피아노 20곡의 소나타 중 가장 유명한 곡이다.

제11번 A장조, K. 331은 1783년에 작곡된 것으로 추정된다. 소나타라고 하지만 정규 악장의 구성은 아니다. 제1악장은 소나타형식이 아닌 주제와 변주형식으로 여섯 번의 변주가 나타난다. 제2악장은 춤곡인 미뉴에트 형식이다.

'터키 행진곡'이라 부르는 제3악장은 프랑스풍의 론도형식이다. 이 곡은 경쾌하고 신나는 주제가 2개의 부분으로 나누어져 반복되는 특징을 가지고 있다. 그 하나가 시작과 동시에 귀에 익숙한 유명한 주제다. a단조 '시라#솔라/ 도 레도시도/ 미 파미#레미/ 시라#솔라 시라솔라/ 도~~'로 경쾌하게 나타나며 반복되는 터키 행진곡풍이고, 다른 하나는 '라시/ 도라시/ 도/ 라시라솔/ 파솔라시~'의 화려하고 활발한 동양적인 선율이다. 뒤이어 물결이 이는 듯한 16분음표의 구르는 듯한 경과부가 지나면 부주제, 주제, 부주제 선율이 등장한다. 빙글빙글 돈다는 론도형식에 따라 반복과 변화를 이루며 마지막 코다(종결부)에서 화려하게 끝난다.

이 3악장 터키 행진곡은 앙코르곡이나 작은 음악회에서 독립시켜 연주하는 화려하고 이국적인 악곡이다. 원래 '터키 행진곡'은 터키 군악대 메흐테르하네mehterhane의 리듬을 특징으로 하는 음악이다. 세계 최초의 군악대인 메흐테르하네는 큰북, 트라이앵글, 심벌즈 등의 타악기가 들어간 유럽인들이 접하지 못한 특별한 리듬을 가졌다. 오스만제국의 유럽 침공으로 각지에서 터키 군악대가 관심을 끌었다. 오스만 튀르크는 유럽 아프리카 중동을 잇는 거대한 나라로 종교는 이슬람이고 터키어를 쓰는 다민족 제국이었다. 그 영향으로 비엔나커피가 만들어졌고 음악 분야에도 영향을 미쳐 18~19세기에는 터키풍을 도입한 작품이 많다. 이 곡이 탄생한 1783년은 오스트리아 빈이 오스만제국을 물리친 100주년 기념 해였다.

메흐테르하네의 인기로 터키(튀르키예) 행진곡이라는 이름의 곡이 많다. 대표적인 것이 모차르트의 이 곡이며, 바이올린 협주곡 제5번 마지막 악장, 오페라 '후궁으로부터 도주'에도 이 기법이 사용된다. 베토벤의 '아테네의 폐허' 부수음악의 '터키 행진곡', '피아노를 위한 6개의 변주곡, 'op. 76'의 4번째 곡, 하이든의 부수음악 '피에타스'와 '자일' 등이 있다.

행진곡은 첫 박에 강한 강세를 주어 군대의 행진에 적합하게 되어있는 음악 형식이다. 지금은 실제 군대 행진에 사용할 의도로 작곡되지 않는 행진곡도 많아졌다. 그러나 운동회나 체육대회 입장,

폐회식에 나오는 행진곡은 전체를 하나로 묶는 힘이 있다. 발을 맞추고 손뼉을 치는 행진곡 리듬은 2박이나 4박으로 되어있다. 오스트리아 작곡가인 주페Franz von Suppe, 1819~1895의 '경기병 서곡', '시인과 농부' 등은 행진곡이기도 하고 연주용이기도 하다.

내가 걸어온 삶에는 베르디 오페라 아이다 중의 '개선 행진곡', 바그너의 오페라 로엔그린 중의 '결혼 행진곡', 베토벤의 교향곡 3번 영웅의 2악장 '장송 행진곡', 엘가의 '위풍당당 행진곡', 슈베르트의 '군대 행진곡' 등 수많은 행진곡과 함께했다. 그 외 '어린이 행진곡'이나 '청춘 행진곡' '임을 위한 행진곡' 등도 불러왔다. 내 삶과 함께한 희로애락의 걸음들이다. 행진곡은 내가 세상을 향해 스스로 부르는 실천이며 찬가이다. 그 속에는 노력에 대한 축하와 위로, 새로운 도전의 시작과 희망의 길이 들어있다. 우리가 움직이는 길에는 행진곡이 그림자처럼 따르게 된다. 어떤 행진곡을 부르며 걷는 길이냐는 자기의 선택이다.

하루를 시작하는 일은 잠과의 다툼이었다. 시그널의 시조는 새벽에 들리는 닭 우는 소리였으리라. 닭이 사람을 깨우다가, 탁상시계가 대신하였으며 각종 기계음이나 가락이 동원되어 왔다. 그중에 변하지 않은 소리는 어머니의 '일어나거라'이다. 어머니의 목소리가 그리워진다. 지금은 어머니의 목소리가 듣기 싫고 지겹게 들리는 시기에 있는 아이들도 그 소리가 가장 효과 있는 시그널인 것은 알고 있으리라. 모차르트의 터키 행진곡이 젊은 어머니의 음성 같아 더욱 정감이 간다.

현대인의 생활은 시그널 음악의 홍수다. 자기를 나타내려는 상징적인 광고성 소리가 우리를 파블로프의 개처럼 길들이려 한다. 그 소리가 너무 높고 커서 무심코 지나고 있기 마련이다. 나는 낯설거나 새로운 시그널을 들으면 묻고, 찾아서 전체를 듣는 습관이 있다. 생활의 숨표나 쉼표의 역할로 마음의 안정과 여유를 만났기 때문이다. 연주회장에서 앙코르를 들을 때 곡명을 모르고 나오면 뭔가 허전하다. 그럴 때는 옆 사람이나 안내원에게 물어보면 된다. 아름다운 음악회의 감동이 이어질 것이다.

현대는 생략의 시대다. 대화방에는 ㄱㅅ, ㅎㅎ, ㅋㅋ 등의 문자가 많아 편리하기도 하다. 또한 일상생활이나 각종 매체에서 유명한 곡의 첫머리나 중간 부분만 가져와서 시그널 음악으로 사용하기도 한다. 상징만으로 내용이나 과정을 알 수는 없다. 그리고 쉽고 좋은 압축된 즐거움은 나쁜 일을 만나면 참을 힘이 없어 무너지기 쉽다. 불협화음을 해결하는 타협력도 마찬가지다. 시급한 것과 중요한 일은 다르다. 내 주위에 있는 소리나 시그널 음악을 알고 이해하는 것은 나를 찾아가는 데 중요한 일이다. 삶의 멋과 여유로 가는 행진곡을 만났기 때문이다.

'~따라라랏 따라라랏~' 터키 행진곡 첫머리가 들린다. 산책하러 나가야겠다.

모차르트 피아노 소나타 제11번 A장조, K(쾨헬번호). 331의 제3악장 '터키 행진곡'

결혼 행진곡 wedding march

　모처럼 예식장의 축하객이 되었다. 이날도 예외없이 신부가 입장할 때 눈을 감고 행진곡을 기다리고 있었다. 엄숙하고 화려한 결혼 행진곡은 변함없이 감동의 파동을 일으키는데 기다려도 바라던 행진곡이 들리지 않아 눈을 떴다. 오늘의 예식은 신부 혼자서 입장하는 것이 아니라 신랑·신부가 같이 입장하면서 벌써 반 이상이나 걸어가고 있다. 두 사람의 입장에는 내게 익숙하지 않은 음악이 스피커를 통해 큰 울림으로 귓가를 맴돈다.

　그날 신부가 선택한 행진곡은 영화 '트와일라잇' OST인 'A thousand years'였다. 요즘 신부들이 선호하는 곡이라고 한다. 그 외 신부들이 선호하는 곡은 영화 '어바웃 타임'에 나온 'How long will I love you'와 '신데렐라', '미녀와 야수', '알라딘', '디즈니 애니메이션 삽입곡' 등 온라인에 소개되는 곡들이다. 그동안 나도 모르는 사이에 많은 신부가 영화 '노팅힐'의 'She'에 맞추어 줄리아 로버츠처럼 환한 미소를 지으며 버진 로드를 걷기도 했다는 귀띔이다.

신랑·신부의 찬연한 웃음이 번지는 결혼식이 새롭다. 나는 새로운 결혼 풍속도에 적응하지 못하고 따라가다 보니 어리둥절하다. '내 결혼식의 입장곡이 뭐였더라?' 고개를 갸우뚱거리며 기억을 더듬지 않아도 괜찮다. 그날의 행복만 계속 기억 창고에 잘 정리해서 이어지면 좋은 것이 아닌가.

내 마음에 새겨진 신부 입장곡은 리하르트 바그너Richard Wagner, 1813~1883의 악극 '로엔그린' 중 3막 '결혼의 합창'에 나오는 곡이다. 피아노곡으로 편곡되어 신부 입장에 연주되는 이 곡은 누구나 들으면 "아~" 하는 '딴 따따따-안~~' 하는 그 곡 말이다. 내가 처음 결혼식장에서 이 곡을 들을 때다. 흰 드레스에 친정아버지 손을 잡고 입장하는 신부의 모습과 음악이 조화롭고 아름다워 가슴을 설레게 했다. 그 후 파이프 오르간, 관·현악 합주, 피아노 반주 등으로 연주되는 결혼 행진곡을 들으려 성당이나 교회, 큰 예식장을 찾기도 했다.

1858년 영국의 공주 빅토리아 애들레이드 메리 루이자가 프로이센의 프리드리히 3세와 결혼하면서 바그너의 결혼 행진곡을 신부 입장곡으로, 멘델스존의 축혼 행진곡을 신랑·신부의 행진곡으로 선곡하였다. 바그너의 엄숙하고 화려한 곡의 분위기가 신부 입장에 어울렸고, 트럼펫의 화려한 독주와 관현악의 힘찬 리듬이 두 사람의 첫걸음에 아주 완벽하게 어울려 전 세계적으로 널리 쓰이게 되었다. 우리나라에서도 예식장 결혼식으로 바뀌면서 피아노곡으로 연주되는 이 곡들이 붙박이처럼 되었다.

바그너의 결혼 행진곡은 B♭장조, 2/4박자, '옥타브 솔솔솔/ 솔솔/ 솔/ 솔/ 솔도도/ 도/ 솔레시/ 도~'가 유명하다.

멘델스존의 축혼 행진곡은 C장조, 4/4박자, '도도도/ 도 도도도~/ 도시파/ 라솔파미~'는 보통 사람들이라면 한두 번은 들어본 친숙한 곡이다.

바그너의 결혼 행진곡이 들어있는 악극 로엔그린은 1850년 8월 28일, 바이마르 궁정극장에서 프란츠 리스트의 지휘로 초연된 3막 악극이다. 독일 북유럽의 전설과 하인리히 왕의 이야기를 한데 엮어서 작곡가 자신이 대본을 썼다. 이 악극은 안타까운 내용으로 이후의 바그너 비극을 예견하는 출발점이 된 곡이다.

바그너의 악극 로엔그린은 남동생을 죽였다는 오해를 받은 여인 엘자를 구해준 성배의 기사 로엔그린의 이야기다. 결혼 전 로엔그린은 자신의 신분을 절대 묻지 말라고 신부 엘자에게 약속을 받아냈다. 결혼식을 마친 엘자는 마녀의 꼬임에 넘어가서 자기도 모르는 사이 약속을 잊고 신랑에게 신분을 묻고 말았다. 이로 인해 로엔그린은 더 이상 국왕을 도울 수도, 엘자의 곁에 있을 수도 없는 신세가 되어버린다. 게다가 델라문트의 아내(마녀)가 어린 성주에게 저주를 내려서 쇠사슬에 묶인 백조로 만들어 버렸다는 사실을 발설하면서 어린 성주 고트프리트도 떠나야만 하는 상황이 되어 버렸다.

이때, 몬살바트성에 모셔 놓은 성배를 수호하는 몬살바트의 왕 파르지팔의 아들 로엔그린이 무릎을 꿇고 간절히 기도했다. 그러자 마녀의 저주가 풀려 성주는 본 모습으로 돌아오지만, 로엔그린은 엘자를 떠나 자신의 성에 머물러야 했다.

부족한 믿음과 약속을 저버린 엘자다. 동생은 돌아왔지만, 사랑하는 남편을 떠나보내게 된다. 후회는 이미 늦었다. 엘자는 그 충격으로 죽고 만다. 바그너의 결혼 행진곡은 약속과 신뢰를 강조하는 교훈이 들어있다. 약속과 금기라는 면에서 오페라 '오르페우스와 에우리디체' 이야기도 있다. 주인공 오르페우스는 세상을 떠난 아내 에우리디체가 그리워 저승을 찾아갔다. 그가 잘하는 노래를 불러 저승의 신 하데스를 감동하게 해 아내를 찾았다. '뒤를 돌아보지 말라'는 신의 부탁을 어겨 다시 아내와 헤어지게 된 오페라 '오르페우스와 에우리디체', 아이 셋을 낳기 전에 선녀의 날개옷을 내주어 아내와 자식을 잃어버린 '선녀와 나무꾼'의 나무꾼, '우렁각시 이야기' 등 주변에는 부탁과 약속, 금기를 어겨 파탄을 이룬 이야기들이 많다.

신랑·신부 행진곡 선곡 1순위는 여전히 멘델스존의 축혼 행진곡이다. 이 곡은 환희가 넘치면서도 당당한 느낌으로 축하 분위기를 나타내는데 제격이다. 멘델스존Felix Mendelssohn, 1809~1847은 17세에 셰익스피어의 희곡 '한여름 밤의 꿈'을 읽고 환상적이며 괴기한 분위기에 영감을 얻어 작곡하였다. '한여름 밤'은 6월 24일 '성 요한제'의 바로 전날 밤을 가리킨다. 그 밤에는 기이한 일들이 많이 생긴다는 미신이 있다. 그런 미신의 영향으로 환상적인 분위기의 희극인 한여름 밤의 꿈이 탄생하였다. '한여름 밤의 꿈'은 13곡으로 되어있다. 그중에서 아홉 번째 곡이 축혼 행진곡이다. 그 외 간주곡, 야상곡, 서곡 등이 관현악곡으로 가장 많이 연주되고 있다.

이 곡을 초연한 후 4년 뒤 멘델스존은 38세의 나이로 요절한다. 어느 한 평론가는 이 곡을 '전 세계 음악 중에서 가장 무거운 관습의 무게를 갖게 되는 음악'이라고 평했다.

"신랑·신부 행진~"

사회자의 출발 신호에 맞추어 멘델스존의 '한여름 밤의 꿈' 중 축혼 행진곡이 연주된다. 피아노(트럼펫)의 힘찬 분위기가 고조되며 이제 막 부부가 된 이들은 행복한 첫걸음을 내디딘다.

신부 입장곡이 들어있는 로엔그린이 비극으로 끝난다는 이유로 멀리하려는 젊은이들이 생겼다. 지금까지 신부 입장곡으로 사용하던 결혼 행진곡 대신 다른 곡으로 사용한 것이 오늘의 결혼식 신부 입장의 장면이다. 아직은 바그너의 결혼 행진곡을 신부 입장곡으로 사용하는 신부가 많다. 하지만 4층이 없는 아파트가 대중을 위한 금기였지만 지금은 의식하지 않는 사람들이 많아지고 있다. 오늘의 결혼 예식처럼 변화에 따른 입장곡이 여러 형태로 바뀌나갈 것은 자명한 일이다. 결혼은 신랑·신부의 사랑으로 서로의 믿음과 신뢰가 그 바탕이다. 신부가 좋아하는 음악을 들으며 결혼식장에 입장하는 그 멋진 순간이 얼마나 아름다운가? 그러나 결혼식을 가볍게 희극화하는 현실이 아쉽기도 하다. 아내 엘자가 행한 약속과 금기를 어긴 것은 당연히 합당한 책임이 따르게 된다. 그 책임이 무거워서 입장곡을 바꾸는 것은 아닌지 살짝 꼬집어 본다.

영국의 루이자 공주가 선택한 결혼 행진곡은 150여 년간 전 세계의 결혼식을 장식했다. 바그너의 신부 입장곡을 '속았구나! 행진곡'으로 부르며 웃기도 했다. 그때 '봉 잡았다 행진곡'으로 부른 또 다른 웃음도 있었다. 결혼생활에는 속는 일도, 복덩이가 굴러들어 올 때도 있다. 음악이 바뀐다고 더 행복해지면 좋으련만 가정을 이루는 일이 그저 꽃길뿐이겠는가.

로엔그린 속 결혼 행진곡의 우아한 리듬을 밟고 내게로 걸어오던 여인이 있었다. 흰 드레스에 천사 같은 아내의 모습이다. 걸어온 아내의 모습은 선연한데 떠난 모습은 기억나지 않는다. 바그너의 결혼 행진곡에는 언제나 아내가 내게로 걸어오고 있다, 지금도.

바그너의 결혼 행진곡 합창곡
바그너의 결혼 행진곡 피아노곡
멘델스존의 축혼 행진곡
영화 트와일라잇 OST 'A thousand years'
영화 노팅힐 OST 'She'
영화 어바웃 타임 OST 'How long will I love you'

교향곡 레닌그라드

　　전장 속에서 작곡되어 연주된 특별한 전장 음악이 있다. 2차 세계대전 당시 나치군이 소련을 침공하여 '레닌그라드'를 870여 일간 봉쇄하였다. 그동안 시민 100만 명이 넘게 굶어 죽은 비극의 도시가 되었다. 그곳에서 태어난 쇼스타코비치가 나치에 맞서 싸우는 고향 동포들에게 교향곡 '레닌그라드'를 작곡하여 바쳤다. 당시 교향곡 연주는 레닌그라드 라디오 교향악단이 맡았다. 아무것도 먹지 못한 단원들이 연습 도중 쓰러져 목숨을 잃었다. 그때마다 악기를 연주할 수 있는 시민과 군인들이 빈자리를 채웠다. 마침내 봉쇄가 한창이던 전쟁터 한복판에서 곡이 연주되었다.

　　1942년 8월 9일 레닌그라드 라디오 오케스트라의 단원 18명과 음악 교사, 전직 연주자와 아마추어 연주자들이다. 히틀러가 레닌그라드의 항복을 받아내겠다고 말한 8월 9일이다. 카를 엘리아스 베르크가 지휘한 공연은 확성기를 통해 독일군 초소까지 울려 퍼졌다. 포연 속의 연주를 들으며 시민들은 눈물을 흘렸다. 그들은 곡을 감상했다고 하지 않고 "이 곡은 우리가 겪은 곡이다."라며 자랑스러워했다. 그 자부심으로 레닌그라드 시민들은 18개월이 더 걸린 봉쇄를 버텨 냈다.

드미트리 쇼스타코비치Dmitrii Shostakovich, 1906~1975의 교향곡 7번 C장조 op. 60 'Leningrad'는 그의 15곡 교향곡 가운데에서도 가장 긴(80여 분) 편으로 4관 편성의 대규모(여덟 대의 호른을 포함하여 각각 여섯 대의 트럼펫과 트롬본, 튜바 등)여서 연주하기가 쉽지 않은 곡이다.

• 제1악장: C장조 4/4박자, 알레그레토(조금 빠르게), ♩=116(사분음표를 1분에 116회 빠르기로 연주하라는 기호)으로 소나타 형식이다. 포르테(세게)로 시작한다. 굉장히 거대한 표제음악 스타일로 구성되어 있다. 군대의 행진을 연상케 하는 군악대적인 제1 주제와 조용하지만 서늘한 기운이 감도는 거리의 풍경을 연상시키는 서사적이고 회화적인 주제이다. 이 도입부에 이어 발전부는 작곡자 자신이 '침략'이라 명명한 에피소드로 구성되어 있다. 처음 듣기에 호전적인 드럼 롤 주제는 악장 전체에 속해서 11번이나 등장한다. 점차 악기의 수가 증가하여 마지막에 이르러서는 대단히 위협적이고 두렵게 확장된다. 무려 15분여가 지난 다음에야 비로소 서정적인 재현부가 등장하며 불확정적인 방치 상태로 마무리 짓는다.

- 제2악장: 나단조, 4/4박자, 모데라토(보통 빠르기), ♩=96은 '서정적이고 부드러운 간주곡'이라 적은 악장으로 여리게 시작한다. 표준적인 속도의 ABA 아치형 3부 형식 스케르초(경쾌하고 익살스러운 분위기로 자유로운 형식의 기악곡)로, 다소 비대칭적이고 거대한 1악장과 확연한 대조를 이루고 있다. 승리를 갈구하는 절박한 느낌을 상징한다.

- 제3악장: 라장조, 4/4박자, 아다지오(아주 느리게), ♩=112 포르티시모(아주 강하게) 시작한다. 고전 교향곡의 느린 악장에 해당하는 곡이다. 자연에 대한 사랑의 날개이자 위대함에 대한 갈구이기도 하다. 코랄(성가) 풍 악구와 대화 풍의 단편들이 대화를 나누는 듯 경건하고 명상적인 분위기가 펼쳐지는 이 느린 악장에는 예견치 못하는 포르티시모(아주 강하게)와 조바꿈 변덕스러운 속도 변화, 거칠고 고양된 일종의 빠른 행진곡이 계속 등장하다가 다시 코랄 풍의 주제로 돌아와 끝난다.

- 제4악장: 다단조, 2/2박자, 알레그로 논 트로포(빠르지 않게), ♩=110 피아니시모(아주 여리게)로 시작한다. 모스크바로 진격하는 독일군을 피할 당시에 작곡된 것으로서 무수한 노랫소리가 허무한 듯 울려 퍼지며 전투를 묘사하는 듯한 격렬한 파괴의 아우성이 펼쳐진다. 그리고 점차 승리와 확신, 희생의 대가를 향해 질주하고 최후의 크레센도(점점 세게)와 승리의 노래가 금관악기의 비통한 절규와 함께 뒤섞이며 통렬하게 끝난다.

이 교향곡은 그의 고향 사람들이 전쟁에서 이겨내기를 기원하면서 어렵게 연주되었다. 그 결과는 상상을 초월하는 큰 힘을 발휘했다. 이 곡의 악보가 마이크로필름으로 서방에 전해져서 전 세계가 그 곡을 연주하고 듣는 것으로 침략자를 규탄했다. 전쟁이 끝날 때까지 미국에서만 62회나 연주하였다. 이 곡은 세계가 평화를 기원하는 상징적인 메시지가 되었다.

쇼스타코비치의 회고록에는 7번 교향곡은 전쟁 전부터 구상했던 작품으로서 단순히 히틀러의 침략에 대한 반응이라고만 볼 수는 없다. 히틀러에게 죽임을 당한 사람들의 무한한 고통을 통감하는 동시에 스탈린에 의해 처형된 사람들에게도 같은 느낌을 받는다. 결국, 20세기 후반에 이르러서야 '레닌그라드' 교향곡은 전쟁 교향곡이라는 편향된 시각에서 벗어났다. 희생된 사람들을 위한 일종의 교향곡적 레퀴엠으로 자리 잡았다.

독일군의 침공이 점점 더 긴박해진 상황에서 쇼스타코비치는 "1악장에 대해 '우리를 위해 죽은 영웅들을 위한 레퀴엠', 2악장은 '서정적이고 부드러운 간주곡', 길고 느린 3악장은 '다가올 승리의 아름다운 순간', 행진곡풍의 4악장은 '최후의 승리'를 나타낸다."고 하였다.

나치 독일의 침략을 이 교향곡 연주의 힘으로 물리친 러시아가 2022년 2월 24일에 우크라이나를 침공했다. 이번에는 우크라이나

인과 세계인들이 악기를 들었다. 수도 키이우에선 키이우 클래식 심포니 오케스트라 단원들이 독립광장에서 야외 콘서트를 열었다. 독립광장은 2014년 유럽연합EU 가입을 갈망하던 우크라이나인들이 친러 성향의 야누코비치 대통령을 축출한 역사적인 장소이다. 남부 항구 도시 오데사에선 우크라이나 군인들이 전투가 없을 때면 총 대신 악기를 들고 전란에 휩쓸린 주민들을 위로한다.

러시아가 우크라이나를 침공한 지 1년이 지났다. 침략자의 뜻대로 전쟁이 끝나지 않고 있다. 지금 온 세계는 침략을 반대하고 평화를 요구하는 음악회가 당시 교향곡 '레닌그라드'처럼 열리고 있다. 폴란드와 루마니아의 우크라이나 접경 도시에서도 연일 울려 퍼지고 있다. 음악가들도 전쟁 반대 목소리를 높이고 있다. 라트비아 출신의 바이올린 거장 기돈 크레머는 "러시아의 우크라이나 침공에 전적으로 반대한다. 이 사건은 현대 유럽 역사에서 가장 수치스러운 일 가운데 하나"라고 했다. 그는 이어서 "음악인들은 세상을 더욱 살기 좋은 곳으로 만들어야 하는 책임감을 느껴야 한다. 단지 아름다운 소리 뒤에 숨어서는 안 된다."는 말로 전쟁을 억제하기 위한 음악인들의 역할을 강조하고 있다.

음악은 부드럽지만, 그 안에 담긴 평화를 향한 염원은 어떤 힘으로도 깨트릴 수 없다. 러시아가 그 선율들을 끝까지 외면했다간 파멸한 나치의 전철을 밟게 될 것 같은 생각이다.

나는 어떤 경우에라도 폭력을 싫어하고 전쟁을 반대한다. 교향곡 '레닌그라드'가 전쟁의 폭력에 희생된 교향곡적 레퀴엠으로 꽃을 피운 것처럼. 나도 평화와 행복을 위하여, 자유와 사랑을 위하여 아름다운 음악과 함께할 것이다.

「전쟁을 각오한 자만이 평화를 얻을 수 있다. 평화는 강한 자의 전리품이다.」(- 로마의 격언)

드미트리 쇼스타코비치 교향곡 7번 C장조 op. 60 'Leningrad'

2
일어서다

운명 교향곡

"운명은 이처럼 문을 두드린다!"라는 말로 운명 교향곡이라는 별칭을 가진 곡이다.

1977년에 NASA가 발사한 보이저 1호와 보이저 2호에는 우주인에게 보내는 지구인문화를 소개한 보이저 금제 음반Voyager Golden Record에 들어있는데 이 곡의 1악장이었다.

내가 시력을 잃고 방황하고 있을 때 나를 일으켜 세운 곡이기도 하다. 루트비히 판 베토벤Ludwig van Beethoven, 1770~1827 교향곡 제5번 c단조 op. 67, 일명 '운명 교향곡'이다.

이 곡은 1807~1808년에 작곡하였다. 오스트리아 빈 시내의 빈 강 곁에 있는 테아터 안 데르 빈에서의 1808년 12월 22일 저녁 아카데미Akademie에서 초연되었다(당시에는 연주회를 Akademie라고 했다). 초연에는 베토벤이 작곡한 몇 곡의 새 작품들을 모두 자신의 지휘와 함께 선보였다. 음악 연주회 역사상 손꼽을 유명한 이 아카데미는 현대에는 상상할 수 없을 정도로 긴 연주 시간(4시간이상)을 기록했다.

교향곡 5번 연주 시간은 약 35분 정도이지만 지휘자에 따라 차이가 있다. 독일 음악 사학자 파울 베커는 각 악장에 '몸부림Struggle', '희망Hope', '의심Doubt', '승리Victory'라는 별칭을 붙였다.

• 제1악장 알레그로 콘 브리오Allegro con brio, 다단조, 2/4박자, 소나타 형식(제시부 반복).

제1악장은 동기 전개 기법이 뛰어난 베토벤의 가장 긴밀하게 구성된 작품 중 하나로, "짜자자잔", 혹은 "따다다단"이라는 유명한 동기에서 비롯된다. 이는 전 악장을 통틀어 사용되는 매우 중요한 동기다. 특히 제1악장은 악장 전체가 이 "따다다단"이라는 동기에 지배되고 있으며, 팀파니들도 시종 이 동기를 알린다.

• 제2악장 안단테 콘 모토Andante con moto, 내림가장조, 3/8박자, 변주곡 형식. AB-A'-BA"-B'-A'"-A""-코다로 이루어진다.

제1주제는 비올라와 첼로부터 나오는 부드러운 소리다. 제2주제는 목관, 이어 금관으로부터 나오는 힘찬 것이다. 1악장의 강력한 몸부림이 희망으로 변하는 부드러움이 마음을 편안하게 감싸는 악장이다. 변주의 명수였던 베토벤은 부드러움부터 강력함까지, 주제에 숨겨진 요소를 교묘하게 끄집어내고 있다.

• 제3악장 알레그로 아타카Allegro atacca, 다단조, 3/4박자, 복합세도막형식이며, 스케르초-트리오-스케르초-코다의 구성을 취한다. 아타카(쉬지 않고)로 4악장까지 이어진다.

일어서다 99

- 제4악장 알레그로 프레스토Allegro Presto, 다장조, 4/4 박자, 소나타 형식.

4악장에서는 악기 편성에 피콜로 콘트라바순, 트롬본이 더해진다. 이에 따라 색채적인 관악기가 증강되어 다른 악장에 비해 울림이 매우 화려하다. 첫 번째 주제는 도미솔의 분산화음을 바탕으로 구성된 단순한 것이다. 두 번째 주제는 '운명의 동기'를 이용한 것이고, 이어지는 주제는 힘찬 것이다. 코다에서는 가속되어 '암흑에서 광명으로'의 '광명'의 절정에서 화려하게 끝난다.

이 교향곡은 베토벤의 다른 교향곡들과는 다르게 집요하게 다짐하며, 그의 운명을 향한 걸음을 늦추지 않는다. 그 주제는 베토벤 생애의 후반기를 사로잡던 '고뇌를 통해 환희에 이른다'라는 말과도 일맥상통하는 '암흑에서 광명으로'이다. 그리하여 '운명의 동기'가 제1악장에서 사라지는 것이 아니라, 제3악장, 제4악장에서도 계속 변형되어 나타나면서 전 악장을 튼튼하게 하나로 묶어주고 있다.

'교향곡 5번'만큼 인간이 지닌 희로애락의 감정을 가식 없이 솔직하고 선명하게 돋보여 준 음악은 드물다. 유명한 지휘자는 거의 모두가 이 작품을 녹음하고 있다. 비록 이 작품은 초연에는 실패했지만, 평가는 곧 높아져 여러 오케스트라의 레퍼토리로 확립되었다. 또한 후세 작곡가들에게도 큰 영향을 주었다. 베토벤 이후로 '5'라는 숫자는 작곡가들에게 제일 중요한 의미가 담긴 번호가 되었고, 후세의 교향곡 작곡가들은 한결같이 제5번 교향곡에서 걸작을 남겼다.

내게도 5번의 행운을 잡게 되는 계기가 있었다. 20년 전쯤 화재로 암흑세상에 버려져 의욕과 의식이 사라지던 시절이다. 내가 할 수 있는 일은 FM 라디오(KBS 클래식FM)를 켜놓고 멍하게 지내는 것이었다. 가끔 좋아했던 곡이 들리면 잠시 귀를 기울였지만 주저 앉은 나를 가누기 힘들었다.

어느 날 새벽, 여느 때처럼 라디오를 켜놓은 채로 자고 있었다. 잠결에 이 5번 교향곡이 들렸다. 평소와 같이 조금 듣다가 없어질 곡으로 여겼다. 운명이 뭔데 하며 흘려 넘기는데 2악장의 부드러움이 나를 감쌌다. 3악장에서 변형된 전체 주제가 나타나면서 나를 깨웠다. 점점 고조되는 곡이 탄력을 받아 쉬지 않고 4악장으로 넘어가며 강력한 금관악기의 울부짖음이 내 몸을 흔들었다. 나도 모르게 벌떡 일어났다.

새로운 힘이 나를 이끌었다. 음악의 힘인지 베토벤의 힘인지 주위에서 보내준 사랑의 힘인지 구분하기 어려웠지만 나는 음악을 듣고 울다가 깨어났다. 얼마나 많은 시간이 흘렀는지 옷섶이 눈물에 흥건히 젖어있었다. 음악과 생활해 온 사람이 음악에 감동하지 않은 적은 없지만, 우연히 찾아온 시간과 맞아떨어진 것이리라. 그 감동을 전하기 위해 작은아들 결혼을 앞두고 축하곡으로 3, 4악장을 방송국에 신청했다. 지금은 힘든 분들에게 이 곡을 자주 선물하고 있다.

내가 주저앉았다가 일어나게 된 요인은 많다. 먼저 가족들과 주위의 보살핌과 도움이 크지만 나 스스로 일어나게 된 것은 운명 교향곡의 운명을 부수고 녹아내린 이 곡 덕분이다. 한동안 지휘자별로 녹음된 음반을 들어왔다. 미묘한 차이를 발견하는 재미도 있었다. 지금은 특별하게 누구의 곡이 좋다고 고르지 않는다. 녹음할 정도면 누구나 전문가이기 때문이다. 가리지 않고 듣는 습성은 먹는 일, 독서, 걷기 등도 마찬가지다. 여건에 따라 할 수 있을 때 하면 되는 것이다.

처음부터 호감이 가는 사람이나 좋아하는 일이 있는가 하면 그렇지 못한 경우도 있다. 베토벤은 내가 장애가 없을 때는 깊은 맛을 모르던 분이었다. 그는 내게 운명 교향곡에서 악장별로 '몸부림 Struggle', '희망 Hope', '의심 Doubt,' '승리 Victory'를 느끼게 했다. 전체적으로는 '암흑에서 광명으로'의 힘을 주었다. 장애를 딛고 인류의 보편적인 진리와 사랑을 보여준 악성樂聖 Ludwig van Beethoven!! 닮아 가리라 다짐해 본다.

베토벤교향곡 제5번 c단조, op. 67 1악장
베토벤교향곡 제5번 c단조, op. 67 2악장
베토벤교향곡 제5번 c단조, op. 67 3악장
베토벤교향곡 제5번 c단조, op. 67 4악장

사랑의 인사 Salut D'Amour

아름다운 멜로디가 가슴을 파고든다. 무한한 존경과 신뢰를 가득 채운 아내에 대한 남편의 다짐과 결의가 농축되어 있다. 신분 콤플렉스와 학력 콤플렉스, 사회적 열등감까지 수많은 고난을 극복하고 약혼식을 맞이한 신랑 엘가, 가족의 반대를 무릅쓰고 남편의 소질과 능력에 마음을 던진 신뢰와 사랑과 믿음의 화신 약혼녀 캐롤라인 앨리스 로버츠다. 이 곡은 약혼자가 약혼녀에게 바치는 사랑의 찬가다.

평소 약혼자의 분위기를 니디내는 듯 어딘가 애조 띤 멜로니가 세상의 사랑을 모으고 모아 풍성하게 한다. 아픔의 편린들이 모퉁이와 구석구석을 다니며 남아있는 행복의 조각들을 쓸어모았다. 마단조, 2/4박자, 안단티노(조금 느리게), '미솔미/ 레도시도/ 파미~'로 시작되는 피아노와 바이올린을 위한 이중주 버전이며 연주 시간은 4분 30초 정도이다. 당김음으로 설렘과 긴장을 유도하며 시작된다. 이어서 특유의 우아하고 소박한 E장조의 선율이 기분 좋게 다가온다. 주제가 두 번 반복된 후 단조로운 리듬을 사용해 아주 짧은 전개부가 c단조에서 이어진다. 다시 원래의 E장조로 조바꿈 된다. 이런 전조 과정을 거치면서 극적으로 긴장이 고조되는 듯하다가 해소된다.

다시 곡의 클라이맥스에서는 처음 곡이 시작할 때 피아노 반주의 당김음과 전개부에서 사용한 리듬을 변형시킨다. E선 고음에서 G선 쪽으로 하행한다. 이런 변화는 더욱더 극적인 효과를 낸다. 그리고 다시 차분한 멜로디와 리듬으로 돌아와 곡의 따뜻한 분위기를 되찾는다. E선 고음에서 끝을 맺는다. 한없이 크고 둥근 사랑이 몸을 감싸고 도는 듯하다.

이 곡은 영국의 작곡가 에드워드 엘가Edward Elgar, 1857~1934의 피아노 독주곡이다. 이 곡이 만들어진 사연을 보면 가슴이 뭉클하다. 엘가는 1886년 그의 나이 29살 때 자신에게 피아노 개인 지도를 받으러 온 9살 연상의 캐롤라인 앨리스 로버츠를 만난다. 두 사람은 너무나 다른 배경과 환경을 가진 사람이었다. 평민의 아들로 태어나 제대로 된 교육을 받지 못해 늘 의기소침해 있던 엘가에 반해, 캐롤라인은 명문가의 딸로 수준 높은 교육을 받은 엘리트였다. 피아노를 배우기 시작한 캐롤라인은 엘가의 음악적 능력을 알아보았다. 그녀는 점차 엘가의 능력을 끌어내려는 마음을 구체화했다. 엘가는 그런 캐롤라인에게 호감을 느끼기 시작했다. 드디어 미래를 약속하게 된다.

하지만 엘가에게 캐롤라인은 너무나 이질적인 상대였다. 나이 차이(9살의 연상 여인), 종교의 차이(엘가는 가톨릭, 캐롤라인은 개신교) 외에도 평민에 무명의 작곡가와 육군 소장의 딸이라는 신분 격차 때문에 모두의 반대에 부딪혔다. 특히 캐롤라인에게 분노한 아버지는 상속권까지 박탈하겠다며 두 사람의 만남을 극렬히 반대했다. 하지만 두 사람은 주위의 반대를 무릅쓰고 둘만의 약혼에 이르게 된다.

당시 캐롤라인은 엘가가 가진 능력과 가능성에 확신이 있었다. 그런 남자를 위해 헌신하는 것은 가치 있는 일이라고 생각했다. 동서양의 현모양처는 인정과 믿음, 격려라는 공통점을 가지고 있다. 동양의 아내는 은근하지만, 서양의 아내는 적극적이라는 차이점이 있다. 이런 캐롤라인의 조력 덕분에 엘가는 자신감을 회복하고 작곡가로서 제2의 인생을 살게 되었다. 이로써 엘가는 왕실로부터 Sir 칭호를 받았다. 제1대 엘가 준남작 에드워드 엘가Sir Edward Elgar, 1st Baronet다. 준남작의 가문을 만들고, 음악 박사학위를 받고 영국을 대표하는 음악가가 되었다.

1888년 7월 둘만의 약혼식을 했다. 엘가는 캐롤라인을 향한 사랑과 고마움 그리고 미안함의 표현으로 '사랑의 인사'를 작곡하여 약혼 선물로 바쳤다. 곡명은 원래 캐롤라인이 독일어에 유창했던 것에 착안해 독일어 제목으로 'Liebesgruss'로 했으나 출판 과정에서 출판사가 임의로 프랑스어 'Salut D'Amour' 제목으로 바꾸었다.

이 곡을 헌사 받은 캐롤라인은 그녀답게 '바람 부는 새벽The Wind at Dawn'이라는 자작시를 지어 화답하였다. 두 사람은 1889년 5월 8일 결혼했다.

사랑의 인사는 이루어지기 힘든 결혼 조건을 극복하고 이겨낸 두 사람의 약혼을 기념하여 작곡되었다. 엘가의 잠재력을 알아보고 키워준 아내 캐롤라인의 모성애적인 헌신과 희생은 크나큰 힘이 되어 예술적인 영감에 불을 지핀 것이리라. 이 곡의 사연을 알고 들으면 무심코 들어온 것과는 다른 사랑의 감정을 맛보게 된다. 사랑은 혼자서 이루는 것이 아니다.

또 다른 사랑의 열매를 맺은 음악가는 슈만이다. 그는 가곡집 '미르테의 꽃에서'를 작곡하여 결혼식 전날 밤 아내가 될 클라라에게 바쳤다. 클라라의 아버지 반대를 무릅쓰고 시청에 소송을 건 끝에 결혼 승낙을 받아 어렵게 이루어진 결혼이었다. 슈만은 1년 전부터 26곡으로 된 가곡집 '미르테의 꽃에서'를 작곡해 왔다. 슈만은 한 사람의 시인 작품이 아닌 여러 사람의 시를 고르고 골랐다. 하지만 한 곡 한 곡의 가사를 들여다보면 클라라를 너무나도 사랑했던 슈만의 절절한 마음이 느껴진다. 주위의 반대를 무릅쓰고 결혼을 이룬 사랑의 헌신에 대한 남편의 헌정이다.

'사랑의 인사'는 비록 짧은 곡이지만 엘가의 혼신을 다한 사랑, 우주의 무한한 지성과 생기를 압축시킨 곡이다. 사랑은 주는 것이라는 평범한 말이 크게 확장되는 곡이다. 이 곡은 엘가의 곡 중 오늘날 가장 인기 있는 작품이자 여타 클래식 명곡을 통틀어서도 폭넓은 인기를 누리고 있는 작품 중 하나다. 1889년 엘가가 직접 관현악용으로 편곡했으며 이어 다양한 악기에 의한 편곡 버전이 두루 인기를 얻고 있다.

자라면서 들었던 이야기 한 토막이 생각난다. 평강 공주, 캐롤라인에 모자라지 않는 이야기다. 주인공은 대학을 나온 신부와 초등학교를 나온 신랑 부부다. 같이 자라 서로에 대해 잘 알고 있는 사이였다. 처녀는 총명하던 남자가 농사일에 매달려 있는 것을 안타까워했다. 그녀는 대학을 졸업하고 집안의 반대를 무릅쓰고 남자와 결혼했다. 부인은 남편의 가능성을 믿고 남편은 부인의 보살핌으로 자기의 능력을 마음껏 펼칠 수 있었다. 남편은 아내에게 뒤처진 지식과 사회적인 위치를 따라잡기 위해 노력했다. 초등학교를 졸업한 신랑은 결혼 10주년 즈음에야 비로소 아내에게 근접하고 곧이어 사법고시에 합격하였다. 남편은 사람들의 억울함을 보살펴 주었고 그런 부부를 향해 고을 주민들은 칭찬을 아끼지 않았다. 개천에서 용이 나던 시절, 현명한 여성의 자기희생은 아름다운 설화로 남아 있다. 그 가정의 '사랑의 인사'는 어떤 가락과 하모니로 이어졌을까?

엘가는 자신을 인정하고 믿어주는 아내를 위해 온 힘을 다해 노력하였다. 그의 잠재된 예술혼을 깨우고 단련시켰을 것이다. 이들 부부는 서로를 격려하고 성취를 만끽하며 평생 존중하며 살았다고 한다. 다시 사랑의 인사를 들어보자. 내가 주인공이라면 어떻게 표현하였을까. 어떤 마음으로 살아갈까. 이 정도의 부부라면 무슨 일인들 못 해낼까. 나는 사랑의 인사를 자신 있게 할 수 있는가. 생각하며 들으면 그때마다 새로운 감흥을 받게 된다.

엘가의 '사랑의 인사'를 처음 만났을 때다. 어디선가 초록의 기운이 몸속을 파고든 느낌이 지금도 생생하다. 이 곡은 내게 하늘의 별을 내 가슴으로 옮겨놓은 곡이다. 엘가의 '사랑의 인사'는 언제나 나를 설레게 한다.

어느 오페라의 한 대목이다. '사랑은 세상의 모든 것이다.'

엘가 사랑의 인사

엘리제를 위하여

오르골Orgel 뮤직 박스에 태엽을 감고 눈을 감는다. '미레# 미레# 미시레도라 도미라시 미솔#시도'의 익숙한 멜로디가 애틋하다. 그 소리가 가물거리는 기억을 불러온다.

6.25전쟁에 육군하사 큰형님이 전사하셨다. 유가족에게 보내온 구호품 상자에 금색의 둥근 장난감이 들어있었다. 그 소리 장난감이 오르골이었다. 애잔한 소리가 큰형님이 '편지야 달려라. 그리운 내 고향 동생에게'라는 군사우편 겉봉에 적힌 글자로 들렸다. 안타까운 나의 영웅 큰형님이 생각날 때마다 태엽을 돌리며 꿈을 키웠다. 고장이 나서 멈춘 뒤에도 오랫동안 간직하고 있었다.

잊고 있던 그 멜로디가 피아노를 배우면서 다시 내게로 왔다. 베토벤의 작품번호 없는 피아노 소품 바가텔Bagatelle 59번째의 '엘리제를 위하여Klavierstueke Für Elise*'다. 오르골의 멜로디에 익숙했던 내게는 특별한 만남이었다. 형님만 들어있던 오르골의 음악에 다른

일어서다 109

사람이 들어앉기 시작한 곡이다.

베토벤에게 연인은 많았다. 독일의 본에 살던 시절 그의 첫사랑 파베테와 춤추던 자리가 지금도 보존되어 있다. 오스트리아 빈Wien으로 옮긴 22세의 젊은 베토벤은 피아니스트와 작곡가로 이름을 날렸다. 황제의 아우인 루돌프 공을 비롯하여 많은 귀족과 여인들을 피아노 개인 지도로 만났다. 그중에서 줄리에타 귀차르디와 사랑에 빠졌다. "그녀를 위해서라면 일천 번이나 다시 살고 싶다."라는 열렬한 표현이 남아 있다. 그녀는 베토벤과의 사랑을 시소 게임 하듯 하였지만 피아노 소나타 14번 '월광'이 작곡되었고, 헌정 받았다. 그러나 결국은 신분과 장애, 아버지의 반대로 귀족과 결혼하였다. 브라운슈바이크 백작의 딸인 요제피네, 동생인 테레제, 주치의의 질녀 테레제 마르파티에게 청혼했으나 같은 이유로 무산되어 평생 독신으로 지냈다.

'엘리제를 위하여'의 '엘리제'는 누구일까. 정확하게 알 수 없다. 다만 1810년에 발표된 그의 자필 악보에는 '테레제를 위하여 4월 27일 L. V. 베토벤의 회상'이라는 서명이 있었다고 하나 지금은 소실되고 없다. 출판사에서 테레제를 잘못 읽어 엘리제가 되었다는 이야기도 있다.

엘리제를 위하여는 꽃봉오리와 같은 곡이다. 종달새 노래처럼 경쾌하고 아름답기도 하다. 비교적 쉬워 피아노 초보자들이 즐기는 작은 론도(빙빙 돈다) 형식의 a-b-a-c-a로 이루어져 있다.

내가 피아노 명곡집 '엘리제를 위하여'를 치기 시작할 때 나보다 피아노 진도가 빠른 여학생이 있었다. 그 여학생의 관심을 끌기 위해 열심히 노력했다. 한번은 그녀가 있을 때 마음먹고 이 곡을 연주했다. 그녀에게 인정받으려 빠르게 시작했으나 다음을 그 속도로 이어갈 수가 없었다. 며칠 동안 시도했지만, 번번이 막히고 말았다. 포기하고 그 곡을 치지 않고 있었다. 하루는 피아노실에 들어가는데 그 여학생이 나를 불렀다. 예쁜 얼굴에 미소를 가득 담으며 '엘리제를 위하여'를 치기 시작했다. 첫 부분의 빠르기를 유지하는 차분한 속도감에 놀랐다. 저돌적으로 시작하여 중간에서 막히던 나와는 달랐다. 수줍은 듯하면서 차분하게 연주하며 곡의 분위기를 살려낸다. 그녀의 연주는 ○○씨를 위하여로 들렸다. 심장이 터지도록 황홀했다. 음악을 선물 받은 첫 경험이었다. 그 연주 솜씨는 지금까지 들은 최고의 연주며 속도감을 일깨워준 개인 지도이기도 했다.

열광하고 아끼던 이 곡도 피아노 과정을 거치다 보면 잊히게 된다. 꽃망울이 만들어지는 통과 의례의 아픔과 첫 경험의 애틋함이 쌓이는 시절이다. 오래 담아 둘 수 없이 휙휙 지나간다. 그러나 그녀가 말없이 보여준 '덤비지 말고 속도를 유지하라'는 연주가 지금까지 내 생활의 절제와 자제력의 바탕이 되었다. 아직도 덤벙거리는 나를 보면 그녀는 다시 피아노를 연주해 줄까. 가끔 그 마음이 그리워진다. 그녀의 소식은 알 수 없다. 아마도 지금은 자기의 손자들에게 나에게 했던 것처럼 덤비지 말라고 타이르고 있을 것 같다. 그 후로 나를 만나면 이 곡을 쳐달라던 여학생들이 줄줄이 이어졌다. 엘리제의 현상은 1년 정도의 기간이다. 그 과정을 거치면서 남을 위하는 배려심이 생기고 사랑의 마음을 배우고 담게 된다.

엘리제를 위하여는 버리고 숨겨진 곡이었다. 이 곡은 작품번호가 없는 작품으로 하찮은 소품이라는 뜻의 바가텔Bagatelle이다. 작품번호가 없는 것은 낙관이나 사인이 없는 미술 작품과 같은 것이라 하겠다. 다만 숨어 있던 이 곡이 소위 대박을 터뜨리면서 세계인의 연인이 되었다. 나는 시골뜨기로 대접을 받을 때도 있었고, 주위 사람들을 하찮게 여긴 적도 많았다. 그리고 시각장애인으로 무시와 차별을 받기도 한다. 장애와 함께하면서 나는 장애인 베토벤을 삶의 모델로 삼았다.

베토벤은 '콩트레땅트'라는 시골 춤곡을 교향곡 제3번 4악장 영웅 주제로 발전시켰다. 왜 이 곡을 더 발전시키지 않고 바가텔에 숨겨 놓았을까? 감성이 풍부한 예술인 베토벤의 폭풍 같은 사랑의 열정을 숨기고 싶었던 걸까. 사회적인 신분과 장애로 사랑의 열정을 꺾어버린 귀족들에게 자기의 마음을 알리고 싶지 않았던 걸까. 오늘날 만연된 미혼과는 다른 250년 전의 꺾여버린 독신 생활이 안타깝기만 하다. 그러나 순수하고 아름다운 사랑을 표현한 이 곡은 귀족들에게는 숨겼으나 숨겨지질 않았다. 다행히 베토벤의 알 수 없던 하찮은 연인은 '불후(不朽)의 연인'으로 세계인의 사랑을 받고 있다. 이렇듯 그는 고난과 역경을 이겨내면서 모든 사람에게 오히려 위안과 사랑을 선물하고 있지 않는가!

베토벤 당시에는 지금의 음반 발매 대신 출판업자들이 곡에 멋진 제목을 붙여 악보를 선전하여 판매고를 올렸다. 이처럼 시간이 지나면서 '엘리제를 위하여'에 기술과 시장 논리가 보태졌다. 일상생활에도 이 곡이 쓰인다. 지금도 사용되고 있는 초인종 소리를 대신한 '엘리제를 위하여' 주제는 언제나 신선하다. 풋풋한 신혼처럼 매일 '당신을 위하여'라는 고백 같다. 한때는 쓰레기 수거 차량의 주제곡이었다. 이 아름다운 멜로디를 왜 지저분한 쓰레기와 조합시켰을까? 생활의 쓰레기와 같이 마음의 쓰레기도 버리면 아름다워지는 것이 아닐까. 그러나 이 곡은 점점 주위에서 멀어지고 있다. 사랑을 품지 않으려는 요즈음 사람들의 메마른 마음 탓인지 각박한 사회의 현상인지 안타깝기도 하다.

전국이 공사장으로 넘치던 시절 드나들던 트럭의 후진 기어에 연결된 이 곡의 주제는 특별했다. 베토벤의 청혼을 거절하고 차별했던 귀족들과 자기의 애정을 저버린 여성들을 탓하지 않고 이겨내는 모습이다. 거칠고 시끄러운 공사장에서 아무리 큰 소리로 고함치며 욕설해도 소용이 없다. 그러나 만인의 연인인 아름다운 이 가락을 노래하면 '여자 조심', '남자 조심' 그리고 '차 조심'이라고 자연스럽게 해결이 되었다.

    몇 해 전 여행길에서 '엘리제를 위하여'가 들어있는 오르골을 샀다. 소리는 여전한데 그 속에 담겨있는 사람들이 너무나 많아졌다. 큰형님의 편지 내용은 생각나지 않는다. 다만 겉봉에 쓰인 '편지야 달려라 그리운 내 고향 동생에게'라는 전쟁 영웅의 마지막 글씨만 또렷하다.

    까만 교복 흰 칼라에 진지하게 피아노를 들려주던 예쁜 모습이 오늘도 '속도 조절'을 당부하려는 듯 얼굴을 들고 환하게 웃는다. 그때다. 종달새의 지저귐처럼 할아버지를 부르며 집 안이 소란해진다. 초·중·고·대학생 손주들이 저마다 웃는 얼굴로 꽃봉오리 향기를 안고 달려온다.

* 엘리제를 위하여는 바가텔 op. 33, 119, 126번의 묶음에도 들어있지 않다. 작품번호 없는 작품(wo)의 59번째에 있는 하잘것없는 숨겨진 곡이다.

엘리제를 위하여

114

마레키아레

달빛이 가득하다. 저수지 안쪽 산기슭 너럭바위다. 모자를 베개 삼아 달을 마주한다. 맑고 환한 미소가 폭포수처럼 쏟아진다. 고개를 드니 달빛을 받은 물결이 은색銀色을 내뿜는 익숙한 윤슬이다. 청량한 기운을 들이마신다. 생기를 주는 은색의 생명력은 어디서 온 것일까? 마레키아레Mareechiare다.

음악을 하는 여섯 가족이 바닷가로 피서를 갔다. 백사장과 이어진 전망 좋은 집에 짐을 풀었다. 모래밭이 방석이 되고 해조음이 반주하는 자리에서 만찬을 벌였다. 아이들의 장기 자랑에 이어 어른들의 달밤 노래에 흥이 무르익어 갔다. 동요에서 가요며 세레나데까지 노래 잔치가 열린다.

갑자기 '와~' 하는 함성이 터진다. 구름에 가려있던 달이 얼굴을 비추자, 세상의 빛이 바뀐다. 느린 박자로 반주하던 바닷물결이 환한 얼굴을 내보인다. 작은 파도는 은빛 물고기가 되어 물 위로 뛰어

오르듯 내 가슴도 출렁인다. 탄성과 환호에 이어 주위가 소란스럽다. 옆에서는 또래의 젊은이들이 당시 유행하던 '연가'와 '해변으로 가요' 등을 기타와 춤을 곁들여 괴성을 지르며 노래한다. 모두가 자신의 흥과 낭만을 즐기고 있다. 그때 술잔을 비운 성악을 하는 친구가 일어나서 잊지 못할 추억을 만들었다.

그는 빠른 2박의 박수를 유도하다가 손을 들어 중지시키고 이탈리아 칸초네 '마레키아레'를 시작한다. 빈 필하모니 신년 음악회의 라데츠키 행진곡을 연주할 때처럼 박수를 따라친다. 또 손을 들어 제지하면 박수를 그친다. 느리고 서정적인 부분에서 노래하는 사람은 감정에 겨워 몸을 흐느적거린다. 큰 동작에 이어 다시 빠른 반주의 박수로 은빛 달밤을 노래한다. 이번에는 우리 자리에서 환성이 터진다. "앙코르! 부라보!"를 외치자 또 한 잔을 들이켠 그 친구는 다시 노래를 시작한다. 관중이 몰려든 해변의 즉석 음악회는 규모가 달라졌다. 두 명이 더 참가해서 쓰리 테너가 되었다. 느린 부분의 살풀이춤처럼 흐느적거림도 한 사람에서 모두의 군무가 되었다.

열기를 식히려 몇 발짝을 벗어났다. 거기에는 환한 집시의 달이 텅 빈 해변에 덩그러니 떠있다. 밀려오는 잔잔한 파도를 비추며 삼켜버리는 또 다른 윤슬의 축제가 별천지를 이룬다. 가슴이 출렁인다. 아내가 손을 맞잡는다. 그 마레키아레의 풍광은 우리 것이었다.

마레키아레는 나폴리의 서쪽에 있는 작은 어촌의 이름으로, '맑은 바다'라는 뜻이 있다. '달이 마레키아레에 떠오를 때, 물고기들조차도 사랑으로 떤다~'로 시작하는 노래다. 이 곡은 지코모의 노랫말에 토스티Tosti, 1846~1916가 작곡하였다. 나폴리 민요의 산타루치아나, 오 솔레미오 등은 태양을 노래했지만, 느린 박자에 애수와 사랑이 깃들어 있다.

　마레키아레는 a b a의 세도막 형식의 칸초네다. 은빛 세상과 슬픈 사랑을 노래하지만, 관념에 빠지지 않는다. 달밤의 정취에 빠른 박과 느린 박, 빠름의 조화는 이 곡의 특징이기도 하다. 특히 느린 중간 부분의 서정성은 감정의 폭을 최대로 넓히고 온몸을 움직이게 하는 마력을 지니고 있다. 다시 찾은 빠름은 한없이 늘어진 마음을 다잡고 몸을 추스르게 한다.

　마레키아레는 칸초네 대신 맑은 바닷물에 달빛이 비쳐 은은하고 고혹적인 은빛 세상을 말한다. 밝은 달이 비추는 바다의 풍경과 정취, 사랑을 담은 말이기도 하다. 이곳의 풍광도 닮았다. 피아노 소품인 와이만의 '은파銀波'와 베토벤의 피아노 소나타 '월광月光', 이바노비치의 '다뉴브강의 잔물결'은 마레키아레를 노래한 것이다. 특히 월광 소나타의 1악장의 3연음은 알프스 호수와 달빛이 만들어내는 윤슬이다. 마레키아레는 달빛에 비친 잔물결이 건네는 밀어며 시어詩語다. 보기만 해도 위로받고 치유가 되었던 정경이 수많은 사연을 품고 있다.

마레키아레는 나의 특별한 안식처이며 치유센터다. 어머니가 나를 출산하고 그날 밤 모기장 속을 찾아온 열이레 달이 얼마나 밝았던지 산후의 몸과 마음이 가뿐해졌다고 한다. "자네, 달님을 자주 만나시게." 하던 어머니의 단아한 당부를 잊지 않았다. 살아오면서 마음이 헝클어질 때마다 달을 만나고 은빛 세상과 함께하려 애썼다. 마음이 답답하고 불안할 때는 초열흘 전후의 달빛이 더 포근하였다. 가족이나 아끼는 사람과의 이별은 하현으로 기울며 작아지고 날카로운 빛이 아픔을 쪼아냈다. 열이레 달밤이면 지금도 달빛을 쐬러 나간다. 이제는 동네 한 바퀴만 돌아도 마레키아레가 내 마음을 정갈하게 만들어준다.

마레키아레의 방해꾼은 구름과 나 자신이었다. 아무리 좋은 풍광에도 구름이 몰려들면 은빛 세상은 없어진다. 또 아무리 밝고 맑은 달빛도 보지 않으면 느낄 수 없었다. 나의 삶은 구름과 달빛의 경쟁이랄까. 그러나 나는 달빛을 받으며 달빛을 잊고 사는 날들이 많았다. 흐린 날이면 바람을 기다리고 비가 오면 비 온 뒤의 맑음을 즐길 줄 몰랐다. 한 달 중 보름 정도의 달밤에서 마레키아레가 펼쳐지지만 얼마나 보고 즐겼는지도 모르고 살았다. 그런 나를 달님은 언제나 환한 미소로 모난 마음을 어루만져 주는 것도 모르고 지냈다. 그리고 남의 마레키아레를 방해한 적은 얼마이던가.

어머니의 은가락지 역할처럼 은銀은 독毒을 찾아낸다. 그 빛은 나의 심술과 욕심의 더께를 쪼아내며 씻겨준다. 내가 지치고 힘겨울 때면 '달님을 만나시게' 하던 어머니 말씀이 마레키아레의 소리와 빛이었다. 수줍은 소녀의 청초하고 정갈함에 기품 있는 여인이 풍기는 격조 있는 세련된 향과 빛이 은빛이리라.

  노련한 사람의 흰 머리칼을 은발이라 부르듯 은색은 하늘의 뜻을 알고 소리가 순해지는 색이다. 또한 어울림과 조화를 만드는 원숙한 기품을 지닌 색이기도 하다. 나와 함께한 마레키아레의 빛과 소리, 풍광이 때때로 은은하게 감싸는 건 어머니가 주신 정념精念이리라.

  저녁이 있는 삶이 모자라도 가끔은 마레키아레를 부르던 밤과 그 속을 거닐며 목을 축인 삶의 추억이 나를 위로하였다. 며칠 전 큰 눈이 내려 은빛 세상을 만들었다. 나를 마레키아레 가곡으로 이끈다. 갑자기 눈밭이 출렁인다. 박수를 시작하여 "어!" 기압을 지른다. 작은 소리로 노래를 부르며 손뼉을 치다가 중간 부분에서는 볼과 눈썹, 목과 어깨를 움직이며 흐느적거렸다. 다시 변한 빠른 박자에 몸을 맡기며 추억을 춤추게 하였다. 하지만 마음뿐, 무거운 옷과 차가운 손발은 따르지 못한다. 그러나 하얀 은빛 세상 마레키아레는 내 가슴을 다시 출렁이게 하였다.

  익숙한 쓰리 테너의 CD를 골라 볼륨을 올렸다. 박수나 기합 소리 대신 피아노가 역할을 한다. 해변이나 호수와 멀리 떨어진 눈 덮인 달밤의 은빛 세상이다. 물결이 없는 달밤이 새로운 마레키아레의 정취를 만든다. 곡의 리듬에 따라 물결이 출렁이는 듯 몸이 따라 반응한다. 은백색이 그리는 윤슬은 끝없이 광활하게 펼치며 생기를 돋운다. 루치아노 파바로티의 음색이 밤의 서정과 요정을 깨운다. 마레키아레의 노래가 익숙한 세레나데를 넘어 추억과 활력을 가져온다. 그 속에 들어있던 마레키아레의 얼굴들이 가득하다. 은빛과 함께하는 마음이 다시 출렁인다.

    나의 마레키아레들이여!

마레키아레

아란후에스 협주곡

　기타의 아르페지오가 깊은 어둠을 걷어낸다. 잉글리쉬 호른의 편안한 소리가 연인과 입맞춤하듯 살며시 눈이 감긴다. 눈을 뜨면 연인과 손잡고 아름다운 궁전을 걸으며 구경하는 모습이 사라질까 봐 그대로 둔다.

　로드리고의 '아란후에스 협주곡' 2악장 첫 부분이다. 마음속에 들어있는 그리움 덩이가 송두리째 굴러온다. 추억은 시야가 좁아져서 아름다움만 남긴다고 했다. 이 곡은 편하고 아름다운 기억을 잉글리쉬 호른이 대신 열어준다.

　호아킨 로드리고Joaquin Rodrigo, 1901~1999는 시각장애인 작곡가이다. 그는 10곡의 기타곡을 작곡하였다. 그중 1940년에 발표한 아란후에스 협주곡과 1958년 세고비아에게 바친 기타와 관현악을 위한 관현악 모음곡 '귀인을 위한 환상곡'이 널리 알려진 곡이다.

　아란후에스aramjuez 궁전은 스페인 중부에 있는 국왕의 여름 별궁으로 정원이 유명하다. 로드리고는 궁전의 구석구석을 다니며 아내가 들려주는 아름다운 풍광을 가슴에 담았다. 건물과 건물을 이어주는 아름다운 선과 길, 정원의 뜰, 연못과 주위를 둘러싼 나무들, 꽃들과 풀들의 세상, 햇볕과 바람까지 자신의 상상을 그림 그리듯 때로는 시를 읊듯 보지 못하는 그리움을 이 곡에 담았다고 한다. 시각장애를 가진 사람의 예민한 감각이 만들어낸 곡이다. 스페인 민요적인 흙 내음이나 애조 띤 선율이 마음을 달랜다. 민속 춤곡의 소박하고 명쾌한 집시풍의 격렬한 스페인 특유의 정서가 담겨있어 특이하다.

이 곡은 내가 사고로 시력을 잃고 제3의 인생을 시작하던 무렵에 다시 만났다. 클래식 음악을 방송하는 라디오를 날마다 끼고 있을 때다. 진행자가 '이 곡은 시각장애인 로드리고가 작곡한 곡인데 어떻게 이런 섬세한 아름다움을 만들 수 있었을까' 하면서 소개했다. 흘러나온 음악은 서두에 말한 로드리고의 클래식 기타 아란후에스 협주곡 제2악장이었다. 익숙했던 곡이었지만 새롭게 다가왔다. 누군가 상냥하게 내 어깨에 손을 얹어놓고 자상하고 우아한 이야기를 들려주는 느낌이 들었다. 부드럽고 아름다운 가락이 장애와 함께하는 나에게 또 다른 응원군이 되었다.

클래식 기타는 기타의 하프harp라 할 만큼 연주기법이 우아하여 소리가 부드럽고 친근감이 든다. 일반 기타처럼 픽pick으로 현을 튕

기지 않고 오른손 손톱으로 현을 긁는 연주법을 하고 있다. 클래식 기타를 연주하던 친구는 오른손의 손톱을 길게 기르고 있었다. 그는 손톱을 보호하고 아끼기 위하여 오른손에 장갑을 끼고 다니면서, 손톱의 길이와 상태를 세심하게 관리하였다. 그의 연주는 부드러웠다. 평소 까다로운 생활은 이를 표현하기 위한 준비였던 것 같다. 나에게도 숨어있던 부드러움과 여유로움을 찾아내게 한 연주였다.

아란후에스의 협주곡은 3악장으로 되어 있다. 1악장은 빠르게, D장조, 6/8 박자, '도미/ 솔 솔솔솔솔/ 솔~' 상냥하고 경쾌한 스페인 무곡으로 시작한다. 지나치지 않는 절제가 마음을 끌어당긴다. 2악장은 느리게, b단조, 4/4박자, 5개 부분으로 되어있다. 시작은 자연스럽게 기타의 다섯 번 아르페지오를 타고 연주되는 잉글리쉬 호른의 유명한 슬프고도 그리움이 가득한 멜로디가 나타난다. '미 레미 미 미미미파솔라솔파~'의 멜로디가 마음을 적셔준다. 그 가락을 기타가 다시 반복하며 관현악과 어우러져 편안한 느낌을 주고 있다. 3악장은 빠르게, D장조, 2/4박자, 일종의 론도 형식 ABACA로 되어있다. '미미/ 라 라라 라솔 시라~~'로 시작하지만 흐를수록 약간 어두운 느낌이 든다.

나는 다른 악기에 비해 클래식 기타의 연주 기법은 잘 알지 못한다. 2악장 전주의 '드르릉', '드르릉' 다섯 번 울리는 코드의 연주 기법을 알 수가 없었다. 클래식 기타를 연주하는 친구와는 소식이 끊겼고 같이 연주를 구경 갔던 분은 외국에 머무르고 있어 물을 수가 없었다. 급한 김에 기타 악기 판매점에 가서 이 부분을 설명하고 연주 기법이 무엇이냐고 물었다. 미안해하면서 자기는 잘 모른다고 한다. 연결해 줄 곳이 없느냐고 물으니 고개를 젓는다. 조금 큰 악기사에 가서 다시 물었더니 화를 벌컥 낸다.

"다른 데 가서 알아보세요, 참 개념 없는 사람이네." 하며 핀잔을 준다. 얼떨결에 개념 없는 사람이 된 나는 여러 곳을 알아보다가 명곡해설집에서 답을 찾았다. 아르페지오는 화음의 각 음을 동시에 연주하지 않고 분산시켜 연속적으로 연주하는 기법이다.

음악 감상에는 작곡자와 연주가는 물론 곡의 배경과 구조, 특별한 기법과 역사 등 폭넓은 알음알이가 많을수록 좋다. 그런 습관이 다른 사람에게 불편을 끼쳤나 보다. 나는 이럴 때 어떻게 대응하였을까.

3살 때 시력을 잃은 로드리고는 어릴 때부터 음악 공부를 하고 관현악곡으로 '국가상'을 받은 뒤, 파리에서 6년간 유학하였다. 클래식 기타는 마드리드 음악원 기타 교수로 이름난 연주가이기도 한 '사인스 데 라 마사'에게 지도를 받았다. 로드리고의 예민한 감각으로 부드럽고 감미로운 기타와 작은 관현악을 위한 아란후에스 협주곡을 작곡하였다. 그는 이 곡을 마사 교수에게 헌정하였다.

아란후에스 협주곡은 라이브로 들을 기회가 적다. 소관현악의 반주로 협주해야 하므로 음의 조화와 소리의 볼륨 조절이 어렵다.

아란후에스 협주곡을 들으면 그때마다 궁전의 느낌이 달라진다. 내 마음의 상태나 여건에 따라 들리지 않던 소리가 들리기도 하고 들리던 소리가 없어지기도 한다. 궁전의 풍광이 세밀하게 보이는 듯하고 바람에 날아가 버리기도 한다. 휴식이 필요할 때 이 곡을 들으면 클래식 기타의 특별한 소리를 들을 수 있다. 왼손이 코드를 빠르게 옮기면서 생기는 삐걱거리는 마찰음이 매력이다. 다른 악기에서는 들을 수 없는 삶의 변화를 느낄 수 있는 숨 쉬는 듯한 소리를 덤으로 듣는다.

이 곡은 시각장애인 로드리고가 꾸밈없고 넉넉한 마음으로 나를 보살핀다. 나는 그보다 훨씬 오랫동안 정안인으로 살면서 온갖 눈의 호사를 누렸다. 그보다 늦게 찾아온 시력의 장애에도 불편해하면서 남의 도움만 받고 있다. 언제쯤 나는 말 한마디, 글 한 줄이라도 아란후에스 협주곡처럼 사람의 마음을 편안하게 위로할 수 있을까.

아란후에스 협주곡

푸니쿨리 푸니쿨라

자기가 좋아하고 즐기는 애창곡이 있듯 나라와 민족과 지방마다 함께하는 노래가 있다. 그곳에는 언어가 다르고, 풍광과 풍습이 다르며 피부색이나 기질도 다르다. 그들의 고유한 정서와 감성이 들어 있는 노래가 민요이다.

오늘은 이탈리아 나폴리민요 푸니쿨리 푸니쿨라funiculi funicula를 불러본다. 이탈리아는 우리와 같이 음악을 사랑하는 나라다. 나폴리는 아름다운 항구도시답게 아랍이나 동양적 음률이 들어 있다. 이탈리아는 곱고 부드러운 벨칸토 창법으로 음색을 강조하는 가창이 발달하여 노래가 쉽고 선율적이다.

푸니쿨리 푸니쿨라는 페피노 투르코Peppino Turco가 가사를 쓰고, 루이지 덴차Luigi Denza, 1846~1922가 1880년에 작곡한 곡이다. 그해 '페디그로타 가곡제'에서 발표하여 유명해졌다. 곡의 이름 푸니쿨리 푸니쿨라는 가사의 구절마다 넣어 가락을 맞추는 말로 '영차'라는 함성의 뜻이다. 나폴리민요 가운데서도 오래된 것 중의 하나이며 널리 불리는 즐거운 노래다.

내림마장조, 6/8박자, 빠른 곡이다. 시작부터 '도/ 미레도~' 고음의 빠른 흐름이 얼마나 흥겨운지 관객과 연주자가 혼연일체가 되어 신바람이 나는 노래다. 화려한 테너의 목소리가 우리의 선소리처럼 곡을 압도한다.

이 곡은 나폴리 근교에 있는 '베수비오 휴화산'에 설치된 등산 열차 노래다. 세계에서 가장 가파른 등산 열차라는 푸니콜라레 funicolare를 만들며 노동자들이 '영차' 하는 뜻으로 푸니쿨라다. '얌모 얌모jammo jammo'는 나폴리 방언으로 '가자'란 뜻이다.

민요는 '아리랑'과 같이 작자 미상이 많지만, 이 곡처럼 작가를 알 수 있는 곡도 많다. 부산 롯데의 야구팬들이 부르는 '부산 갈매기'나, 광주의 기아 팬들이 부르는 '목포의 눈물'은 그 지방의 민요이다. 또한 푸니쿨리 푸니쿨라는 '88서울올림픽의 팡파르'와 같이, 어떤 큰 행사를 기념하기 위해 작곡된 곡이기도 하다.

'베수비오' 산은 화산 폭발로 폼페이시를 덮어버린 유명한 산이다. 그 산에 등산 열차 푸니콜라레의 완공으로 탄생한 희망과 환희의 노래가 푸니쿨리 푸니쿨라다. 이 노래를 부르며 베수비오산의 정상에 올라서면 아름다운 나폴리만과 지중해가 한눈에 들어온다. 이 아름다운 풍광은 찾는 이들을 매료시켜 왔다. 하지만 베수비오

산의 푸니콜라레는 1944년에 다시 화산분출이 일어나 폐쇄되었다. 그렇지만 푸니쿨리 푸니쿨라의 노래는 아름다운 풍경을 안은 채 희망과 꿈을 성취하며 축하하는 세계인의 애창곡으로 남았다.

아쉬운 대로 나폴리 인근의 휴양지 카프리섬 정상을 잇는 푸니콜라레가 있어서 지금도 관광객들을 즐겁게 한다. 스위스의 알프스 등산 열차나 세계 유명지에 케이블카들이 많지만, 이처럼 기념곡을 만든 곳은 드물다.

'세상은 즐거움과 신바람을 위하여 마련되었다고 어떤 사람들은 생각하지, 나도 그래….'로 시작되는 가사다. '얌모 얌모 얌모 얌모야, 푸니쿨리 푸니쿨라'가 후렴으로 따른다. 이 곡은 루치아노 파바로티의 노래가 돋보인다. 그의 화려한 고음과 가창력은 나폴리 지방 사투리와 기질에 가장 잘 어울린다. 이곳의 '오 솔레미오', '산타루치아' 등의 다른 곡도 마찬가지다. 우리의 판소리를 서울 표준말로 부르는 것보다 호남의 걸쭉한 사투리로 불러야 제맛을 내는 것과 같은 노래들이다.

푸니쿨리 푸니쿨라가 나폴리의 등산 열차를 노래한 것이라면, 우리의 민요 아리랑은 〈참된 나[眞我]를 찾는 즐거움〉이란 뜻을 가지고 있다. 아리랑의 '아'는 '나 아我'이고, '리'는 '다스릴 리理'이며 '랑'은 '즐거울 랑朗'이라는 의미라 하겠다.

푸니쿨리 푸니쿨라는 이탈리아 나폴리 지방 민요이지만, 아리랑

128

은 전국 민요다. 하지만 정선아리랑, 진도아리랑, 밀양아리랑 등으로 지방이나 고을마다 다른 정서가 담겨 있다. 이처럼 민요는 뜻과 배경, 방언을 알고 부르면 더욱 제맛을 느낄 수 있다. 오랫동안 나와 함께하여 몸에 스민 음악은 나의 민요다. 그 민요는 평생을 같이 해 온 바로크와 고전 낭만파들의 음악이다. 그리고 우리의 판소리와 산조, 가곡과 가요, 팝송들이 나를 채우고 둘러싸고 있다. 이 음악의 숲속에서 나만의 민요를 찾아가는 일이 남은 일인 것 같다.

태양이 떠오르는 하루의 시작은 언제나 새해 새 아침이다. 목표가 작심 3일로 끝나지 않고 성취를 이루기 위해 알맞은 음악이 있으면 훨씬 수월하게 된다. 오늘 시작되는 하루, 새로운 첫날은 무슨 노래를 부르며 어떤 음악을 배경으로 삼을 것인가. 오늘은 내가 만드는 등산 열차의 완공과 꿈을 이루기 위하여 푸니쿨라 함성을 지르고, 더 넓은 세상을 향하여 얌모를 외치며 달릴 것이다. 그러나 '나[眞我]를 버리고 가시는 임은 십 리도 못 가서 발병이 난다.'는 아리랑의 뜻은 놓치지 말아야 할 것이다.

감사와 만족의 향기가 가득한 밝은 곳으로…. 가자, 얌모. 참 나를 찾아 피안彼岸의 아리랑 고개를 넘어가자.

영차영차, 푸니쿨리 푸니쿨라.

푸니쿨리 푸니쿨라

헌정

그대는 나의 영혼, 나의 심장, 나의 기쁨이자 고통
당신은 나의 세계 나는 그 안에서 산다네
당신은 나의 하늘 나는 그 속으로 날아가네
당신은 나의 무덤 그 안에 영원히 나의 근심을 묻었다네

당신은 나의 휴식이자 마음의 평화
그대는 하늘이 내게 주신 사람
그대가 날 사랑한다는 것은 나를 가치 있게 만들고
당신의 시선은 나를 밝게 비춰준다네
당신은 나를 사랑으로 들뜨게 하네
그대는 나의 선한 영혼이며
보다 나은 나를 만들어 주네

감동적인 슈만의 헌정Widmung, 비트뭉 가사다. 뤼케르트의 시詩에

슈만이 곡을 붙여서 만든 가곡으로 슈만이 결혼 전날 신부 클라라에게 바친 노래다. '헌정'은 가곡집 「미르테의 꽃에서」 op. 25의 첫 번째 곡이다.

가곡집 「미르테의 꽃에서」는 26곡으로 이루어져 있다. 한 시인의 작품이 아니고 여러 사람의 시를 골랐다. 하지만 한 곡 한 곡의 가사를 들여다보면 클라라를 너무나도 사랑했던 슈만의 절절한 마음이 느껴진다.

「미르테의 꽃에서」는 전곡을 연주하기보다 독립해서 부르고 있다. 미르테의 꽃은 향기가 짙은 관상용 흰 꽃으로 금잔화로 알려진 꽃이다. 신부의 장식에 쓰이고 순결을 나타낸다. 이 곡들은 슈만이 1840년 2월, 클라라와 결혼을 생각하며 라이프치히에서 작곡하기 시작했다. 그리고 결혼식 전야인 9월 11일에 클라라에게 바쳤다.

제1곡 헌정獻呈은 슈만의 가곡 중 가장 잘 알려진 곡의 하나다. 내림가장조, 3/2박자, '온화하고 쾌활하게' ABA 세도막형식이다. 한 마디 12개의 팔분음표 짧은 반주에 이어 '미 미미 솔 도도 레/ 미~' 내림가장조로 조금 세게mf 시작한다. 이어 마장조로 바뀌고, 다시 내림가장조로 돌아온다. 부드럽고 생생한 피아노 반주는 사랑의 마음을 남김없이 전하고 있는 듯하다. 특히 마지막 후주는 가사의 여운을 느끼게 해서 인상적이다. 한 번만 들으면 흥얼거리며 따라 할 수 있는 쉽고 서정적인 가락이다.

이 가곡집에는 제1곡 헌정 외, 제3곡 '호두나무' 율리우스 모젠의 시, 제7곡 '연꽃' 하이네의 시, 제8곡 '부적' 괴테의 시, 제18곡 '베네치아의 노래-광장을 바람이' 토머스 무어의 시, 제24곡 '그대는 꽃과 같이' 하이네의 시, 제25곡 '동방의 장미에서' 뤼케르트의 시 등이 널리 사랑을 받고 있다.

로베르트 슈만Robert Schumann, 1810~1856은 독일 낭만파의 대표적인 작곡가다. 그는 부모의 바람대로 한동안 법학을 공부했지만 피아니스트가 되려고 전환했다. 후일 장인이 된 프리드리히 비크에게 사사했으며 남들보다 늦게 시작한 만큼 피아노에 대한 열정을 불태웠으나 무리한 연습으로 오른손의 약지를 다쳐 그 이후로는 작곡에 전념했다.

그즈음 슈만은 스승의 딸이자 당시 유명한 피아니스트였던 클라라와 사랑에 빠졌다. 그러나 클라라의 아버지인 비크가 두 사람의 결혼을 강하게 반대했다. 6년이라는 세월 동안 아버지의 허락을 받으려 노력한다. 번번이 실패하자 슈만은 결국 라이프치히시에 소송까지 하게 되고 소송에서 이기면서 결혼이 이루어진 것이다.

슈만의 영원한 뮤즈(그리스 신화에 나오는 학문과 예술의 신)는 클라라 슈만 Clara Schumann, 1819~1896이다. 유명 피아노 교사였던 아버지의 조기 교육 덕에 어린 시절부터 신동으로 음악계에서 주목받았으며 아름다운 외모는 그녀의 지성과 음악적 재능을 한층 더 돋보이게 해 주었다. 그렇게 예쁘고 재능 있는 딸이 자랑스러웠던 아버지 비크는 클라라보다 9살이나 많은 슈만과의 결혼을 거세게 반대했다. 이런 고난을 이겨내고 이루어낸 '헌정'이야말로 사랑의 위대한 '전주'가 아니겠는가.

결혼한 이후 슈만은 수많은 가곡, 교향곡, 협주곡 등을 작곡하여 클라라가 슈만의 진정한 뮤즈였음을 말해준다. 그러나 예민한 성격의 소유자였던 슈만은 극도의 우울증을 겪으며 라인강에 투신하였다. 이후로 우울증이 점점 심해져 정신병원에 입원한 슈만은 2년 후에 46살의 나이로 생을 마감한다. 남다른 자질을 가졌던 클라라는 남편과 8명 자식의 가장이 되었다. 그렇지 않았더라면 남편인 슈만보다도 훨씬 더 이름을 떨치는 음악인이 되었으리라.

슈만의 아버지는 작가이자 서적상이었다. 슈만은 그 영향으로 '음악 신보'라는 잡지를 발간하였다. 이를 통해서 그는 평론가로도 활동하며 쇼팽이나 브람스 같은 후배 음악가들을 소개하기도 했다.

슈만과 클라라 그리고 브람스는 음악사에서 자주 회자하는 삼각관계 러브스토리의 주인공이기도 하다. 슈만 부부는 브람스의 음악성에 감탄해 음악적으로 그를 계속 격려하며 지원했다. 브람스는 자신보다 14살이나 연상인 스승의 부인이었던 클라라에게 마음을 빼앗겼다. 그는 자신의 '피아노 소나타 2번'을 클라라에게 바쳤다. 슈만이 죽고 난 후 그는 모든 것을 초월한 듯 그의 사랑을 예술적 영감으로만 승화시킨다. 평생 독신으로 살면서 클라라에게 사랑보다 깊은 존경과 우정을 보인 것이다. 브람스를 촛대에 비유하기도 하는 이유이리라. 그의 음악은 감정을 과하게 표출하지 않고 원칙에 충실하여 신고전주의자라고 일컫는다.

슈만은 낭만주의 시대의 대표적인 작곡가다. 감정을 중요시하는 낭만 음악을 꽃피웠다. 그는 피아노곡과 가곡에서 더욱 빛을 발하며 선율에서 시적인 감성이 드러난다는 평가를 받는다. 헌정이 유명해지자, 리스트는 피아노곡으로 편곡하였다.

헝가리 출신의 피아니스트인 프란츠 리스트Franz Liszt, 1811~1886는 12곡의 교향시와 2개의 피아노 협주곡, 헝가리 광시곡, 다양한 피아노 독주곡 등을 작곡한 당대 최고의 피아니스트였다. 그가 피아노곡으로 편곡한 슈만의 가곡 '헌정'은 또 다른 명곡이 되었다.

작곡가 슈만과 클라라의 결혼, 영국의 첼리스트 자클린 뒤프레와 다니엘 바렌보임의 결혼은 음악사에 남는 유명한 사건이었다. 둘 다 비극으로 끝났지만 아름답고 열렬한 사랑은 더욱 빛나고 있다. 특히 '헌정'의 탄생과 다양한 버전은 추억을 불러 모았다.

우리는 누구나 이런 고백이나 헌사를 주고받아 본 적이 있을 것이다. 나도 슈만처럼 여러 시집에서 내가 좋아하는 시를 골라 편지로 보낸 기억이 생생하다. 얼마나 많이 썼다가 지우고 다시 썼던가.

처음 그녀에게서 답장이 왔을 때의 순간은 세상을 다 얻은 듯했다. 서로의 답장 마지막, '새벽을 알리는 02시 30분'이나 '새벽 4시를 넘기며' 등 여러 글자가 빛바랜 추억을 장식한다. 그러나 슈만은 나보다 100여 년 전에 이미 밤새워 시를 고르고, 사랑의 멜로디를 작곡하였다. 주옥같은 곡들을 모아 가곡집을 만들어 내일의 신부에게 바쳤으니, 나의 사랑 이야기는 너무나 초라하다. 그래서 아내가 일찍 떠난 것은 아닌지.

  예식장에서 들어온 여러 형태의 헌정들이 아름다운 추억으로 쌓여있다.

  오늘은 저시력으로 헤매는 나를 보살피는 가족과 함께하는 모든 분에게 이 헌정을 바친다. "감사합니다. 사랑합니다."

  그대는 보다 나은 나를 만들어 주네.

슈만 리스트 헌정, 가곡
슈만 리스트 헌정, 피아노곡

아이네 클라이네 나흐트뮤지크
Eine kleine Nachtmusik

   음악의 신동 볼프강 아마데우스 모차르트Wolfgang Amadeus Mozart, 1756~1791의 대표적인 곡. 세레나데 13번 'G장조, KV. 525'의 애칭은 '아이네 클라이네 나흐트뮤지크'이다. '나흐트뮤지크'는 세레나데라는 뜻의 이탈리아어 '세레나타'를 독일어로 옮긴 말이다. 유명한 곡인 만큼 '작은 밤 음악' 혹은 '작은 세레나데' 등 별칭이나 애칭으로 불린다.

 '아이네 클라이네 나흐트뮤지크'는 어떤 사정이나 누구의 부탁을 받고 작곡된 것인지는 알려지지 않고 있다. 오페라 〈피가로의 결혼〉이 프라하에서 1787년 1월에 대성공을 거두었다. 그러자 그해 가을철에 이 오페라단이 상연할 〈돈 지오바니〉를 의뢰받았다. 이 곡은 오페라 돈 지오바니를 작곡하던 그해 여름 빈에서 작곡된 것으로 추측된다.

 두 대의 바이올린, 비올라, 첼로와 더블베이스로 편성된 악보를 보면 대편성 관현악의 현악 파트가 아니라 실내악 5중주곡으로 쓰인 것 같다. 하지만 어느 쪽으로 연주하든 곡의 우아함은 빛을 잃지 않는다. 간결한 작품의 전형으로 모차르트의 어느 곡보다도 완전하고 균형이 잘 잡혀 있다. 아름다운 이 곡은 모차르트 작품 중 가장 인기 있는 작품 중 하나다. 연주 시간은 15분 정도이다.

제1악장은 알레그로(빠르게), G장조, 4/4박자, 소나타(제시부, 발전부, 재현부로 된 기악곡) 형식이다. 제1주제는 첫 음 '솔미도'의 펼친화음 코드로 제1 바이올린이 누구나 들어본 '도'솔도'솔/ 도솔도미솔~'로 힘차게 시작한다. 후반부는 제1 바이올린의 포르테로 강력하게 제시된다. 아마도 이 선율만큼 대중 친화력이 강한 선율도 없을 것이다.

제2악장은 로만쩨, 안단테(느리게), C장조, 2/2박자, 세도막 형식이다. 로만쩨는 중세에 시작된 연가戀歌를 뜻하며 감미로운 가락을 위주로 느릿한 기악곡에도 쓰였다. '미'미'/ 미솔파레 파라/ 솔미솔~'의 멜로디가 서정성과 우아함을 지닌 분위기의 로맨스를 나타낸다.

제3악장은 미뉴에트, 알레그레토(조금 빠르게), G장조, 3/4박자, 겹세도막 형식이다. '솔/ 도레미/ 파레/ 로~' 힘차게 시작하여 리듬을 명확히 연주하는 미뉴에트와 노래하는 듯한 선율이 아름답게 흐르는 트리오(ABA의 춤곡 B 부분)가 탁월한 대조를 이루는 사랑스러운 악장이다. 4개의 악장 중 가장 감미롭고 우아한 곡이다.

제4악장은 론도, 알레그로, G장조, 2/2박자, 변칙적인 소나타풍 론도 형식을 취한다. '＂솔도미/ 솔솔솔솔/ 시시도도/ 파파미미/ 레~' 리드미컬하고 역동적인 템포 등 다양한 매력을 엿볼 수 있는 악장이다.

이 곡은 내가 K예술고등학교 현악 합주를 맡고 있을 때 정기 연주회 무대에 올린 곡이다. 듣기는 좋아도 초보자들이 첫 부분의 쉼표 연주를 할 때 대단한 인내가 필요하였다. 야외음악으로 연주할 때는 악기 수를 8-6-4-2-1의 확대 편성하기도 한다. 나는 이 곡을 제1 바이올린 30명, 제2 바이올린 30명, 비올라 20명, 첼로 18명 콘트라베이스 4명의 대형 현악 합주로 편성하였다. 악기를 잡은 학생 누구나 무대 경험을 쌓게 하기 위함이다. 그해 여름방학을 꼬박 이 곡의 합주 연습으로 보냈다.

연주복을 처음 입은 학생들은 "선생님 떨려요." 하며 안절부절못했다. 지휘대에 올라서 보니 그때까지 나와 눈을 제대로 맞추지 못하는 학생도 있었다. 그들의 처음 무대 경험의 느낌은 각각 달랐지만 누구든 넘어야 했던 큰 관문이었다. 연주를 마치고 연주복을 입은 채 사진을 찍으며 첫 무대를 축하했다. 내가 할 수 있는 것은 앞으로 펼쳐질 무대의 상식과 예절을 맛보고 경험을 자연스럽게 하는 일이었다.

무대에 처음 서는 학생들에게 '연주는 어떤 경우에도 최선을 다 해야 한다는 것'이 지휘자인 나의 강조점이다. 대중을 위한 연주가 아니라 이 곡을 잘 아는 한두 사람을 위해 혼신을 다하는 것이 음악에 대한 예의라는 점을 강조했다. 그들은 이제 전문 악단의 주자이거나 교단에서 후진 양성에 중추적인 역할을 하고 있다.

아이네 클라이네 나흐트뮤지크 1악장의 아름답고 맑은 고운 연주를 들으면 놀랄 때가 많다. 투박한 합주의 소리가 내 추억에 스며 있기 때문이다. 수없이 많은 곡을 듣고 지휘를 해 왔지만, 이 곡만큼 감정의 폭이 넓게 움직였던 곡은 드물다.

세레나데는 밤에 연인의 창가에서 부르는 사랑의 노래이다. '창문을 열어다오~' 하며 세레나데 흉내를 내며 웃기도 했다. 하지만 우리에게는 세레나데serenade, 小夜曲라 불릴 만한 곡은 없었다. 이웃이 알도록 노래나 연주를 하는 것이 아니라 은밀한 편이었다. 나도 세레나데 대신 아름다운 사랑의 시구를 골라 편지로 보내고, 각종 세레나데 곡을 모으기도 했다. 클래식 음악에서 세레나데는 의외로 많았다. 슈베르트, 도첼리, 드리고의 성악곡인 세레나데를 자주 불러왔다. 차이콥스키의 '현을 위한 세레나데'를 비롯하여 세레나데라는 이름이 붙은 기악곡이 의외로 많았다.

스트레스가 쌓여 마음이 불편할 때면 나는 이 곡을 자주 들었다. 1악장이 끝나기 전에 마음이 풀어진다. 이럴 때 2악장의 첫 부분을 허밍으로 따라 하면 곡의 주인공이 된다. 3악장에 이어 4악장이 끝나면 음악 속에서 즐기고 있는 나를 볼 수 있었다. 또 감성이 풍부할 때는 각 악장의 주제마다 새로운 가사가 튀어나오기도 했다. 아이네 클라이네 나흐트뮤지크는 시각장애를 돕는 활동지원사와 같이 마음의 지원사인 곡이다.

세레나데 13번 G장조, KV. 525

중앙아시아의 초원에서
In the Steppes of Central Asia

멋진 경관에 반해 속리산을 오르고 법주사를 찾을 때다. 그곳에는 속리산 전경을 한눈에 볼 수 있는 곳이 있다. 한 폭의 풍경화 속에는 보로딘의 교향시 '중앙아시아의 초원에서'가 담겨 있다. 이 곡의 표제와 딱 들어맞는 곳이다.

알렉산드르 보로딘Aleksandr Borodin, 1833~1887은 이 곡을 1880년 러시아 황제 알렉산드르 2세Aleksandr II의 즉위 25주년을 기념하여 교향시로 작곡했다. 같은 목적으로 러시아 5인조 국민악파 동료인 무소르그스키는 '터키 행진곡', 림스키코르사코프는 합창곡 '슬라브'를 작곡하였으나 이 기획은 황제의 암살로 실현되지 않았다.

교향시Symphonic poem란 표제음악의 한 악장 교향곡으로 시 또는 회화적 내용이다. 리스트가 13곡 단악장의 교향곡에 붙인 이름이다. 이 곡은 중앙아시아 초원의 모습을 생동감 있게 표현한 표제음악의 걸작으로 꼽힌다. 보로딘 특유의 거침없이 반복되는(오스티나토

※) 리듬이 매끈한 멜로디와 얽혀 대자연을 배경으로 풍경의 파노라마를 소박하게 나타내었다.

악기 편성은 플루트 2, 오보에, 잉글리시 호른, 클라리넷 2, 바순, 호른, 트럼펫 2, 트롬본 2, 베이스 트롬본, 팀파니, 현악 5부로 되어 있다.

원제는 '중앙아시아에서'였으나, 이 곡이 서유럽에서 공연될 때 주최 측이 곡 제목을 '중앙아시아의 초원에서'로 바꾸면서 그대로 통용되었다.

보로딘은 이 곡 총보總譜에 다음과 같은 긴 해설을 남겼다.

"끝없이 펼쳐진 중앙아시아의 황량한 초원에서 평화로운 러시아 노래가 신비한 울림으로 들려온다. 아득히 멀리서 말과 낙타의 발소리에 섞여 독특한 동양풍의 선율이 들려오고, 이 지방의 토착민인 상인들의 행렬이 다가온다. 러시아 병사들의 호위를 받으며 끝없는 황야를 지나는 그들은 불안한 기색도 없이 긴 여행을 계속하고 있다. 얼마 지나지 않아 상인들의 행렬은 멀어지고 러시아 노래와 이국적인 동양의 노래가 어우러져 아름다운 하모니를 이룬다. 그리고, 그 메아리는 점차 작아지며 초원의 허공 속으로 사라져 버린다."

한 폭의 멋진 풍경화의 파노라마를 나타내는 곡이다. 연주 시간은 약 6분 정도다.

곡은 가장조, 알레그레토 콘 모토Allegretto Con Moto, 2/4박자다.

제1 바이올린 두 사람의 솔로가 옥타브로 연주하는 고음인 E 음의 지속음으로 시작해 플루트와 오보에 연주를 거쳐 클라리넷이 등장해 제1주제인 가장조, 2/4박자, 칸타빌레(노래하듯이) '솔파미레미/ 도솔'로 시작되는 '한가로운 러시아의 노래'를 부른다. 다음에 이 가락이 호른으로 반복되어 사라지면, 첼로와 비올라의 피치카토가 말이나 낙타의 말발굽 소리를 나타내며, 대상隊商이 가까이 다가왔음을 표현한다.

관악기가 더해지며 풍성한 울림을 전해주는 가운데 잉글리시 호른이 제2주제인 터키풍의 다장조 '미파미/ 솔라솔'로 시작되는 '동방의 노래'를 연주하고, 바이올린 E 음이 지속하여 합주된다. 발굽 소리는 더욱 높아지며 '러시아의 노래'가 화음으로 나타나, 전 합주로 당당한 행진곡이 된다.

발걸음을 내딛는 소리가 하나로 어울려 울리고, 다시 동방의 노래가 첼로와 잉글리시 호른으로 연주되어 바이올린 유니슨(같은 가락)이 고조하며 반복한다. 비올라와 첼로의 유니슨으로 넘어간다. 오보에가 '동방의 노래', 바이올린이 '러시아의 노래'를 연주하고, 대위법적으로 짜 맞춰진다. 마침내 전합주로 발전하여 하모니를 이룬다. 다시 피치카토에 의한 발굽 소리, 러시아 노래의 모티브가 단편적으로 나타나고, 곡은 조용해지면서 대상隊商은 멀리 지평선 너머로 사라져 버린다. 마지막에 피아니시모의 플루트가 '러시아의 노래'를 연주하며 마친다.

알렉산드르 보로딘은 상트페테르부르크에서 출생하였다. 의과대학을 졸업하였고 의사로서, 화학자로서 활동하였다. 그는 발라키레프, 무소륵스키, 림스키 코르사코프, 세자르 쿠이와 함께 러시아 국민악파 5인조의 한사람으로 활동하였다. 작품으로는 '현악 4중주 2번', 오페라 '이고르 공', '교향곡 제2번' 등이 알려져 있다.

어떤 자리에서 한눈에 들어오는 경치에 매료된다. 속리산 물줄기가 모여 휘돌아 내려 경계를 이룬 곳, 작은 교량을 건너 오른쪽 세조길 입구에서 속리산을 향하는 자리다. 그곳에서 바라보는 너른 잔디 광장과 속리산의 경치가 한눈에 들어오는 곳이다. 초원이 펼쳐진 잔디 광장과 멀리 보이는 속리산의 영봉들이 어우러진다. 가슴이 뻥 뚫리고 큰 숨을 들이마시게 된다. 확 트인 풍광이 중앙아시아의 초원을 나타낸 교향시가 어울리는 곳이다. 한참을 쳐다보고 있노라면 힘이 솟아 그 기분으로 속리산 정상인 문장대를 오른 적이 몇 번 있었다.

세속을 떠난 산이라는 속리산俗離山이다. 그 품속에는 거대한 청동불상이 있는 법주사가 편하게 자리하고 있다. 사찰까지 '5리(2km) 숲길'을 걸으면 어느새 세속의 때가 말끔하게 씻겨나간다. 그곳에는 내 삶의 멘토들이 있다. 세상을 밝히는 석등을 머리 위에 받치고 있는 늠름한 쌍사자 석등, 깨달음을 위해 일심으로 뜨겁고 무거운 향로를 이고 아미타불에게 공양하며 웃는 희견보살 등, 속리산 품의 또 다른 '중앙아시아의 초원에서' 세계가 펼쳐진다. 자비희사慈悲喜捨의 사무량심四無量心 화신들이 나를 일깨우며 새롭게 한다.

　세속으로 나오면서 다시 그곳에 섰다. 아귀다툼이 없는 세상을 품고 있는 속리산이 나를 보고 웃는다. 지금은 흐릿한 시야지만 더 포근하게 감싸 주고 있다. 초원의 커다란 뿔 나팔이 한가롭다. 그 소리에는 말굽 소리와 말소리, 러시아의 노래와 동방의 노래가 들려오는 듯하다. 부처의 나라 언어와 길손이 부르는 느릿한 시조창도 들리는 듯하다. 이미 몸속에는 새로운 활기가 듬뿍 담겼다.

　뻥 뚫린 가슴에 넉넉하고 여유로운 발걸음이다. 보로딘과 법주사, 속리산이 간직한 멜로디와 이야기가 동행한다. 그들의 '중앙아시아의 초원에서'가 성큼성큼 앞장선다.

교향시 '중앙아시아의 초원에서'

루슬란과 류드밀라 서곡
Overture to "Russlan and Ludmilla"

서주 없이 화려하고 활력있는 팀파니, 쾌속 질주하는 산뜻한 선율이 마음의 불을 지핀다. 러시아 민요와 민속춤의 리듬이 전설의 가락을 타고 앞만 보고 달린다.

오페라 루슬란과 류드밀라의 서곡을 이르는 말이다. '키예프(키이우) 태공의 딸 류드밀라가 악마에게 납치를 당했다. 태공은 자기 딸에게 청혼했던 3명의 귀공자에게 딸을 구하는 사람에게 사위로 삼겠다고 약속한다. 결국 그중에 한 사람인 기사 루슬란 왕자가 악마를 물리치고 태공의 딸과 결혼한다.'라는 5막짜리 오페라의 내용을 5분 동안 펼쳐내는 멋들어진 곡이다.

이 서곡은 오페라의 마지막 장면인 루슬란 왕자와 류드밀라가 경사스럽게 결혼하는 장면을 소재로 한 밝고 장대한 곡이다.

프레스토 D장조, 2/2박자, 소나타 형식, 후기 낭만주의, 국민주의 관현악곡이다. 연주 시간이 짧지만, 이 곡엔 오페라 루슬란과 류드밀라의 핵심적인 내용을 담은 선율이 있다. 프레스토(급속하게), ff(포르티시모, 아주 세게)의 주제는 혼례나 연회에서 가져온 것이다. 이어 두 번째 주제는 루슬란의 아리아에서 영감을 얻었다. 이 화려한 도입부에는 난관을 극복하고 류드밀라와의 사랑을 이루는 루슬란의 주제가 등장한다. 율동적인 도입부에 이어 바이올린이 경쾌한 주제를 연주하면 첼로가 호방한 느낌의 멋진 선율을 연주한다. 이 선율이 바로 루슬란의 선율이다.

또 이 서곡엔 류드밀라를 납치해 간 악마 체르노모르의 선율도 등장해 어두운 분위기를 드리우기도 한다. 주로 반음계적인 움직임으로 드러나는 체르노모르의 주제는 잠시 등장해 어둡고 스산한 분위기를 만들지만, 곧바로 긍정적인 음악에 의해 압도되며 사라져 버린다. 자동차 경주처럼 절대로 그 속도감이 줄어들지 않는다는 게 특징이다.

루슬란과 류드밀라는 1842년 작곡된 글린카의 대표적인 오페라이다. 그 줄거리나 음악 모두가 러시아의 민속적인 소재로 작곡되었다. 푸시킨의 산문시를 원작으로 삼은 이 오페라는 1842년에 초연되었다.

글린카의 〈루슬란과 류드밀라〉 서곡만큼 음악회의 도입부에 잘 어울리는 곡도 드물다. 팀파니의 리드미컬한 타격에 이어 쾌속 질주하는 템포와 산뜻한 선율은 누구라도 음악회에 곧바로 집중할 수밖에 없게 된다. 그러나 이 곡을 작곡한 글린카는 오늘날 이처럼 인기 있는 〈루슬란과 류드밀라〉 서곡과 오페라 전곡을 완성한 후 큰 실망에 빠졌다.

그는 1837년 5막의 오페라 〈루슬란과 류드밀라〉의 작곡을 시작했다. 고군분투하여 1842년에 마침내 전곡을 완성한 글린카는 그해 11월 27일에 이 오페라를 대중에게 선보였다. 당시 러시아에선 이탈리아 오페라가 인기를 끌고 있었다. 글린카의 정성을 다한 민속 오페라는 사람들에게 외면당했다. 크게 실망한 글린카는 러시아를 떠나 프랑스와 스페인으로 긴 여행길에 올랐다.

미하일 이바노비치 글린카Mikhail Ivanovich Glinka, 1804~1857는 러시아 근대 음악의 원조이며 국민악파의 아버지다. 글린카는 스몰렌스크의 귀족이자 대지주의 아들로 태어나 11세 무렵부터 음악 공부를 시작했다. 20세에 페테르부르크의 철도성에 근무하다 퇴직하여 음악에 몰두한다. 1830년 이래 국외 여행을 떠나 유럽 각지에서 음악을 배우면서 서구적 작곡 기법을 통해 러시아 국민음악의 자각을 높였다. 1833년(29세) 아버지의 죽음으로 귀국하였다.

그는 페테르부르크로 옮겨 오페라 〈이반 수사닌〉에 착수해 1836년 초연되어 당국의 간섭을 받았으나, 이로써 러시아 최초의 국민적 작곡가의 지위를 확립했다. 이후 잠깐은 민요 연구에 바탕을 둔 가곡을 쓰기도 했다. 각지를 여행하며 작곡을 하였으나 파리 2월 혁명의 파급을 두려워한 러시아 당국은 극단적인 문화 탄압 정책을 펴고 있어서, 국민적인 글린카의 작품은 거의 공연되지 못했다. 1857년에 베를린에서 객사하고 말았다.

러시아 음악사상 글린카의 역할은 종종 문학 사상의 푸시킨과 비교된다. 그가 수립한 세계 최초의 국민음악의 전통은 5인조나 차이콥스키에게 계승되어, 러시아 음악을 세계적인 지위로 올려놓았다. 그와 동시에 체코와 헝가리, 북유럽 나라들의 국민음악에 길을 열어 주었다. 국제적인 영향력을 가진 최초의 러시아 음악가 글린카….

그는 러시아 음악이 서유럽의 음악을 따라가는 것에 만족하지 않고 러시아의 국민적인 소재를 사용하였다. 그의 음악은 국민적인 것과 예술적인 것의 결합으로 국민주의의 사상으로 성숙하기에 이르렀다. 그는 창조 활동의 기반을 "음악을 창조하는 것은 국민이며, 작곡가는 그것을 편곡할 뿐이다."라는 말을 남긴 것처럼 직접 국민의 소리와 결부되어야 한다는 생각이었다. 글린카는 국민 속의 음악인 민요나 전설과 이야기들에 예술성을 가미하는 음악을 만들려 했다.

글린카의 삶이 음악적으로 행복했다고 말하긴 쉽지 않다. 음악에 대한 열정과 능력 여건은 누구보다 많이 갖추어졌다. 하지만 자기의 음악을 이해하지 못하는 사람들과 국가의 통제가 그를 좌절

시켰다. 아내 또한 낭비벽에, 음악에 대한 이해도 없어서 숱하게 불화했다. 그리하여 방랑과 바람기로 탁월한 재능은 절실한 동기와 연결되지 않았고, 결국 다 드러내 보이지도 못했다. 당시에 인정받지 못한 선각자의 심정이나 입장은 어떠했을까.

그러나 글린카의 여동생은 글린카보다 더 열심히 오빠의 작품을 모으고 관리했다. 또한, 후배들인 국민악파 5인조의 후원자가 되어 러시아 국민악파를 확립시킨 진정한 숨은 공로자이기도 하다. 이들을 보며 우리의 지나친 대중성에 국민적인 음악의 예술성에 대해 살펴보는 계기로 삼아보자.

루슬란과 류드밀라의 짧은 서곡에는 오페라의 내용은 물론 그의 혼신의 열정이 들어 있다. 러시아 민속 음악의 축소판이기도 하다. 이 곡을 들을 때마다 얻어지는 정감은 명료함이다. 글린카가 추구한 음악을 팽개친 국가와 사람들을 넘어선 음악의 본질이고 열정이기 때문이다.

내가 좋아하는 서곡은 윌리엄 텔, 피가로의 결혼, 마탄의 사수 등 특색 있고 멋진 곡들이 많다. 또한, 루슬란과 류드밀라 서곡처럼 오페라와 독립되어 연주되는 서곡들도 있다. 서곡은 오페라의 분위기를 나타내는 아름다움과 명료함이 있어 좋아한다. 특히 루슬란과 류드밀라 서곡이 그렇다. 진정한 사랑을 얻기 위해 온갖 난관을 극복한 루슬란의 용기와 활기찬 성격이 잘 드러난 루슬란의 가락, 이 선율을 들으면 순식간에 마음의 변화를 얻을 수 있게 된다.

국민음악을 연 글린카를 생각나게 하는 단 한 곡, 〈루슬란과 류드밀라〉 서곡은 내 마음을 밝히는 부싯돌이 된다.

오페라 루슬란과 류드밀라의 서곡

사랑의 기쁨과 사랑의 슬픔
Liebesfreud & Liebesleid

바이올린이 아름다운 가락을 노래한다. 고귀하고 기품 있는 선율이다. 가볍게 하늘을 날아올라 훨훨 날갯짓한다. 따스하고 시원한 기운이 몸을 감싼다. 이슬 머금은 갓 피어나는 꽃망울처럼 청초하게 반짝인다. 꽃잎을 활짝 펼치는 꽃무리가 향기를 풍긴다. '사랑의 기쁨', '사랑의 슬픔', '아름다운 로즈마린'으로 이어지는 사랑의 노래다.

사랑의 기쁨은 하늘을 향해 비상하는 종달새의 날갯짓처럼 피아노와 바이올린으로 시작된다. 이 주제는 두 번 반복되면서 곡 전체에 즐거운 분위기를 조성해 준다. 이어서 등장하는 왈츠는 전형적인 빈풍의 왈츠로서 특유의 우아한 분위기를 뽐낸다. 곡은 이 두 가지의 소재를 반복하면서 론도형식을 만들어낸다.

'사랑의 기쁨'은 작곡가가 태어난 오스트리아 빈 지방의 옛 민요를 바탕으로 만들어졌다. 세 부분으로 되어있는 이 곡의 첫 부분은 널리 알려진 C장조의 화려하고 기품 있는 멜로디다. C장조, 3/4박자 세도막 형식의 왈츠곡이다. 솔/ 도미솔/ ♪파미/ 레도#레파라~로 시작하는 사랑하는 연인들의 즐겁고 행복한 정경을 묘사하고 있다. 두 번째 부분은 반음계적 하강이 눈에 띄는 아름다운 부분이다. 세 번째 부분은 첫 번째 부분의 변형 반복이다. 3분 남짓한 연주 동안 따스한 사랑의 온도가 마음을 녹이는 곡이다.

이 곡을 쓴 배경은 작곡가가 20대 시절 미국에서 연주 여행을 마치고 돌아오는 배 안에서 해리넷이라는 여인을 만나 사랑에 빠졌고, 결국 그녀와 결혼하여 오래오래 행복하게 살았다는 변함없는 사랑의 찬가다.

사랑의 슬픔은 항상 사랑의 기쁨과 하나의 쌍처럼 여겨진다. 애상적인 분위기를 풍기는 사랑의 슬픔은 특유의 당김음 리듬으로 시작한다. 사랑의 슬픔이라는 제목이 자동으로 환기해 주는 것처럼 이 곡에서 단조와 장조를 왔다 갔다 한다. 마지막 단조로 이어지는 조성 배치는 마치 이 곡이 한 편의 이야기처럼 과거 지향적인 모습을 보여준다. 두 곡 모두 '사랑'이라는 단순한 구성과 멜로디로 구성되어 있음에도 불구하고 독특한 매력으로 사람들의 마음을 휘어잡고 있다.

사랑의 슬픔도 '사랑의 기쁨'처럼 오스트리아 '빈' 지방의 민요를 바탕으로 한 곡이다. a단조, 3/4박자, 'A-B-A'의 전형적인 3부 형식의 곡이다. a단조의 으뜸음인 '라'에서 제5음인 '미/ 라미/ 미/ 미 파미레⁎미⁎/ 파~' 못갖춘마디로 시작하여 올라가는 익숙한 멜로디다.

이 멜로디는 3번에 걸쳐 2도 하행 동형 진행sequence으로 나온 후 마무리되며, 이 부분은 전체를 다시 한번 반복하는 방법을 사용하였다. 반복 기법을 통하여 청중들에게 좀 더 쉽고 친근하게 다가서려는 작곡자의 노력이 엿보이는 대목이다. 이후 같은 으뜸음조인 A장조를 거쳐서 다시 원조인 a단조로 돌아가는 구조다.

이 곡들은 바이올린을 위한 소품으로 1910년에 발표되었다. 두 곡은 명피아니스트이며 작곡가 라흐마니노프에 의해서 피아노곡으로 편곡되어 피아니스트들에게 인기 레퍼토리가 되었다. 영화나 드라마의 OST로도 많이 사용되어 클래식에 관심이 없는 분들에게도 매우 친근한 음악이다.

'아름다운 로즈마린Schöne Rosmarin'(op. 55)은 1905년에 작곡한 바이올린의 소품이다. 로즈마린은 처녀의 이름인 보통명사로 특별한 에피소드는 없다. 깨끗하고 아름다운 처녀에게 부치는 찬탄의 곡이다. 매우 감미롭고 매력적이다. 베토벤은 '엘리제를 위하여'를 작곡했지만, 엘리제는 그의 현실적인 로맨스의 대상이 아니었다. 마찬가지로 로즈마린도 작곡자의 전기 기록에 없는 인물이다.

마장조, 3/4박자, 그라지오소(우아하게), 여리게 시작하며 '미솔도미/ 솔#파라/ 라#솔♮솔#파♮파#미/ 솔~'로 시작되는 순수하고 아름다운 아가씨 상을 나타내고 있다.

바이올린의 거장Virtuoso; 초절기교인 파가니니Nicolo Paganini, 1782~1840가 세상을 떠나고 오랜 세월이 흘렀다. 드디어 파가니니에 필적할 만한 바이올리니스트가 나타났으니, 그가 사랑의 전도사, '프리츠 크라이슬러Fritz Kreisler, 1875~1962'다.

그는 의사의 아들로 태어나 자신도 의학 공부를 했지만, 결국 의학을 포기하고 어렸을 때부터 해 온 음악의 길에 들어섰다. 7세 때 어린이 음악회에 출연했고, 12세 때는 로마 대상을 받아 4년간 이탈리아에 유학했다. 44세 되던 1919년에는 뉴욕 연주회의 성공으로 당당히 당대 제1의 바이올린 연주자로서 주목받게 되었다.

그의 바이올린 연주는 열정적이면서도 군더더기 없이 깔끔한 정통파 스타일이었다. 벗어난 습관이 전혀 없는 기본기에 충실한 연주 솜씨에 인간적인 감성도 풍부하게 갖추었으니 가히 당대 최고라고 할 수 있었다.

크라이슬러의 작품들은 파가니니처럼 현란한 기교를 뽐내는 스타일은 아니었지만, 매우 아름다운 멜로디와 기품 있는 표현으로 많은 사랑을 받고 있다. 기품 있는 표현이라면 빼놓을 수 없는 작품이 바로 그가 작곡한 '사랑의 기쁨', '사랑의 슬픔', '아름다운 로즈마린'이다. 오늘날 이 작품들은 앙코르 공연을 위한 곡으로 여겨지지만,

당대에는 많은 유명 연주 무대의 정식 프로그램으로 연주되었다.

크라이슬러는 오스트리아의 빈에서 태어났지만, 오스트리아 시민권을 포기하고 프랑스 시민권을 얻었으며, 그 후 다시 프랑스 시민권을 포기하고 미국 시민권을 취득하여 미국으로 귀화했는데, 그때 나이 68세였다. 그를 '다국적 철새'라고 평하는 사람도 있었다. 그는 제1차 세계대전이 발발하자 그가 태어난 오스트리아 군대의 육군 장교로 참전하여 부상을 당해 소령으로 전역한 참전용사다.

크라이슬러는 바이올린 연주뿐만 아니라 작곡가로도 큰 업적을 남겼다. 그가 제작한 음반 모음곡 '빈의 옛 춤곡들'에는 가장 인기 있는 사랑의 기쁨과 슬픔 그리고 아름다운 로즈마린의 순서로 실렸다. 사랑의 슬픔이 사랑의 실패를 경험하지 못한 크라이슬러에게는 어울리지 않는다는 사람도 있다. 그래서 사랑의 슬픔이 슬프기보다 아름다운가. 이 모음곡은 '사랑의 3종 세트'라는 별칭을 얻었다.

그는 이 곡을 1910년에 베를린 발표회에서 요제프 레너의 것으로 발표했다. 평론계의 지적에 자기 작품임을 밝혔다. 그러나 그 후에도 이유를 밝히지 않고 그는 반세기 동안이나 편곡 작품이라고 속여 오면서 자신의 것이었음을 숨겼다. 한편 크라이슬러는 이 두 곡에 애착을 가져 자신의 연주로 여러 번 녹음했다. 이처럼 감흥 넘치는 작곡가의 연주에 비견될 만한 음반은 드물다.

나는 크라이슬러와 비슷하게 사랑의 슬픔보다는 사랑의 기쁨을

156

많이 노래한다. 사랑의 기쁨의 양이 많아질수록 몸과 마음은 가볍고 즐거운 생활이 된다. 사랑은 주는 것이니까. 로즈마린에서 느끼는 첫사랑의 영롱한 추억과 모습들이 삶을 풍요롭게 한다. 가끔 사랑의 슬픔이 주는 아름다운 비애는 가을의 파란 하늘처럼 더 많은 사랑을 불러오기도 한다.

사랑의 여유를 잃고 메말라가는 사람들이 내 주위에도 많아지고 있다. 그들에게 이 세 곡을 들려주고 싶다. 이 곡들은 언제나 지금이다. 추억을 불러오고 그 속을 거닐게 한다. 사랑은 끝없이 솟아나는 샘물과 같이 마음을 적셔가는 것이리라.

이 사랑의 노래는 나 혼자만의 사랑과 나 혼자만의 슬픔을 녹이는 바이올린 가락이다. 그리고 모두의 사랑과 슬픔을 노래하는 사랑의 곡이기도 하다.

크라이슬러의 사랑의 기쁨
크라이슬러의 사랑의 슬픔
크라이슬러의 아름다운 로즈마린

송어 Die Forelle

1절, 맑은 시냇물 속에 송어가 쏜살같이 즐겁게 헤엄쳐 다니네. 나는 물가에 서서 달콤한 휴식에 젖은 채로 맑은 물속에서 어린 송어가 생기발랄하게 헤엄치는 것을 보고 있었네.

2절, 한 낚시꾼이 낚싯대를 드리운 채 물가에 서서 송어의 움직임을 냉정한 시선으로 바라보고 있네. 나는 냇물이 흐려지지 않는 한 송어는 잡히지 않을 거라 생각했네.

3절, 하지만, 그는 교활하게 시냇물을 탁하게 만들고, 순식간에 그의 낚싯대를 움직였네. 그의 낚싯대가 떨리나 싶더니 송어가 낚아져서 몸부림치고 있네. 나는 흥분한 상태로 낚시꾼에게 속고 만 송어를 바라보았네.

아름다운 시어를 음악의 가락으로 노래한 오스트리아 작곡가 프란츠 슈베르트Franz Peter Schubert, 1797~1828는 600여 곡을 남긴 '가곡lied의 왕'이다. 가곡 송어는 슈베르트가 스무 살 때인 1817년 7·8월경 독일의 시인 슈바르트Christian Friedrich Daniel Schubart의 시에 곡을 붙인 가곡이다.

내림라장조, 2/4박자로 6마디의 조용하고 경쾌한 전주로 시작하여 널리 알려진 '솔/ 도도 미미/ 도솔솔'의 유쾌하고 명랑하게 뛰노는 송어의 움직임이 나타난다. 연주 시간은 2분 정도이다. 1절에서는 시냇물에서 뛰어노는 송어의 모습을, 2절에서는 낚시꾼이 나타나서 송어를 잡으려는 모습을 그리고 있다. 3절에서는 낚시꾼이 흙탕물을 일으켜 송어를 잡는 모습을 장조에서 단조로 긴장감 있게 묘사하다가 다시 처음의 선율과 분위기로 돌아와서 마친다. 가곡은 같은 멜로디에 가사가 다른 유절 가곡과 이야기가 이어지는 통절 가곡으로 나눈다. 송어는 1~3절로 나누지만 통절 가곡에 해당하며 슈베르트의 대부분 가곡은 통절 가곡이다.

가곡 송어의 멜로디는 2년 후 피아노 5중주 A장조 op. 114, D. 667, '송어Piano Quintet in A major 'Trout' D. 667'의 4악장 변주곡의 주제 선율로 활용되어 더 유명해졌다.

1819년, 22세의 슈베르트는 성악가 포글과 함께 북부 오스트리아의 슈타일을 비롯해 린츠 지역으로 연주와 피서를 겸한 여행을 떠났다. 두 사람은 7월 13일부터 9월 중순까지 이곳에 머물렀는데 휴가지에서 만난 '질베스터 파움가르트너'라는 광산업자로부터 후한 대접을 받았다. 파움가르트너는 슈베르트에게 자신이 직접 연주에 참여할 수 있도록 작곡을 하나 해달라고 의뢰했다. 곡을 의뢰하면서 자신이 좋아하는 그의 가곡 '송어'의 주제를 넣어 달라고도 부탁했다. 이렇게 해서 〈피아노 5중주 '송어'〉가 탄생하게 되었다. 이 곡은 실내악 장르에 있어 슈베르트가 작곡한 최초의 걸작으로 평가된다. 편성은 피아노, 바이올린, 비올라, 첼로, 더블베이스로 이루어져 있다. 피아노 5중주는 일반적으로 두 대의 바이올린이 있는 현악 4중주와 피아노가 어울려지지만 흔치 않은 비범한 편성이다.

1악장에서는 피아노 연주에 네 대의 현악기가 조용한 선율을 느리게 연주한다.

2악장은 서정이 풍부하며 꿈을 꾸는 듯한 분위기다. 조용한 선율은 1악장의 주제에 의해 아름답게 만들어진 아리아다.

3악장은 스케르초(속도가 빠른 세 박자의 강렬한 춤곡)로 피아노와 현악기 사이에 자유로운 대화식 응답, 즉 메기고 받는 식으로 이루어졌다. 교묘한 수법으로 독특한 효과를 내며, 유쾌한 심상을 불러일으킨다.

4악장은 가곡 '송어'의 멜로디를 주제로 해서 5개의 변주곡으로 꾸민 악장이다. 특히 피아노의 높은음에 의해 나눠진 음의 모습은 아름답고 독특한 효과를 나타낸다.

5악장은 쾌속으로 질주하는 엄격한 악장이다. 현악기가 주제를 연주하면 이를 피아노가 반복하는 식이다. 튀어 오르는 송어의 비늘처럼 활기차고 생생한 악장이다. 연주 시간은 31분 30초에서 37분 30초 정도로 연주자에 따라 속도의 차이가 크게 난다.

내가 합창 강사로 활동하던 시절, 녹음이 짙어가던 초여름, 여자 중학교 3학년 교실에서 '송어'의 맑고 발랄한 목소리가 울려 퍼졌다. 아름답고 곱게 부르다가 3절의 처음 부분에서 가락이 변하고 분위기도 달라진다. 원곡과 달라진 가사 '젊은 어부는 마침내 꾀를 내어 흙탕물을 일으켰더니~' 하며 여울물처럼 빨라진다. 이 부분에서는 입 모양은 물론 발음과 속도까지 흩어지기가 쉽다. 이어지는 소리는 책상을 두드리며 까르르 터져나오는 웃음소리와 요란한 송어의 퍼덕임이 아름다운 불협화음을 이룬다. 송어가 뛰어노는 모습과 불협화음이 어울리는 장면은 오래도록 기억에서 웃음을 선물했다.

이 곡은 내가 시력이 불편한 장애를 극복하는 데 큰 도움을 주었다. 노래를 따라 부르고 5중주로 들으며 무력감을 떨쳐낸 곡이라 해도 과언이 아니다.

이 곡은 불과 몇 년 전까지만 해도 송어가 아닌 숭어로 불렸다. 송어와 숭어에 대한 오해는 일제강점기로 거슬러 올라간다. 그 시절 번역이 잘못된 것이 수십 년간 쭉 전해진 것이다. 송어는 민물고기고, 숭어는 바닷물고기라 섬나라 일본에서는 숭어가 더 익숙한 것 같다.

    슈베르트는 31세로 일찍 생을 마감했다. 그는 짧은 생애에도 불구하고 미완성 교향곡을 비롯하여 3개의 연가곡집連歌曲集(겨울 나그네, 아름다운 물레방앗간의 아가씨, 백조의 노래) 등 600여 가곡과 수많은 기악곡을 남겼다. 그의 작품을 정리한 번호가 D(도이치 번호)이다. 이 곡은 D. 667이다. 그는 가곡의 새 장을 열었다. 그의 연가곡이나 다른 가곡들은 피아노 반주와 가락이 한 몸이 된 듯 떼어서는 존재할 수 없다. 부드러운 피셔 디스카우의 목소리로 듣는 가곡은 누구에게나 마음의 안정을 선물해 줄 것이다. 음악의 호사가들은 모차르트 음악이 잘 정돈된 정원이라면 슈베르트 음악은 숲이고 베토벤 음악은 큰 산으로 비유하기도 한다.

슈베르트 송어 가곡
슈베르트 송어 합창곡
피아노 5중주 A장조 op. 114, D. 667, 송어 4악장

드보르자크 유모레스크 Humoresque

음악에도 유머가 있다. 유머 있고 변덕스러운 진행의 곡을 뜻하는 유모레스크 Humoresque라는 장르다. 이는 스케르초와 비슷하다. 스케르초가 3박자이며 때로는 기괴하지만 유모레스크는 박자에 자유롭고 더 극적이며 명랑한 곡이다. 또는 비음악적 개념의 모호한 분위기를 표현하는 피아노곡을 말하기도 한다.

유모레스크는 루빈스타인, 차이콥스키, 슈만 등에 의해서 이미 알려진 작곡 기법이다. 뒤이은 드보르자크의 유모레스크가 널리 알려지면서 장르를 대표하게 되었다.

드보르자크 유모레스크 Op. 101은 1894년 여름에 작곡된 피아노 연곡으로 총 8개의 짧은 곡들로 구성되어 있다. 그중 제7곡은 독립적인 곡으로 종종 연주되기 때문에 드보르자크의 유모레스크라고 하면 제7곡을 떠올리는 경우가 많다.

G♭장조, 2/4박자, 포코 렌토 에 그라지오소 Poco Lento E Grazioso, 조

금 느리게 혹은 우아하게, 익숙한 '도레도레 미솔라솔/ 도시레도 시레도라/ 솔솔라솔 ~' 시작하여 2부 f#단조로 이어진다. 다시 처음으로 돌아가 1부를 반복한 후 점점 작아지며 담백하게 끝이 나는 3부 형식의 곡이다. 8마디의 기준으로 구성되어 있으며, 2번씩 반복될 때는 피아노-포르테의 강약 변화를 주고 있다. 점이 붙어 가볍게 점프하듯 리듬이 쪼개지는 등 재치가 넘치는 곡이다.

이 곡은 명랑한 리듬이 3박자의 스케르초scherzo와 비슷하지만 2박자의 춤곡이다. 우아한 가요풍의 가락 속에 조금의 슬픔도 서려 있다. 그것이 가볍게 뛰는 듯한 발걸음의 무곡조로 나타난다. 원곡은 피아노곡으로 작곡하였으나 후에 바이올린곡으로 편곡되었다. 지금은 오히려 바이올린에 피아노 반주용이 원곡처럼 여겨지고 있다. 그 외 각종 악기를 위한 소품으로 편곡이 되었고, 또한 가사가 붙은 노래로, 합창을 위한 버전으로도 출판되어 있다. 이 곡은 한 번만 들어도 흥얼거리게 되는 친근하고 밝은 멜로디와 감미롭고 서정적인 선율이 매력적이다. 그렇지만 우수가 배어 있는 보헤미안적인 정서가 들어있다. 연주 시간은 약 3분 30초 정도이다.

안토닌 드보르자크Antonín Dvořák, 1840~1904는 체코 민족 음악의 창시자 베드르지흐 스메타나Bedrich Smetana, 1824~1884와 더불어 체코를 대표하는 거장이다. 도축업을 하는 아버지가 아들에게 백정 일을 물려주고 싶었던 것 같다. 돈벌이가 꽤 괜찮았는지 아들이 가업을 물려받기를 원했다고 한다. 하지만 어릴 적부터 음악적 자질이 있었던 드보르자크는 음악을 선택하게 된다.

1892년에서 1895년 사이 드보르자크는 미국에 머무르면서 뉴욕의 미국 국립 콘서바토리의 원장직을 수행한다. 그는 이 당시 후학을 양성하는가 하면 작곡가로서도 전성기를 구가하게 된다.

특히 이 시기에 발표한 〈교향곡 제9번 '신세계로부터'〉와 〈현악 4중주 12번 '아메리카'〉, 〈첼로 협주곡 B단조〉 등은 그를 대가의 반열에 올려놓은 작품들이다. 같은 시기 완성한 8곡의 피아노 연곡 유모레스크도 그의 대중적인 인지도를 높이는 데 기여했다. 특히 제7번은 드보르자크를 좀 더 친근한 작곡가로 느끼게 해준 곡이다.

드보르자크는 미국 체류 중 자신의 스케치북에 많은 음악 주제를 모았고, 이 주제들은 당시에 작곡된 그의 유명한 곡들에서 모습을 드러낸다. 하지만 몇몇은 여전히 사용되지 않은 채로 남아있었다. 1894년 여름 그는 가족들과 함께 체코로 돌아가서 휴가를 보낸다. 이 시기 그는 자신의 스케치북에서 사용되지 않은 주제들을 가지고 짧은 피아노 소품들로 이루어진 피아노 연곡을 만들기 시작한다. 그러나 유모레스크의 제6곡은 1894년 1월에 이미 스케치되기 시작했을 정도로 그는 유모레스크를 일찌감치 구상하고 있었다. 곡은 1894년 8월에 완성되었다. 곡명은 드보르자크가 독일인

출판업자 짐로크에게 보내기 바로 직전에 유모레스크라는 이름을 붙였고, 그해 가을에 출판되었다.

유모레스크에는 드보르자크가 미국에서 받은 영향이 곳곳에 보인다. 블루스나 재즈곡을 연주할 때 주로 사용하는 음으로 장음계에서 반음 내린 제3음과 7음을 이르는 블루노트blue note, 흑인 음악 선율에 자주 등장하는 5음 음계, 자연단음계를 사용하는 것에서 찾아볼 수 있다. 미국 국립음악원 원장으로 있었던 이후의 드보르자크의 음악은 한결같이 집시와 흑인의 감성이나 기법을 접목했다.

그는 이 곡을 작곡하면서 '새로운 스코틀랜드 춤곡'이라고 일컬었지만, 애초에 계획했던 론도 형식을 포기하고 자유로운 형식으로 쓰면서 각각의 곡을 새롭게 구성했다. 아마도 이 곡의 제목이 유머스럽고 변덕스러운 진행의 곡을 뜻하는 '유모레스크'라고 한 이유가 아닐까.

유모레스크는 고상한 유머여서 좋아한다. 리듬이 점음표로 가볍고 익살스럽다. 억지로 몸을 비틀거나 얼굴을 찡그리는 어설픈 동작이 아닌 세련된 리듬이다. 가벼운 리듬을 지나 우울한 감정을 가진 노스탤지어의 정서를 지닌 곡이다. 이 곡은 보헤미안의 집시와 신대륙의 재즈, 흑인영가의 요소가 잘 버무려진 향미를 품고 있다.

곡은 연주하기도 쉽고 가벼운 곡이다. 그러나 점음표를 연주해야 하는 어려움이 있다. 초보자인 경우 점음표의 연주는 쉬운 일이 아니다. 피아노나 바이올린으로 이 곡을 연주시켜 보면 그의 음악적인 소질을 파악하는 데 기준이 될 수 있다. 연주뿐만 아니다. 생활에서 순발력을 맛볼 수 있는 곡이기도 하다. 밋밋한 걸음으로는 발랄함을 누릴 수 없다. 곡이 가볍고 좋아서 웃고 점음표 연주가 부드럽지 않아서 웃는다.

점음표의 적응은 사람의 리듬감을 볼 수 있는 재능이다. 음을 반으로 줄이거나 배로 늘리는 리듬의 변화는 삶에서 자주 경험하게 된다. 하지만 점을 붙이고 다른 음의 길이를 줄이면서 껑충 뛰게 하는 리듬은 그와는 전혀 다른 방법이다.

드보르자크의 유모레스크를 조용히 듣다 보면 생활의 폭을 넓게 만드는 무한한 가능성을 만날 수 있다. 점 하나 붙이면 리듬이 바뀌고 소리가 달라진다. 붙임줄 하나에 강약의 변화를 느낄 수 있다. 악보는 삶의 축소판이라고 하듯 음표의 길이와 점, 각종 기호가 새로운 분야를 만들고 누릴 수 있다. 거기에 빠르기와 강약의 조절은 마음의 변화와 같이 변화무쌍하다. 내 삶의 악보를 펴보자, 어디에 점을 붙이고 리듬을 바꿔야 할까. 오늘의 악보는 내가 어디에서 쉼표와 숨표를, 점을 찍고 분위기를 바꾸느냐에 달려있다.

그날의 기분에 따라 알맞은 악보를 그려보자. 내가 찾아내는 새로운 활력과 분위기를 만나게 될 것이다. 리듬을 새롭게 만드는 유모레스크. 그 속에는 삶의 희로애락을 누비는 희와 락의 아름다운 꽃 대궐이 기다리고 있을 것이다.

8개의 유모레스크 Eight Humoresques, op.101. 제7곡

쇼스타코비치 재즈 모음곡

'쿵작작', '쿵작작', '쿵작작' 3박자의 리듬은 첫눈에 반한 연인들의 심장박동 소리 같다. 중저음의 관악기로 출발하는 감미로운 선율은 두 사람이 앞으로 속삭이게 될 사랑의 밀어와 다르지 않다. 게다가 노을 지는 소나무 숲에서 왈츠를 추는 두 사람이 실루엣으로 나타나는 영상처럼 가히 환상적인 곡이라 하겠다.

군악대 음악을 연상시키는 명쾌하고 활기찬 곡이 전편에 흐른다. 여기에 러시아적인 우수와 낭만이 깃든 선율이 가미되면서 독특한 재즈와 왈츠가 뒤섞인다. 경쾌하고 부드러운 특별한 음악이 순식간에 마음을 가볍고 상쾌하게 만든다. 쇼스타코비치의 재즈 모음곡 2번 중 7곡인 왈츠 II다.

재즈 모음곡 2번 중 7번째 왈츠 II는 c단조, 3/4 박자, 알레그레토 포코 모데라토다. 4번의 왈츠 리듬을 연주하고 '미/ 도시/ 라/ 라 라시/ 도라도/ 미~~' 시작하는 특유의 우수에 찬 멜로디가 리듬에 맞춰 새로운 세상을 펼쳐낸다. 스네어 드럼과 팀파니가 군악대의 퍼레이드와 연주를 연상시킨다. 쇼스타코비치다운 러시아의 우수가 담긴 왈츠다.

주제는 금관악기에 이어 바이올린이 포르테로 나오며 주선율을 이룬다. 목관악기인 플루트가 화음을 이루며 전조가 이루어지는데 E♭장조에서 A♭장조 코드로, 다시 맨 처음 c단조 코드로 돌아온다. 이후 목관 악기들이 대선율을 주고받으며 이끌어 가다가 맨 끝부분에는 모든 악기가 동시에 연주하며 화려하게 마무리된다.

드미트리 쇼스타코비치Dmitri Shostakovich, 1906~1975는 소비에트 연방 시절 러시아의 작곡가이다. 그는 소비에트 정부와 복잡한 관계에 있었다. 1936년과 1948년에는 그의 두 작품이 공개적인 경고를 받았고, 종종 그의 작품에 대해 금지령이 내려지기도 했다. 한편 그는 동시대에 가장 유명한 소비에트 작곡가 가운데 한 사람이자 여러 개의 표창과 상장을 받기도 했다.

그는 주로 낭만파의 작품을 썼으며 특히 구스타프 말러의 영향을 많이 받았다. 쇼스타코비치는 거기에 머무르지 않고 무조주의 형식을 도입하였으며 종종 12음렬 기법을 사용하기도 했다. 그의 음악은 강한 대조에 그로테스크적인 요소를 보이는 경우가 많다. 그의 작품은 15곡의 교향곡과 현악 4중주, 오페레타와 6개의 협주곡, 재즈 모음곡 1, 2와 영화 음악 등 다양한 작품들이 있다. 특히 그의 교향곡은 구소련을 나타내는 음악적인 파노라마이다.

쇼스타코비치는 1906년 러시아 상트페테르부르크에서 탄생하였다. 9살 되던 해부터 어머니 소피아 바실리에프나로부터 피아노를 배우기 시작했다. 그의 육성 회고에 의하면 "우리 가정은 제1차 세계대전, 2월 혁명, 10월 혁명과 연이어 터지는 사회적 사건들에 관심이 컸다. 그 때문에 이 연대에 썼던 내 작품에서 이미 무언가 실생활을 담아내고 싶어 하는 마음이 드러나는 것은 그다지 놀랄 일도 아니다. 이러한 실생활을 담고 싶어 어린 마음으로 만든 작품에는 피아노 소곡 '병사' '자유의 찬가' '혁명의 희생자에게 바치는 장송 행진곡'이 있다."라고 밝혔다.

재즈 모음곡 2번 7번째의 왈츠는, 쇼스타코비치가 이 곡을 통해 재즈와 왈츠의 매력을 한 작품 안에서 다 표현하려고 했다. 그렇지만 막상 음악을 들어보면 왈츠라고 하기에는 조금 느리면서 어둡고, 재즈라고 하기에는 그 웅장함이 관현악에 가까운 것을 쉽게 알 수 있다. 그러나 재즈라 하기에도 왈츠라 하기에도 조금 부족한 듯한 개성이 이 곡을 더욱 매력 있게 하는 요인인지도 모른다.

왈츠는 춤곡이다. 하지만 경쾌한 세 박자를 타고 흘러가는 이 곡의 선율은 슬프고 어둡다. 요한 슈트라우스의 왈츠처럼 화려한 빈wien풍이 아니다. 역시 쇼스타코비치답다. 그는 스탈린 치하의 소련에서 '인민에게 음악으로 봉사할 것'을 요구받았지만, 아마도 태생적으로 모더니스트였던 것 같다.

내성적인 그는 줄담배를 즐겼고, 표정은 언제나 딱딱했다. 공개 석상에서 웃는 모습을 찍은 사진이라곤 달랑 한 장뿐인데 그것도 아주 희미한 웃음일 정도이다. 그의 음악은 무겁고 어두운 데다 팽팽한 긴장감마저 감돈다. 그리고 행간에는 차가운 유머가 숨어있다. 이처럼 러시아의 우수가 어린 서정적 주제 선율을 왈츠라는 흥겨운 춤곡 형식에 담아냄으로써 감추고자 했던 슬픔을 오히려 더욱 드러내 주는 듯하다.

금관악기의 대표라고 하면 역시 화려한 음색을 내는 트럼펫이다. 재즈 음악에서도 트럼펫이 애용되고 있다. 트럼펫은 찬란하고 낭랑한 음으로 남성적 매력을 뿜어내기도 하지만, 한편으로는 중후하고 부드러운 음으로 여성적 애수에 찬 느낌도 전해준다. 쇼스타코비치의 '왈츠 II'의 주제 선율만큼 이러한 트럼펫의 두 가지 음색을 잘 드러내는 곡은 드물다.

경쾌한 정통 왈츠와는 좀 다르게 러시아 특유의 장중함과 우아함이 강조된 이 곡은 영화음악으로 자주 사용된 '왈츠 II'〈재즈 모음곡 2번〉 8곡이 쓰이면서 더욱 유명해졌다.

쇼스타코비치는 폐쇄적인 소비에트 체제의 시각으로 걸러진 재즈를 접했을 것이다. 그나마 제 1모음곡에서 1920년대적인 퇴폐성의 그늘이 좀 더 느껴지는 편이라면 제 2모음곡 같은 작품에서는 오히려 빈 왈츠의 영향이 뚜렷하다(제 2모음곡의 한 악장인 감미롭고 향수에 찬 '왈츠 II'는 영화 '아이즈 와이드 셧'에 사용되며 유명해졌다).

그러나 '재즈' 모음곡이라는 명명이 합당하느냐는 의문을 떠나서 이 앨범에 실린 곡들은 눈부시고 위트에 찬 쇼스타코비치 특유의 관현악을 만끽할 수 있다. '왈츠'니 '폴카'니 하는 제목들이 악장마다 붙어 있지만, 그러한 추상적인 형식이 잡아 가둘 수 없는 젊은 쇼스타코비치의 역동적인 힘이 느껴지는 음악이다.

아리스토텔레스는 시학poelica에서 "진정한 비극이 관객에게 주는 효과를 묘사하기 위해 사용한 은유가 있다. 이 은유는 의학 용어 '카타르시스(정화, 淨化)'에서 유래했다."고 정의했다. 음악에는 '마음의 정화작용'인 카타르시스의 효과가 들어있다. 음악 치료요법이 들어와 유행하기 시작하던 때다. 1~2시간 정도의 시간을 기준으로 명상이나 편히 쉬는 틈, 식사나 몸이 아플 때 등 특별한 시간에 관심이 컸다. 이런 시간에 효과가 있는 음악을 고르고 편집하는 데 많은 시간을 썼다.

집안일을 도맡으시던 어머니가 자리에 누우셨다. 간호를 겸하여 나름대로 알맞은 음악을 골라 배경음악으로 삼았다. 며칠 뒤 자리를 떨치고 일어난 어머니에게 어떤 곡이 기분 좋게 들리더냐고 물었다. 어머니가 고른 음악은 이 재즈 모음곡과 이흥렬의 '어머니의 마음'이라고 하였다. 흥겨우면서 우수가 깃든 이 곡의 정서가 어머니와 맞았던 것 같다. 이흥렬 곡은 가사가 어머니를 위로하였다고 한다. 긴 음악도 좋지만 짧고 다양한 장르의 음악을 고르고 대상자들의 성향에 맞추는 것이 효과적이었다.

내가 빠지지 않고 참여하는 대구시각장애인문화원은 매월 둘째 주말에 역사 문화 기행을 간다. 쇼스타코비치의 재즈 모음곡 Ⅱ는 이 기행의 단골 곡이다. 출발할 때 쿵작작의 서주는 여행의 설렘을, 오후의 쿵작작은 여행의 피로를 풀어주는 곡이다. 이 곡을 들으며 역사 문화 기행은 2025년 10월로 201회를 거듭났으니 이 곡의 역할은 20여 년을 넘기고 있는 셈이다.

이 곡은 영화나 드라마 속 연인들이 나오는 장면에 많이 사용된다. 곡의 경쾌한 리듬은 가슴에 파고드는 행복을 잉태하는 과정이라 여겨진다. 이 리듬과 우수의 가락은 누구에게나 쉽게 감응을 일으키기 때문이다. 재즈 모음곡이 모두와 동행하며 즐거움을 안겨준다.

쿵작작~~, 내 마음에 꽃봉오리가 활짝 열린다.

쇼스타코비치 재즈모음곡 2번 중 왈츠 2번

위풍당당 행진곡
Pomp and Circumstance Military Marches

　　　　　세상의 빛을 잃고, 밤인지 낮인지 스스로 알지 못했다. 적당한 음량의 라디오가 다른 소음을 막고 있었다. 가끔 익숙한 음악이 들리면 잠시 그 소리에 머물기도 했다. 여느 때와 같이 시간을 흘려보내고 있을 때다. 갑자기 흐르던 음악이 정지되더니 '도-시 도레라~'의 늠름하고 장중한 가락이 나를 에워싸며 빛이 되었다. 그 진동과 빛은 나를 흔들어 깨웠다. 비스듬히 누워있던 몸을 나도 모르게 벌떡 일어나게 만든 것은 '위풍당당 행진곡'이다.

　영화의 장면처럼 한 남자가 엄숙한 표정을 지으며 늠름하고 당당한 모습의 실루엣으로 나타난다. 그 남성이 영국 왕 에드워드 7세인지 나인지 구별은 안 되었지만, 그 모습은 익숙하고 뚜렷했다. 음악을 듣다가 일어난 곡은 베토벤 교향곡 제5번 3~4악장과 차이콥스키 바이올린 협주곡 D장조 등 몇 곡이 안 된다.

　위풍당당 행진곡Pomp and Circumstance Military Marches op. 39는 에드

워드 엘가Edwad Elgar, 1857~1934가 영국 에드워드 7세 대관식에 사용할 음악을 작곡해달라는 부탁으로 탄생한 곡이다.

이 곡은 6곡으로 구성된 관현악을 위한 행진곡이다. 엘가가 생전 작곡하여 진행했던 5곡 중 1~4번까지는 1901~1904년 사이에 작곡했다. 5번은 엘가의 만년인 1930년에 작곡되었다. 6번은 유작으로 엘가가 죽은 뒤에 스케치만 되어있는 상태로 발견되었다. 2005년에 영국 작곡가 앤서니 페인Anthony Payne이 이를 보완해 완성했다.

위풍당당 행진곡 Op. 39는

　1번 D장조(1901)

　　1.1 희망과 영광의 나라Land of Hope and Glory

　2번 a단조(1901)

　3번 c단조(1904)

　4번 G장조(1907)

　5번 C장조(1930)

　6번 g단조(유작, 2005)로 되어 있다.

위풍당당 행진곡이라면 보통 1번을 가리킨다. 이 곡은 1901년 작곡해 2번과 더불어 알프레드 로드 월드가 지휘하는 리버풀 관현악단에 의해 1901년 10월 19일 초연되었다. 이 1번과 2번은 이틀 뒤 런던 퀸스 홀(프롬스)에서 열린 헨리 우드 경의 지휘로 다시 연주되었다. 행진곡 1번은 두 차례나 앙코르로 연주되어 프롬스의 전통이 되었다. 영국에서는 이 트리오 부분에 가사를 붙여 '희망과 영광의 나라Land of Hope and Glory'라고 하며, 제2의 국가처럼 부르고 있다.

곡은 D장조, 2/4박자, 알레그로(빠르게), ff(아주 세게)로 시작한다. 빛나는 행진곡의 서주가 끝나면 유명한 '희망과 영광의 나라' 가락이 장중하게 울려 퍼지며 천지가 떠나갈 듯이 고조된다. 명료한 서주에 이어 '도/ 시도레/ 라/ 솔/ 파/ 미파솔/ 레~~' 새로운 주제가 나타난다. 강력한 비트가 교대로 등장하고 저음부는 주선율과 끊임없이 충돌한다. 오케스트라가 튜티(총주)를 반복할 때 튜바와 관악 중주도 함께한다. 현악기군이 약간의 리듬을 반복하고 관현악 전체가 반복한 뒤에 목관에 의해 상행 반음 전조로 끝난다.

트리오의 중간 부분에서는 고음역을 강조하는 금관과 목관, 현이 조화를 이루고 트럼펫과 트롬본의 팡파르가 행진곡의 도입부에 이어 '희망과 영광의 나라' 트리오로 연결된다. 처음에는 바이올린과 4대의 호른, 2대의 클라리넷으로 작게 연주되다가 2대의 하프가 포함된 오케스트라 총주가 당당하게 울린다. 기운찬 도입부를 잠깐 연상시키고 끝을 맺는다. 한없이 반복해도 싫증 나지 않는 곡이다.

곡의 제목인 위풍당당Pomp and Circumstance은 셰익스피어의 희곡

'오셀로' 중 3막 3장의 대사에서 따왔다. 즉 "울부짖는 군마여, 더 높은 나팔 소리여, 가슴을 뛰게 하는 북소리여, 귀를 뚫을 듯한 피리 소리여, 저 장엄한 군기여, 명예로운 전쟁의 자랑도, 찬란함도, 장관도 끝장이다."라는 오셀로의 독백에서 나왔다. '위풍당당 행진곡'이라는 제목은 사실 '찬란한 의식용 행진곡'이라는 의미인 원제에 상당한 의역이 가해진 해석이다. 위풍당당이라는 제목은 슈베르트의 '겨울의 여행'을 '겨울 나그네'로 의역한 것만큼이나 운치 있는 번역이라 하겠다.

1번이 발표된 1901년에는 영국의 빅토리아 여왕이 죽고 에드워드 7세가 즉위하던 해였다. 에드워드 7세는 1번을 듣고 해당 곡에 가사를 붙여 자신의 대관식에 사용해 달라고 요청했다. 이에 엘가는 1번의 트리오 부분을 주제로 앞뒤에 선율을 붙여 새로운 곡을 만들어 이 곡에 벤슨A.C. Benson의 시詩를 붙였다. 그 후 'Land of Hope and Glory'라는 이름을 붙여 1902년 6월에 발표했다.

위풍당당 행진곡 1번은 런던에서 매년 열리는 유서 깊은 음악제인 비비시 프롬스BBC Proms의 단골 연주곡으로 항상 마지막 날에 연주된다. 오케스트라의 연주에 맞춰 로열 앨버트 홀과 하이드 파크에 모인 청중들이 트리오 부분에서 가사를 제창한다. 그리고 매번 곡의 연주가 마치고 난 뒤에 지휘자가 청중들에게 한 번 더 원하지 않느냐는 질문을 던지고 마지막 후렴구인 D Major로 연주되는

'Land of Hope and Glory'를 앙코르 하는 것은 프롬스 공연에서의 특징이다.

그러나 보통 영국에서 즐겨 불리는 버전은 1번을 연주하다가 트리오 부분에만 가사를 붙여 부르거나 아예 트리오 부분만 떼서 부른다.

1905년 엘가는 미국 예일 대학교에서 음악 박사 학위를 받았다. 이때부터 위풍당당 행진곡이 영국과 미국의 졸업식에 사용되기 시작했다. 졸업을 축하하고 졸업생들에 대해 경의를 표하는 의식으로 발전되었다. 특히 고등학교 졸업식에서 사용되며 졸업생이 퇴장할 때 이 곡이 연주되는 것이 원칙이다. 그 외에도 각종 시상식이나 학교 운동회, 퍼레이드, 결혼식의 신랑 입장곡 등으로도 자주 쓰인다. 우리나라에서도 의전용으로 많이 쓰이고 있다.

에드워드 엘가는 오르간 주자인 아버지로부터 기초교육을 받았고 아버지의 조수로 오르간을 연주했다. 독학으로 작곡과 지휘 연주법 등을 배웠고, 12세 때 작곡을 시작했다. 작품은 청아하고 기품에 차 있다. 위풍당당 행진곡은 사랑의 인사와 함께 가장 유명한 엘가의 곡이다. 이 곡은 대영제국을 상징하는 곡이기도 하다.

엘가는 후기낭만파 국민악파에 속하며 아내의 도움이 큰 인물이다. 그의 주요 작품은

수수께끼 변주곡 op. 36

　　　위풍당당 행진곡 op. 39(01~06)

　　　교향곡 1~3번

　　　사랑의 인사 op. 12

　　　바이올린 협주곡 e단조 op. 61

　　　첼로협주곡 e단조 op. 85

등 수많은 작품을 남겼다.

　특히 첼로협주곡은 영국이 낳은 비운의 첼리스트인 자클린 뒤 프레의 연주로 유명해진 곡이다.

　엘가는 자신의 열등감을 이겨낸 삶과 사랑의 승리자다. 자기를 넘고 조국을 넘어 세계인에게 당당함을 심어준 예술혼을 펼쳤다. 위풍당당 행진곡은 지금도 나를 일으키고 희망과 꿈을 불러오는 곡이다.

엘가, 위풍당당 행진곡 op. 39의 1번

3
걷다

개선 행진곡

 삶에는 첫눈에 반하거나 익숙한 것들을 만날 때가 자주 있다.

그중에는 베르디 오페라 '아이다' 제2막에 나오는 가슴 설레게 하는 개선 행진곡이 있다. 이 곡은 웅장한 합창과 트럼펫 독주, 다시 합창으로 이어지는 세 부분으로 되어있다.

내가 이 곡을 처음 만난 때는 음악대학 새내기 시절 첫 정기 연주회에서 합창단원으로 참가했을 때다. 피아노 반주로 합창 연습을 마치고 관현악단과 전체 연습을 하는 날이다. 첫 부분 관악기의 팡파르가 합창의 분위기를 바꿔놓았다. 처음 합창이 끝나고 트럼펫 독주가 시작되었다. 합창단석에서 '와~' 하는 감탄의 소용돌이가 일어났다. 나도 처음 듣는 이 곡이 가슴에 닿는 순간 감정의 회오리가 되어 잠시 태풍의 눈에 머물렀다.

트럼펫 주자 4학년 선배가 거인처럼 보였다. 그의 트럼펫 연주력에 의해 이 곡이 선정되었다는 후문도 있었다. 당시만 해도 특수 악기의 연주자와 연주력이 모자라서 다른 곳에서 연주자를 모시고 오는 경우가 많았다.

트럼펫 독주가 진행될 때는 모든 단원은 숨을 죽이고 가슴을 졸였다. 그는 우리의 바람대로 작은 실수도 없이 완벽하게 해냈다. 덕분에 순수한 우리의 능력으로 정기 연주회의 마지막 순서의 개선 행진곡 합창은 대성공이었다.

"우리는 무대 체질인가 봐." 하며 새내기들은 서로 격려하면서 무대의 첫 경험을 이야기했다. 곡 중의 독주는 그만큼 연주에 큰 영향을 미치게 된다. 트럼펫 주자 선배는 우리의 우상이 되었다. 트럼펫의 맑고 힘찬 소리는 내 가슴에 담아 두고 가끔 흥얼거리고 있었다. 군대의 행사에서 이 곡이 나오자 감춰 두었던 나만의 설렘이 익숙한 곡으로 바뀌고 말았다. 이후에는 학교나 여러 기관에서 이 부분을 사용하여 나의 것이 아닌 모두의 설렘과 활기를 주는 곡이 되었다.

오페라 〈아이다Aida〉는 수에즈 운하의 개통 기념으로 이집트의 의뢰를 받아 주세페 베르디Giuseppe Verdi, 1813~1901가 작곡한 4막 7장의 약 2시간 40분이 걸리는 오페라다. 초연은 1871년 12월 24일 카이로에 새로 지은 이탈리아 극장에서 보테지니의 지휘로 공연되어 큰 성공을 거뒀다. 이 오페라는 개선 장면에 기병(말, 코끼리 등)

이 동원되는 규모가 장대하고 웅장하여 이집트의 신전이나 각국의 야외 특별 무대에서 공연하기도 한다. 지금은 세계 곳곳의 연주 홀에서 가장 많이 공연되는 오페라다.

주인공 '아이다'(S, 소프라노)는 에티오피아 공주로 포로로 끌려와서 이집트 공주 암네리스의 노예가 되었다. 이집트 장군 '라다메스'(T, 테너)는 아이다를 사랑한다. 이집트 공주 '암네리스'(MS, 메조소프라노)는 라다메스를 사랑하여 개선식이 끝나면 장군에게 청혼을 준비하고 있다. 삼각관계의 사랑은 결국 라다메스와 아이다가 같이 죽는 비극으로 끝나는 그랜드 오페라정가극, 正歌劇이다.

오페라에는 주연급이 부르는 화려한 독창곡인 아리아Aria, 영창곡가 있다. 오페라 아이다에는 유명한 아리아가 많지만, 그중 1막에 나오는 드라마틱 소프라노의 백미라 일컫는 아이다가 부르는 '이기고 돌아오라'다. 라다메스 장군이 에티오피아를 정벌하러 떠나는 장면에서 조국과 연인의 사이에서 고민하다가 연인을 위해 부르는 아리아다. 라다메스가 부르는 '청아한 아이다'의 아리아가 유명하다.

개선 행진곡은 오페라 아이다 2막의 라다메스 장군의 개선 장면에 나오는 합창곡으로 이렇게 시작한다.

"이 신성한 땅을 지켜준 신이여 영광이 있으라…. 오라 용사들아, 용사들이 행진하는 길에 월계수꽃을 펼칩시다."

합창에 이어 누구에게나 익숙한 E^b장조, 4/4박자, '도/ 파 솔도

솔/ 라라라솔시파/ 라솔파 솔라/ 라솔파 솔라/ 라 솔라 파솔/ 솔~'
의 트럼펫 독주가 시작된다. 개선하는 군인들의 늠름한 행진과 승
리의 노래다.

  시월이 오면 떠난 아내가 생각난다. 그녀를 떠나보낸 달이기도 하지만 아내와 오페라 아이다를 본 특별한 달이다. 아내는 의상디자이너였다. 처음 아내와 같이 공연을 본 오페라는 베르디 오페라 〈라트라비아타(춘희)〉다. 나는 오페라에 집중하고 있는데 아내는 음악을 듣는 것이 아니고 의상을 보는 것이다. 쉴 새 없이 내 귀에다 대고 주역들의 의상 품평을 하였다. 주위에도 미안하고 오페라에 집중할 수가 없어 몇 번이나 조용히 하라고 주의를 하였지만 아내의 호기심은 그칠 수가 없는 모양이다. 그 뒤부터 나는 오페라 구경은 혼자 다녔다. 그러자 아내는 방해하지 않겠다는 약속을 몇 번이나 하며 같이 가자고 했다. 마침 한 달 후에 예술의 전당에 아이다 공연이 계획되어 있었다. 오페라 아이다에 필요한 자료를 챙겨 주었다. 기대를 안고 어렵게 아이다 나들이에 동행했다.

  아이다를 관람하면서 아내는 몇 번이나 약속을 잊은 듯 옆구리를 찔렀으나 나의 험악한 인상을 보고는 어색한 웃음으로 잠잠해졌다. 공연 후 나는 아이다와 라다메스역을 맡은 아는 출연자들을 만나 뒤풀이를 하고 있을 때 아내는 의상에 대한 궁금증을 마음껏 풀고 다녔다.

"주연들의 의상과 무대의 화려함에 눌려서 음악을 들을 여유가 없었어요."

나는 멋진 오페라 음악에 취하였는데 아내는 의상에 취해있었나 보다. 그러나 '오페라 음악의 아름다움은 모르지만, 트럼펫 연주는 좋았다'며 그 부분은 유일하게 기억하고 있었다. 내가 개선 행진곡을 처음 만났을 때의 황홀했던 설렘과 감동이, 음악에 문외한인 아내도 같은 느낌을 받은 것 같다.

오페라(가극)는 대본의 문학, 무대 장치와 의상의 미술, 연기와 춤의 무용, 연극의 종합 예술인 음악극이다. 교회 음악에서 분장하지 않는 오라토리오가 있고, 규모가 작고 내용이 가벼운 오페레타(희가극)도 있으며, 뮤지컬로 이어졌다. 우리의 음악에는 일인다역인 판소리가 오페라와 비교할 수 있는 음악 유산이다. 오페라는 많은 작곡자의 수많은 작품이 있으나 우리의 판소리는 12마당에서 다섯 마당만 남아있다.

베르디는 오페라의 최고봉이라 일컫는 이탈리아 작곡가이다. 그는 초기에 해당하는 대표적인 오페라 〈리골레토(여자의 마음)〉와 〈라트라비아타〉 등의 걸작을 작곡하였다. 아이다는 약 20년이 지난 베르디의 노년에 작곡된 것으로 오페라의 가창과 무대 각본 등의 극적인 요소를 중요시하였다.

나는 오페라의 음악이 중요하지만, 아내는 무대 의상과 무대 장치, 연기 등 음악 외적인 문제에 더 중점을 두었다. 아내의 오페라 감상은 새로운 길이었다. 보는 관점에 따라 다르지만 즐길 수 있는 길은 얼마든지 있기 때문이다. 음악에 집중하던 나의 감상 태도가 은연중 의상이나 무대 장치 조명 등에도 눈을 돌릴 수 있었다.

시월의 어느 날은 아내와 같이 아이다 공연을 관람했고, 어느 날은 그녀를 떠나보냈다. 기록과 기억 사이가 점차 희미해지지만 아내와의 기억은 서리가 내린다는 상강霜降 전후의 파란 하늘처럼 더욱 또렷해진다. 아내와 같이한 개선 행진곡은 즐겁고 눈빛을 나누는 안락의 순간이었다. 하지만 로마 시대에 승리한 장군이 개선할 때는 '메멘토 모리Memento mori, 죽는다는 것을 기억하라를 외치는 사람이 행렬을 따르며 외쳤다고 한다. 나는 그 당시 메멘토 모리를 생각해 본 일이 있었던가? 지난 시간의 아쉬움을 기억할 수 있는 지금은 담담하게 바라볼 수 있어서 다행이다.

개선 행진곡은 나만 품었던 설렘이었다. 그러나 시작하거나 계속하는 일에 우리 모두 함께 품고 걸어가는 익숙한 활력소이기도 하다.

오페라 아이다 중 라다메스 아리아 '정결한 아이다'
오페라 아이다 중 이기고 돌아오라
오페라 아이다 중 개선 행진곡

파비오 비온디와 에우로파 갈란테

 과격하고 격정적 바로크 해석으로 화제가 된 파비오 비온디와 에우로파 갈란테를 만나다. 2022. 11. 6. pm 3. 대구콘서트하우스.
 연주곡은 모차르트1756~1791 세레나데 제13번 G장조 K. 525(아이네 클라이네 나흐트뮤지크), 하이든1732~1809 디베르티멘토 Hob. III:D3, 비발디1678~1741 사계四季다.
 세레나데는 사랑, 연인 등을 떠올리지만 18세기 당시는 높은 지위의 사람을 존경하고 축하하기 위해 작곡된 여러 악장의 기악곡을 말하며, 정원이나 살롱에서 연주하였다. 오늘의 연주는 10명의 실내악단이 서고, 쳄발로와 류터 주자만이 앉아서 연주한다. 연주하는 형태와 모습이 당시의 분위기를 자아내어 낯설지 않았다. 이 곡은 모차르트가 31살에 오페라 '피가로의 결혼'이 큰 성공을 거두자, 이 오페라 악단으로 다시 연주할 '돈 조반니'를 가을에 발표하려는 그사이에 작곡되었다. 1악장의 경쾌한 선율과 2악장의 서정적인 유려함, 3악장의 매력적인 트리오 선율과 가볍고 역동적인 4악장의 연주가 짜릿한 감흥을 불러왔다.

디베르티멘토Diverimentto는 18세기에 유럽에서 성행했던 기악의 한 장르로 '기분 전환', '위로' 등의 의미를 지니고 있다. 격식을 차리는 음악이 아닌, 편안한 분위기 속에서 연주되는 일종의 휴식 음악이라 하겠다.

Hob. Ⅳ:D3, 하이든만이 사용하는 작품번호이며, 로마자 Ⅳ은 현악 4중주 범주를 뜻한다. 하이든은 '교향곡의 아버지'로 불린다. 거기에 300여 곡이 넘는 실내 악곡으로 '현악 4중주 아버지'라는 또 다른 별명을 가지고 있다. 하이든의 디베르티멘토는 한동안 내 마음에 날개를 달아 주었다.

사계四季는 '빨간 머리 신부'라는 별칭으로 알려진 비발디 곡이다. 고아원의 원생들을 가르치고 수많은 곡을 남겼다. 그의 작품번호는 RV로 나타낸다.

사계four seasons는 사계절을 담아낸
　　바이올린 협주곡 E장조 RV. 269. 봄
　　바이올린 협주곡 g단조 RV. 315. 여름
　　바이올린 협주곡 F장조 RV. 293. 가을
　　바이올린 협주곡 f단조 RV. 297. 겨울이다.

계절별 각 악장은 빠름-느림-빠름의 순서로 3악장으로 이루어져 있다는 공통점을 가지고 있다. 협주곡 형식을 정착시켰다고 평가받는 비발디. 이 협주곡은 현악기의 현란함을 충분히 보여주었다. 새소리, 시냇물 소리, 천둥소리 등으로 봄을 표현하였고, 이와는 대조적으로 강함과 격렬함으로 여름을 멋지게 음악화하였다. 가을은 추수의 계절다운 풍성함이 그 분위기를 이끌며 차가운 겨울의 마지막 3악장에는 함박눈이 내리듯 포근함과 차가움이 공존하는 곡이다.

오늘 보기 드문 연주를 한 현대 이탈리아 바로크 거장 파비오 비온디와 에우로파 갈란테. 비발디의 '사계' 음반으로 화제와 논쟁을 일으켰다. 이 음반은 여름의 3악장을 기존의 고古 음악적인 해석이 아니고 격렬한 천둥 번개의 날씨를 적나라하게 표현하여 세계적인 이목과 논쟁의 중심에 섰다. 에우로파 갈란테의 화려하고 세련된 연주가 헝클어진 마음을 풀어내준다.

이 앙상블은 바로크로부터 고전까지 아우르는 레퍼토리로 단기간에 국제적인 명성을 얻었다.

음악감독 파비오 비온디Fabio Biondi, 1961~ 는 루브르, 잉글리쉬 콘서트 같은 단체들과 함께 폭넓게 작업한 이후, 1989년 에우로파 갈란테를 창단하였고, 현재 이 단체는 가장 앞서가는 이탈리아 원전연주 앙상블이 되었다. 비온디와 그의 앙상블은 뉴욕타임스로부터 '신선하고 역동적인 공연'이라는 찬사를 받았으며 최근에는 국제적인 명성이 있는 페스티벌과 무대에서 연주함으로써 바로크, 고전주의, 초기 낭만주의 레퍼토리에 새로운 숨결을 불어 넣고 있다. 바이올리니스트인 그는 카네기홀, 전 세계 유명 공연장에서 리사이틀을 벌이며 비르투오소virtuoso, 기교적인 명인로서도 이름을 날리고 있다.

4년 만에 내한 공연하는 비온디는 말했다.

"'비발디의 사계'가 300년 가까이 사랑을 받는 건 단지 사람 묘사에 그치는 것이 아니라 사랑과 슬픔, 두려움 같은 인간의 근원적 감정들을 담고 있기 때문이다. 물론 '사계'에는 새의 지저귐부터 시냇물의 흐름까지 다채로운 자연의 변화를 담은 대목이 적지 않다. 하지만 18세기 바로크 음악의 유행을 따라서 자연을 묘사한 '표제음악'의 성격은 상대적으로 덜 흥미로운 점이다. 인간의 온갖 희로애락이 녹아 있는 만화경 같은 작품이라는 점이야말로 현대적 면모이며 지금도 여전히 연주되는 이유이다."

비온디는 28세 때인 1989년 바로크 전문 악단인 에우로파 갈란테Europa Gal ante를 창단하고 30여 년간 리더 역할을 맡고 있다. 그는 "당시 여러 악단에서 악장으로 활동하고 있었는데 프랑스 클래식 음반사인 '오푸스111'이 생기면서 이 음반사의 권유를 받고 직접 창단에 나섰다."고 말했다.

그는 이 음반사를 통해서 바흐, 헨델, 비발디 등의 작품들을 녹음하면서 이탈리아 바로크의 간판 연주자로 부상했다. 특히 '사계'는 지금까지 200여 차례 가까이 연주했다. 그는 이 작품을 우리 팀의 마스코트이자 깃발에 비유했다. 그는 '사계'를 이렇게 표현했다.

"매일 저녁 같은 작품을 연주해도 지루하지 않은 건 시대 변화를 반영하는 올바른 해석과 연주법에 대해서 계속 탐구하기 때문이다. 그런 의미에서 우리는 바로크 음악의 '의사들Doctors'과도 같다."

파비오 비온디의 인터뷰처럼 비발디 사계는 가뭄에 흠뻑 내리는 비를 맞은 초목처럼 꿈틀거리고 반짝이는 듯하다. 가을의 1악장이 좋았다. 비온디와 에우로파 갈란테의 유연함이 눈에 띈다. 독주와 합주의 조화롭고 자연스러운 연주 자세 등이 연주홀 앞 좌석의 득을 톡톡하게 맛보았다. 대신 비온디의 큰 숨소리는 같이 들어야 했다.

오늘의 연주는 예측하기 힘들 정도로 과감한 셈여림과 템포, 이탈리아 선배들의 표현을 이어받은 우아한 칸타빌레(노래하듯이) 바탕 위에 상상력과 창의가 돋보이는 통주通奏저음을 통해 자신만의 비발디 상像을 만들었다. 특히 바로크 당대의 악기와 연주법을 적극적으로 받아들인 '시대 연주'를 표방하는 점은 이무지치 합주단 같은 이탈리아 선배들과는 차별적이기도 하다. 비온디의 음반처럼 '고풍스럽고 점잖다'라는 바로크 음악에 대한 고정관념을 뒤흔드는 파격과 격정으로 채웠다.

오늘의 연주에도 류트의 분산화음 반주와 쳄발로의 통주저음 (건반악기의 계속 저음)의 즉흥적인 반주 소리가 곡을 한층 예스럽게 만들었다.

앙코르는 여름의 3악장인 폭풍우를 다시 연주해 주었다. 천둥과 번개를 강렬하게 표현하여 전 세계를 뒤흔든 그들만의 자랑거리를 자신 있게 펼쳐 보였다. 실내악의 고수와 하수의 차이점이 유연성과 강약의 표현임을 다시 확인하는 즐거운 시간이었다. 각 악장에 적힌 소네트를 읽지 않아도 내용이 선명해진 멋진 연주였다.

"비발디의 '사계'는 그저 자연을 묘사한 작품이 아니다."

파비오 비온디의 말이 여운으로 남는다.

모차르트(Mozart) - 세레나데 13번 G장조 KV. 525 "아이네 클라이네 나흐트뮤지크"
하이든 디베르티멘토 Hob Ⅳ:D3
비발디 사계

임현정의 피아노 독주회

 피아니스트 임현정의 독주회다.

임현정은 세기의 가장 위대하고 찬란한 작품으로 꼽히는 라흐마니노프의 피아노 협주곡을 가지고 왔다. 그녀가 이 곡을 자신이 독주용으로 편곡하여 공연 기획 및 감독까지 하는 특별한 독주회다.

80명의 오케스트라와 솔리스트의 연주를 단 한 대의 피아노로 표현하는 경이로운 시도다. 임현정만의 예술을 담은 해석을 녹여내 기존에 존재하지 않았던 역사적인 공연으로 관객들을 맞이했다.

2023. 8. 16.(수) 오후 7시 30분, 대구콘서트하우스 그랜드홀.

연주곡은 라흐마니노프 피아노 협주곡 제2번 c단조 op. 18과 제3번 라단조 op. 30이다.

♤ 피아노 협주곡 제2번 c단조 op. 18
- 제1악장 모데라토 다단조 2/2박자
- 제2악장 아다지오 소수테누토 마장조 4/4박자

• 제3악장 알레그로 스케르찬도 다장조 2/2박자

귀에 익은 협주곡이 아니다. 웅장하고 서정성이 가득한 곡도 아니다. 갑자기 거추장스러운 것을 벗어던진 알몸 차림이다. 곡의 뼈대만 이은 피아노만의 세계였다. 거기에 그녀의 연주력이 새로운 천지를 열었다.

이 곡은 라흐마니노프S. Rachmaninoff, 1873~1943가 1900년 가을부터 1901년 4월 사이에 작곡한 피아노 협주곡이다. 곡은 낭만 후기 대표적 작품으로 평가된다. 이 작품으로 인해 라흐마니노프는 작곡가로서의 명성을 얻었다. 차이콥스키 피아노 협주곡과 함께 가장 널리 알려지고 많이 연주되는 러시아 작곡가의 곡이다.

라흐마니노프는 교향곡 제1번의 혹독한 비평에 우울증을 앓았다. 1899년에 심한 정신쇠약에 걸려 작곡을 중단했다. 친구의 소개로 당시 유명한 니콜라이 달 박사를 만나 치료를 시작했다. 다행히 달 박사의 암시요법으로 완쾌하였다. 병을 극복하고 새로운 창작 의욕에 불타 작곡된 곡이다. 그는 구조적 완벽을 꾀하고 서정성과 연주 효과를 극대화했다. 니콜라이 달 박사에게 헌정된 이 곡은 도도히 흐르는 강물 같은 서정성을 나타내는 곡으로 평가되고 있다.

♤ 피아노 협주곡 제3번 라단조 op. 30

9월에 완성된 협주곡이다. 연주자에게 요구되는 기교와 음악성으로 유명하며 피아니스트들이면 도전하는 곡이다.

그는 작곡가로서뿐만 아니라 피아노의 초절기교Virtuoso 연주가로도 유명하다. 피아노 연주에 필수적인 큰 손으로 자신의 재능을 보여주기 위해 이 곡을 작곡하였다는 후문이다. 이 곡은 피아노 연주자들에게 존경과 경외의 대상으로 여겨지는 몹시 어렵고 두려운 곡으로 유명하다. 초연은 1909년 11월 28일 뉴욕에서 발터 담로쉬가 지휘하는 뉴욕 심포니 소사이어티와 작곡가 자신의 협연으로 이루어졌다.

- 제1악장 알레그로 마논 탄토 라단조 3/4박자
- 제2악장 인터메조(간주곡), 아다지오 올림바단조-가단조 3/4박자
- 제3악장 피날레, 알레그로 라단조 2/4박자

2~3악장은 아카타 형식으로 쉬지 않고 연주한다. 이 곡은 난해하여 한동안 피아니스트들이 회피하는 곡이었다. 그러나 1928년 미국에서 블라디미르 호로비츠Vladimir Horowitz, 1903~1989가 작은 손으로도 이 곡을 너무나 아름답게 연주했다. 이때 라흐마니노프는 "내 곡이 바로 이렇게 연주돼야 한다고 항상 소망했지만, 살아서 이런 연주를 듣게 될 줄 꿈도 못 꿨는데…." 하고 격찬했다는 것이다. 이후 피아니스트들의 연주가 성공하면서 지금은 일반화되고 있다.

3번 d단조는 제2번 협주곡 발표 후 9년 뒤 1902년에 작곡된 곡이다. 음표의 밀도가 높은 악보가 까맣게 채워져 있다. 라흐마니노프가 미국으로 가는 여객선에서 무성 건반으로 연습할 정도로 난

곡 중의 난곡이다.

임현정의 연주는 오케스트라를 빼고 피아노만으로 연주할 수 있는 모든 기교를 쏟아부었다. 협주곡 2번은 가장 잘 알려진 곡이고, 3번은 가장 난해한 곡으로 꼽힌다. 그녀의 연주는 옆자리에서 속삭이는 관객들의 말에서 짐작이 간다.

'월클(세계적인 클래스)이다. 신들린 듯한 연주다. 스트레스가 도망갔다. 몸에 소름이 돋았다.' 등의 찬사 일색이다. 쉬는 시간에 들리는 이야기도 한결같다. 연주가 끝나자, 관중을 배려한 앙코르 무대가 열린다. 색소폰과 아리랑의 어울림은 색다른 감회를 남겼다. 피아노의 화려한 기교가 아리랑을 라흐마니노프 곡처럼 빛나게 했으며 건반 위에서 춤추게 만들었다.

그녀의 피아노 연주 솜씨는 더할 나위 없는 고도의 초절기교 비르투오소다. 어린 나이에 파리 국립음악원에서 인종차별을 그녀의 장점인 격정과 빠른 연주로 이겨내며 세계적인 피아니스트로 성장한 것이리라. 1986년생인 그녀의 오늘 연주는 관중들의 스트레스를 날려준 연주였다. 하지만 지나친 빠르기는 오히려 후련함보다 빠르기에 따라가는 조급함으로 비춰지기도 했다.

그녀는 12살에 혼자 파리 유학을 떠나 콤피엔느 음악원에 입학하여 5개월 만에 졸업했다. 이후 정규 4년 과정인 루앙 국립음악원을 3년 만에 졸업했다. 16세에는 파리 국립고등 음악원에 최연소 입학, 3년 만에 최연소 최우등 졸업생이 되었다.

임현정은 유명 콩쿠르에 출전하거나 유명 교수의 개인 지도를 받지 않고 졸업 후 연주자로 활동했다. 한동안 음악계에서는 기교가 출중한 신인 연주자로 주목을 받았지만, 대중들에게 잘 알려진 연주자는 아니었다. 2009년 스위스 바젤 연주회에서 라흐마니노프의 회화적 연습곡을 연주했다. 앙코르곡으로 림스키코르사코프의 '왕벌의 비행'을 연주했다. 이 곡의 동영상이 대중적으로 알려져 이 동영상이 빌보드 클래식과 아이튠스 차트에서 1위를 기록하며 초절기교 연주자로 유명해진 것이다.

이후 연주자로 승승장구했으며 EMI에서 두 번의 녹음도 했다. 특이한 건 첫 음반이 베토벤 피아노 소나타 전집이다. EMI가 신인인 임현정에게 기획을 추진한 것은 그만큼 그녀의 실력과 가능성을 인정했다고 보는 것이다. 초기에는 유럽에서 활동하다가 2019년 귀국했다.

임현정의 트레이드 마크는 대범한 곡 해석과 혀를 내두르게 하는 빠른 연주다. 젊은 연주자답게 박력과 강렬한 연주를 하고 있다. 그녀는 대부분 곡을 아주 빠르게 연주하는데 빠른 곡은 통상적인 빠르기보다 빠르게 연주하며 느린 곡도 상당히 속도감 있게 연주한다. 그래서 임현정이 연주하는 베토벤의 피아노 소나타는 빠른 악장과 느린 악장이 아니라 아주 빠른 악장과 덜 빠른 악장으로 구성되어 있다는 우스갯소리가 있을 정도다. 그렇지만 빠르다고 해서 결코 음표를 적당히 흘려 치지 않는다. 그녀의 연주는 빠르면서도 타건이 정확하여 아주 빠른 경과구에서도 음표가 생략되거나 미스 터치가 나타나지 않으며 리듬이 불안정하지 않다는 공통적인 평이다.

임현정은 특이한 곡 해석으로 특별나지만, 독창적인 해석이 돋보이는 연주가다. 올해(2023)는 라흐마니노프의 탄생 150주년을 기념하고 있다. 많은 곳에서 그의 전곡 연주회와 각종 기념 연주회가 열린다. 오늘의 임현정은 작곡자의 곡을 피아노만으로 연주하는 특별한 시도를 하였다. 그녀가 아니면 할 수 없는 기획연주다. 큰 의미를 지닌 피아노만으로 듣는 라흐마니노프는 또 다른 감흥을 불러왔다.

그녀의 연주 자세도 특이하다. 농악대 상쇠의 상모처럼 긴 머리카락이 앞뒤로 출렁인다. 빠른 부분에서는 더 빠르다. 워낙 빠르게 연주하는 것이 그녀의 장기이기에 시간이 지날수록 속도감에 익숙해지는 듯하다. 멋진 연주 덕분에 내일부터는 내 걸음걸이가 더 빨라질 것 같다.

오늘 자리를 메운 관중들의 환호와 박수는 특별했다. 처음 만나는 전혀 새로운 그녀의 빠른 포르테 피아노의 강력한 연주력 때문이리라. 청중들은 열두 살에 파리에서 겪은 인종차별을 빠른 피아노 연주로 이겨낸 그녀의 카리스마를 보았을까? 그로 말미암아 자신들이 가지고 있던 스트레스가 어느 틈에 사라진 듯하다. 양귀비보다 더 붉은 그녀의 열정이 가슴을 뜨겁게 만들었다. 또 다른 카타르시스 속으로….

그녀의 열정과 도전에 박수를 보낸다.

라흐마니노프 피아노 협주곡 제2번 1악장
라흐마니노프 피아노 협주곡 제3번 3악장

정명훈과 KBS교향악단

 2023 교보 노블리에 콘서트다. 세계적인 지휘자 정명훈, 바이올리니스트 임동민, 한국을 대표하는 KBS교향악단이다.
2023. 6. 1.(목) pm 7:30 대구콘서트하우스.
연주곡은 바이올리니스트 임동민의 멘델스존 바이올린 협주곡 마단조 op. 64. KBS교향악단의 브람스 교향곡 제1번 다단조 op. 68번이다.

🎺 펠릭스 멘델스존Felix Mendelssohn, 1809~1847 바이올린 협주곡 마단조 op. 64

곡은 한 번 들으면 기억되는 멜로디가 로맨틱한 분위기로 이끈다. 19세기 전체를 통틀어서도 최고의 명작으로 인정받고 있다. 초연은 1845년 3월 13일 닐스 가데 지휘로 라이프치히 게반트하우스에서 다비트의 바이올린 협연으로 이루어졌다.

• 제1악장 알레그로 몰토 아파시오나토(빠르고 매우 열정적으로), 마단조, 2/4박자

출렁이는 듯한 오케스트라의 첫 음을 타고 독주 바이올린이 시작된다. 가녀리게 들리는 선율을 고음으로 연주한다. 이 주제를 오케스트라가 받아 다시 연주하다가, 반음계적인 경과부를 거쳐 차분한 제2주제가 연주된다. 이 두 주제는 발전부에서 한데 어울리게 되며, 발전부 끝에 협주곡에서 독주자 홀로 연주하는 기교적인 부분인 카덴차가 등장한다. 당시 카덴차는 보통 재현부 끝에 오고 연주자가 알아서 연주하는 것이 통례였다. 멘델스존은 카덴차를 앞당겨 배치했을 뿐만 아니라 전체를 작곡해 넣었다. 악장은 재현부를 거쳐 조금 격렬한 느낌으로 마무리된다. 마지막 음이 길게 여운을 남기면서 2악장으로 자연스럽게 넘어간다.

• 제2악장 안단테, 다장조, 6/8박자

안단테는 '조금 느리게'로 표기하지만 실제로는 '걷는 속도로'라는 뜻에 더 가깝다. 이 악장은 매우 서정적이며, 긴 호흡으로 굽이치면서 다정하게 위로하는 듯하다. 주제 선율은 작곡자 자신이 즐겨 썼던 '무언가無言歌'를 연상케 한다. 약간 더 어둡고 진지한 중간부를 거쳐 첫머리로 돌아간 다음 평화롭게 마무리된다.

• 제3악장 알레그로 논 트로포-알레그로 몰토 비바체, 마장조, 4/4박자

14마디에 걸친 경과부는 '알레그로 논 트로포(지나치지 않게 빠른 속도)'로 경과부가 끝난다. 이어 트럼펫의 팡파르와 더불어 본격적으로 시작하는 3악장은 '알레그로 몰토 비바체(빠르고 매우 활기차게)'로 지시되어 있다. 팡파르가 끝난 직후부터 독주 바이올린은 매우 활기차고 화려한 연주를 마음껏 펼친다. 끝으로 갈수록 힘과 속도를 올려 내달리다가 열광적인 분위기로 마무리한다.

오늘 연주한 임동민은 금호 영재 콘서트로 데뷔했다. 서울 국제 음악 콩쿠르 1위 등 국내외 콩쿠르에서 상위 입상을 휩쓸고 있다. 한국예술종합학교 예술사과정 졸업 후 베를린 한스아이슬러 국립음대와 하노버 국립음대에서 독주와 실내악을 공부하고 있다. 오늘의 연주는 뒤로 가면서 빛났다. 많은 연습의 결과이리라. 앙코르곡은 바흐 무반주 바이올린 협주곡 파르티타 1번 b단조 BWV. 1002, 알레망드allemande이다. 앞으로 크게 기대해도 될 바이올리니스트다.

♪ 요하네스 브람스Johannes Brahms, 1833~1897 교향곡 제1번 다단조 op. 68

• 제1악장 운 포코 소스테누토, 마단조, 6/8박자

이 곡은 모든 교향곡의 역사를 통틀어도 보기 드물 정도로 치밀한 서법이 돋보인다. 힘찬 팀파니 연타로 1악장을 여는 이 곡은 말러의 교향곡 1번, 시벨리우스의 교향곡 1번과 더불어 가장 인상적인 곡이다. 브람스는 제1번 교향곡을 시작에서 완성까지 21년이 걸렸다. 서주는 '운 포코 소스테누토(약간 음을 끌면서)'로 지시되어 있으며 전곡을 음악적으로 통일하는 역할을 한다. 서주가 피치카토(현악기의 현을 손가락으로 퉁겨서 소리 내는 주법)로 마무리된 뒤 곡은 알레그로로 넘어간다. 요동치는 듯한 1주제는 바이올린이, 한층 부드러운 2주제는 오보에가 제시한다. 발전부는 1주제 악상을 다시 다루면서 다양하고 치밀하게 전개된다. 오래된 코랄인 '기운을 내라, 내 약한 마음이여'의 선율도 모습을 보인다. 재현부는 대체로 제시부와 비슷하며 이윽고 코다로 넘어가 중후하게 여운을 남기면서 마무리된다.

- 제2악장 안단테 소스테누토, 마장조, 3/4박자

브람스는 2악장을 '걷는 속도로 음을 끌면서' 연주하라고 지시했다. 장대하고 엄숙한 1악장과 비교해 보면 2악장은 간소하고 차분한 분위기를 지닌다. 바이올린과 바순이 연주하는 조용한 독백 같은 주제로 시작하며 전반적으로 차분하고 숭고한 느낌을 준다.

- 제3악장 로망스, 운 포코 알레그레토 그라치오소, 내림가장조, 2/4박자

이 악장의 지시어는 '약간 조금 빠르고 우아하게'라는 뜻이다. 브람스는 3악장 자리에 전통적인 스케르초 대신 로망스(음유 시인들

이 부르던 감성적인 사랑 노래에서 기원한 음악 형식으로, 기악에서는 서정적인 느낌이 두드러지는 소품을 뜻한다)로 변화를 꾀했다. 꿈결처럼 부드럽고 달콤한 클라리넷 주제로 시작하는 악장이다. 현이 주도하는 엄숙하고도 풍요로운 중간부를 거쳐 다시금 클라리넷 선율로 되돌아가 끝난다. 이 대목에서는 4악장의 1주제도 미리 암시된다.

- 제4악장 피날레, 아다지오-피우 안단테-알레그로 논 트로포 마 콘 브리오, 다단조-다장조, 4/4박자

피날레는 아다지오(느리게) 서주로 시작하는데, 1악장의 경우와 마찬가지로 서주를 구성하는 악상은 주요부에서도 대부분 재활용된다. 이 단락은 선율과 리듬 면에서 지독할 정도로 치밀하고 꼼꼼하게 처리되어 있다. '피우 안단테(앞부분 보다는 덜 느리게)'로 지정된 서주 후반부에서는 호른이 낭랑한 선율을 연주한다. 이는 원래 1868년에 브람스가 클라라 슈만에게 편지로 써서 보낸 가곡풍의 단편이다. 이 악구가 엄숙하게 마무리된 다음 곡은 주부인 '알레그로 논 트로포 마 콘 브리오(빠르게 지나치지 않게 그러나 활기차게)'로 접어든다. 현이 장엄하게 물결치면서 연주하는 가곡풍의 제1주제는 처음부터 베토벤 '교향곡 9번' 피날레 주제와 비슷하다는 지적을 받아왔다. 브람스 자신은 이에 대해 '그건 어떤 얼간이라도 알 수 있는 일'이라고 냉소적으로 대꾸했다고 한다. 이후에는 이전에 등장했던 소재들을

주도면밀하고 밀도 높게 활용해 클라이맥스에 이른 뒤 당당하게 끝난다.

KBS교향악단은 1956년 창단되어 오늘에 이른 한국을 대표하는 교향악단이다. 2012년 전문 예술 경영체제를 갖춘 악단으로 출범하였다.

지휘자 정명훈의 진가를 나타낸 연주였다.

정명훈은 1974년 모스크바 차이콥스키 국제 피아노 콩쿠르에서 1등 없는 2위를 차지하며 피아니스트로 발돋움하였다. 뉴욕 줄리아드 음악원과 매네스 음악대학에서 지휘를 공부했다. 1979년 LA 필하모닉의 음악감독이었던 카를로 마리아 줄리니의 보조 지휘자로 발탁되어 2년 후 부지휘자로 임명되었다. 그 후 유럽과 미국, 일본 도쿄 필하모니 오케스트라, 서울시향 음악감독으로 세계적인 지휘자 반열에 들어갔다. 국제 아동 기금 UNICEF의 친선 대사다. 이탈리아의 세계적인 오케스트라 '라 스칼라 필하모닉'의 명예 지휘자로 활동하고 있다.

지휘자의 역량이 어느 정도로 영향을 미칠까? 오늘 연주한 KBS교향악단의 관·현의 조화와 부드러움은 확연히 달랐다. 모처럼 편안하게 들은 연주회였다.

겉으로 클래식 음악에 감탄하고 경외하는 듯한 가짜 애호가도 좋다. 문화나 예술은 하루 아침에 일류가 될 수는 없다. 오늘처럼 지휘자를 보러오듯 연주홀이 가득 차면 되는 것이다. 그래서 내 나라를 父國이라 하지 않고 祖國이라 부르듯 가문의 형태는 할아버지에서 시작하는 것이다. 이처럼 정명훈은 한국인의 지휘자로서의 위치는 새로운 가풍을 시작하는 할아버지와 같은 역할인 것이다.

앙코르곡은 브람스 헝가리 무곡 1번을 지휘자 정명훈이 예고 없이 지휘대에 오르며 시작되었다. 기립 박수와 천둥 같은 환호는 연주 홀을 진동시켰다.

멘델스존 바이올린 협주곡 마단조 op. 64
브람스 교향곡 제1번 다단조 op. 68

대구시립교향악단 495회 정기 연주회

2023 대한민국 교향악 축제(6.1.~6.25.)가 열린다. 전국 17개 교향악단이 참여하고 18명의 협연자와 함께 연주한다. 예술의 전당에서 열리는 이번 축제에 대구시립교향악단이 6월 20일 연주를 한다. 오늘은 그 축제를 위한 시사회(총정리)다. 2023. 6. 16.(금) pm 7:30 대구콘서트하우스 그랜드홀이다.

연주곡은 베르디 오페라 '시칠리아섬 저녁 기도' 서곡, 모차르트 피아노 협주곡 제21번 C장조 K. 467, 시벨리우스 교향곡 제2번 D장조 op. 43이다.

오페라 '시실리아섬 저녁 기도'는 주세페 베르디Giuseppe Verdi, 1813~1901가 1855년 파리에서 열린 제1회 만국박람회를 앞두고 파리 오페라 극장으로부터 위촉받아 작곡한 작품이다. 이 곡은 13세기 시칠리아를 정복하였던 프랑스에 투쟁하며 벌어진 '시칠리아섬의 만종 사건'을 배경으로 한다. '신포니아'로 불리는 이 서곡은 독립된 관현악곡으로 연주되어도 손색이 없을 정도로 완성도가 높아 오페라 공연보다 서곡만 단독으로 연주되는 경우가 많다.

♫ 모차르트 피아노 협주곡 제21번 C장조 K. 467
• 제1악장 알레그로 마에스토소(장엄하게), C장조, 4/4박자, 소나타 형식

제1주제는 행진곡을 연상케 하는 리듬의 밝은 선율로 시작된다. 이어 교향곡 제40번 g단조의 첫머리를 연상시키는 연결구, 어두운 분위기를 쫓아 버리려는 듯 G장조로 돌아가는 제2주제는 2년 뒤 만들어진 호른 협주곡 제3번의 제2주제와 유사하다. 마치 앞으로 사용될 작품의 동기들을 스케치해서 메모해 놓은 인상을 준다. 발전부는 e단조로 시작하며 다양한 단조 조성들 속으로 변해 간다. 재현부는 조금 변칙적인 구성을 보여준다. 이어 정석대로 카덴차가 삽입된 후 첫 부분 동기의 리듬으로 조용히 곡을 마친다.

• 제2악장 안단테, F장조, 2/2박자, 3부 리트 형식

약음기를 이용한 현악기의 노래와 같은 주제가 무척 아름답다. 이 주제를 뒷받침하는 셋잇단음표가 중반부 짧은 세 마디를 제외하고 악장 전체에 계속 이어져 있어서 이색적이다. d단조의 새로운 선율이 등장하는 2부는 오케스트라와 피아노의 대화처럼 점차 변화한다. 재현부는 큰 변화나 카덴차 없이 조용히 끝맺는다. 특히 이

악장은 귀족 출신 장교와 서커스단 소녀의 비극적 사랑을 그린 스웨덴 영화 '엘비라 마디간'(1967)의 주제 음악으로 사용되어 더욱 유명해졌다.

• 제3악장 알레그로 비바체 아사이, C장조, 2/4박자, 발전부 없는 소나타 형식

밝고 떠들썩한 느낌의 제1주제와 조성은 G장조로 바뀌지만 비슷한 분위기의 제2주제는 악장 전체를 밝은 분위기로 유지한다. 재현부 다음 제1주제가 한 번 더 나와 론도 소나타 형식으로 볼 수 있다. 분위기가 고조되고 카덴차가 연주된 뒤, 피아노의 상승하는 음계로 화려하게 곡을 마친다.

시벨리우스 교향곡 제2번 D장조 op. 43

• 제1악장 알레그레토, D장조, 6/4박자, 소나타 형식

핀란드 국토를 흐르는 부드러운 빛을 연상케 하는 악장이다. 현이 스타카토로 상행 리듬을 내는 것으로 시작된다. 이어 '전원 테마'로 불리는 주제가 클라리넷과 오보에의 연주로 제시된다. 이 경쾌하고도 소박한 주제의 후반부는 호른의 고즈넉한 울림으로 장식된다. 이후 곡은 주요 선율을 중심으로 다양한 모티브들이 어우러지며 자유로운 환상곡 풍으로 전개된다.

• 제2악장 안단테 마 루바토, d단조, 4/4박자

느린 템포의 명상적인 악장으로 전곡에서 가장 어둡고 강렬한 인상을 남긴다. 이 악장은 '돈 후안의 석상 손님'에서 중요한 영감을 얻어 작곡된 또 하나의 환상곡이자 온전한 교향시라고 할 수 있다. '석상 손님'은 일반적으로 죽음을 상징한다. 결빙기의 핀란드 광야를 연상케 하는 우수에 찬 제1주제를 바순이 연주한다. 흐름이 바뀌고 아름답고 세련된 민요풍의 제2주제가 흘러나온다. 이 이질적인 두 개의 주제는 각각 확대, 발전된 형태로 대비되며 진행된다.

• 제3악장 비바치시모, 내림나장조, 4/4박자

국민의 자부심과 애국심의 발로를 생각하며 경쾌하게 전개되는 스케르초 악장이다. 도입부에서 현이 활발한 주제를 빠르게 연주하면 목관이 이에 응답하듯 연주하다가 활기차고 정열적인 절정에 이른다. 이어 호른과 바순의 부드러운 화음 위로 오보에가 아름다운 선율의 트리오를 노래한다. 질주하는 스케르초와 목가적 트리오의 대비를 통해 독특한 이미지를 보여주는 악장이다.

• 제4악장 피날레, 알레그로 모데라토, D장조, 3/2박자

조국애는 강하고 크게 발로發露되어 약동한다. 화려하고 장엄하면서 향토적인 정취가 감돈다. 제1주제는 '승리의 찬가'로 불리기도 하는데 간결하면서도 강한 신념을 드러낸다. 이후 곡은 폭넓게 발전하며 목관이 아름답게 대응해 간다. 반면, 핀란드 민요풍의 제2주제는 안타깝게 유명을 달리한 처제에 대한 상념이 녹아 있다고

한다. 하지만 마지막에는 고뇌와 역경을 딛고 희망적 미래를 향해 의연하게 전진하는 것으로 마친다.

시벨리우스는 핀란드를 대표하는 음악가다. 1900년 가을 무렵 그는 막내딸이 병사하고 처제가 스스로 목숨을 끊는 등 일련의 불행이 겹치며 힘든 시간을 보내고 있었다. 그는 후원자의 도움으로 이탈리아 제노바에서 동쪽으로 약 25km 떨어진 해안 휴양지 라팔로에서 정양하며 이 곡을 작곡했다. 1902년 3월 이뤄진 초연은 대성공이었고 세 번의 추가 공연까지 매진되었다.

지휘자가 공석인 가운데 교향악 축제에 참여하는 대구시립교향악단이다. 프로그램이 꽉 찬 느낌이다. 하지만 베르디의 시칠리아 섬의 저녁 기도 서곡은 현악기군의 부조화로 불안하게 시작했다.

협연자는 깊이 있고 지적이면서도 열정을 갖춘 피아니스트라는 평을 가진 임효선이다. 그녀가 연주한 모차르트 피아노 협주곡 제21번 C장조 K. 467은 너무나 알려진 곡이다. 독주자 임효선은 서울예고, 서울대학교, 미국 커티스 음대, 독일 하노버 국립음대를 최고점으로 졸업하였다. 2003 비오티 국제 콩쿠르에서 2, 3위 없는 1등을 하였다. 또한 세계 3대 퀸엘리자베스 콩쿠르에 입상하는 등 국제무대에서 활발한 연주 활동을 하고 있다. 현재 경희대학교 음악대학 최연소 교수로 임용되어 후진 양성과 유럽을 오가며 활발히 연주 활동을 하고 있다.

　잘 알려진 곡을 연주하는 일은 부담감도 있지만, 연주 효과도 큰 것이다. 그녀의 피아노는 모차르트를 잘 아는 연주였다.

　지휘자 박인욱은 대구 출신으로 서울예고와 서울음대를 거쳐 파리 에꼴 노르말, 랭스 국립음악원을 수료, 오스트리아 잘츠부르크 모차르테움 음대에서 석사, 빈 국립음대에서 연주자 과정을 수료하였다. 2000년 포르투갈 지휘자 콩쿠르에서 지휘자로 선정되어 활동 중이다. 스케일이 큰 지휘와 탁월한 곡 해석을 지닌 지휘자라는 평을 받고 있다. 그는 전남대학교 교수로 재직 중이며 2017 '카메라타 전남'을 창단하여 음악 감독으로 활동하고 있다. 박인욱이 지휘한 시벨리우스 교향곡 제2번 D장조 op. 43은 3악장부터 관악이 살아나면서 4악장의 웅장한 조국애를 충분히 나타낸 연주였다.

　20여 년 전 내가 서울 딸과 사위의 도움으로 시각장애 적응을 하던 때다. 매년 4월에 열리는 대한민국 교향악 축제를 빠지지 않고 다녔다. 고향의 소리와 향기가 불편한 몸을 무대로 이끌었으리라. 대구시립교향악단은 그중에서 안정적이고 저력 있는 악단으로 평가를 받고 있었다. 그러나 요즈음은 다른 지방의 교향악단에 비해 제자리걸음을 걷고 있다는 느낌은 나만의 기우인가?

　대구시향이 오늘로 495회의 정기 연주회를 이어가고 있다. 시민들의 호응을 받아 연주 홀을 꽉 채우고 있다. 그동안 지휘봉을 맡았던 지휘자들과 단원들 덕분이다. 특히 근래 지휘봉을 맡았던 코바체프의 노력이 크다고 생각한다. 그 지방의 문화 척도는 교향악단의 연주력과 비례한다는 것이 통념이다. 경제 논리가 아닌 문화적인 시각으로 접근하는 것이 대구시립교향악단이 나아갈 길이다.

대구시립교향악단이 한국을 넘어 세계적인 악단으로 거듭나기를 염원한다.

베르디 오페라 시칠리아섬 저녁 기도 서곡
모차르트 피아노 협주곡 제21번 C장조, K. 467, 제2악장
시벨리우스 교향곡 제2번 D장조, op. 43.

빈 필하모닉

 환희의 도가니였다. 큰 울림과 긴 여운이다.

2019. 11. 3. 17:00 빈 필하모닉 오케스트라Wiener Philharmoniker Orchestra의 순회 연주장인 대구콘서트하우스 연주홀이었다.

그 만남을 위해 수천의 눈동자가 한 곳을 응시하며 귀를 활짝 연다. 들끓는 열정과 소리 없는 아우성들이 기대와 호기심으로 숨을 고르고 있었다.

악장樂長이 제일 먼저 입장하여 관중을 향해 미소를 띠고 서 있다. 뒤이어 들어온 첼로와 바이올린의 수석 단원들이 앉는다. 막힘이 없는 흐름은 악장이 제시한 음의 조율tuning로 연주 준비가 된다. 친근하고 겸손한 모습이지만 철저한 리더의 역할을 자연스럽게 이어갔다.

피아노 협연자 예핌 브론프만Yefim Bronfman이 지휘자 안드레스 오로스코-에스트라다Andres Orozco-Estrada를 한발 앞서 입장한다. '악마의 협주곡'이란 별명을 가진 라흐마니노프 피아노 협주곡 제3번을 연주하기에 걸맞은 거구다.

빈 필의 첫 음이 라흐마니노프 피아노 협주곡 3번의 서주를 현과 바순으로 시작한다. 평소 들어왔던 울림이 아니었다. 소리가 풍성하고 윤기가 있는 결 고운 비단 같았다. 소리의 파장을 타고 혼을 깨워낸다. 음향이 다르다. 익숙한 콘서트하우스의 연주홀이 이렇게 음향이 좋은 줄을 미처 몰랐다. 연주홀 탓이 아니고 연주의 탓인가, 마음 탓인가? 1악장의 종결부카덴차, Cadenza에서 피아노는 지금까지의 오케스트라와 경쟁과 협력에서 벗어나 크게 폭발한다. 러시아의 광활함과 서정적이며 쓸쓸함이 끝까지 닿을 듯한 강력한 연주가 몸을 움츠리게도 하고, 날려 보낼 듯 활짝 펴게도 한다.

마지막 3악장은 피아노와 오케스트라가 경합을 벌인다. 특히 피아노는 곡 전편을 누비고 극한의 기교를 들려주며 긴장감을 극대화한다. 거구에서 뿜어져 나오는 터치의 강렬한 힘이 작곡자의 뜻을 충실하게 따르듯 적극적이다. 오케스트라와의 경쟁에서 체력과 연주력을 앞세워 아슬아슬한 줄타기 묘기를 부리면서 적절한 균형을 이룬다. 반면 오케스트라는 열두 폭의 치마를 두른 어머니처럼 피아노의 도발을 감싸고 덮으며 조절하고 격려한다. '악마의 협주곡'이란 별명을 제대로 소화해 그 이상의 연주를 해낸 관록이 빛났다.

러시아계 미국인인 작곡자 라흐마니노프S. Rachmaninoff, 1873~ 1943는 거구에다 큰 손을 가져 그가 작곡한 피아노곡은 연주하기 어렵기로 유명하다. 4곡의 피아노 협주곡 중 이 곡은 피아니스트에게 광기에 가까운 음악성과 현란한 테크닉을 요구한다. 자신이 남긴 음반에는 오늘의 연주보다 더 빠르고 화려한 기교였으니 그의 연주 모습을 짐작게 한다. 연주를 끝낸 피아노 협연자가 청중들의 환호에 답하면서 무대에 나올 때마다 협주를 성공적으로 만들어준 단원들에게 먼저 고개 숙여 인사를 한다. 그런 후에야 관중을 향해 정중한 예의를 갖추는 모습이 눈에 들어왔다. 협주자가 가지는 몸에 밴 배려와 존중의 무대 예절이 자연스럽고 아름다웠다. 앙코르곡은 협주곡과 전혀 다른 일명 쇼팽의 이별곡인 연습곡 작품 10의 3번Etude op. 10. No. 3을 골랐다. 숨을 돌리는 듯 섬세하고 아기자기한 연주 모습이 강렬함과 섬세함을 동시에 보여준다. 피아노의 이름이 '포르테 피아노'인 것처럼 관중을 위한 배려에 마음이 훈훈하다.

  쉬는 시간에는 피아노 협주의 감동을 가라앉히고 다음 곡을 기대하면서 음수대를 찾아 물을 마시고 잠시 걸었다. 스치는 사람들이 모두 젊은 사람들이어서 놀랐다. 그들의 명랑한 말소리와 밝은 표정들이 덩달아 마음을 비우고 가라앉힌다.

  오늘의 연주곡Main repertory인 드보르자크A. Dvorak, 1841~1904의 교향곡 9번 마단조 작품95 '신세계'다. 너무 알려졌기 때문에 오히려 연주를 꺼리는 곡이라 하겠다. 곡은 체코슬로바키아의 작곡자가 미국 문화원장으로 초청받았을 때 만난 새로운 세상을 노래한 것이다. 몸에 익은 집시의 음악이 새롭게 만난 흑인 영가, 인디언 음악, 발전하는 신대륙의 문화와 민요에 어울려 녹아들었다. 1악장의 서주와 제1, 2주제에서 신세계의 특징들이 불안과 희망으로 꿈틀댄다. 2악장의 유명한 잉글리쉬 호른의 독주는 언제나 매료시킨다. 무심코 들어온 선율이 지나치게 여유로워 얄밉다. 반 박자 빠르게 반응하는 조급한 생활 리듬을 꾸짖는 듯하다. 여유를 즐기는 한가로운 정경이 어릴 적 고향의 들녘으로 산책을 나서게 한다.

집시, 인디언, 흑인의 혼이 담긴 낭랑한 멋이다. 평화로운 마음의 고향을 노래하고 사랑이 가득하다. 신세계는 차별 없는 꿈을 이루어나가는 곳이기에 더욱 아름다운 가락이리라. 수없이 들어온 이 교향곡이 처음 듣는 것처럼 새롭게 열린다. 빈 필이 펼치는 연결과 셈여림의 조화가 자연스럽고 아름다워 눈을 깜빡이지도 못했다. 오랜 전통과 명성에 걸맞은 뛰어난 연주력이 분위기를 압도한다. 하지만 평소 연주홀의 어수선한 잡음이 없는 청중들의 매너가 연주 효과를 배가시켰다. 자세를 바꾸는 소리도 없고 기침 소리, 비닐이 바스락거리는, 심지어 침 삼키는 소리와 숨소리까지 들리지 않는다. 연주장의 당연한 예절이고 의무이지만 오늘의 관중들은 자랑스럽고 아름답다.

지휘자의 몸짓이 정열적이다. 지휘대를 종횡무진으로 누빈다. 그 열정이 드보르자크를 불러왔고 그가 좋아하던 미국의 횡단철도를 불러왔다. 집시의 선율이 인디언이나 흑인의 멜로디와 어울려 신세계를 만들어냈다. 그 노래를 빈 필이라는 악단이 우리네 발효식품처럼 잘 익혀 숙성시켜 낸다. 오랜 역사를 지닌 단원들의 관록과 연주력이 지휘자의 열정에 점화되었으리라.

지휘자가 마지막 마침 신호로 지휘봉을 멈췄다. 자기 연주에 만족하였는지 여운을 즐긴다. 관중들의 태도는 더 성숙하였다. 음미하고 자제하는 시간이 길수록 에너지는 쌓여갔다. 지휘자가 지휘봉을 내린다. 정확한 박자에서 환호와 박수가 동시에 터졌다. 폭풍 전야의 긴장으로 한 음, 한 음 쌓아온 에너지다. 너와 내가 없고, 근심과 걱정도 없는 환희의 도가니였다. 성급한 박수나 환호 없이 폭발 전의 고요를 만끽하는 관중들의 매너가 빈 필을 포용하고 있었다. 용암의 분출처럼 벌떡 일어서며 터지는 함성과 손뼉을 쳤다. 대구 시민들 저력의 폭발이리라. 근래에 처음 하는 기립 박수였고 처음 맛보는 연주회장의 열광이었다. 황홀하고 기쁜 나머지 눈물이 손바닥을 적셔 소리가 더 커졌다.

앙코르곡에서 지휘자의 역할은 극대화되었다. 요한 슈트라우스의 '폴카 슈넬polka schnell'이다. 관중의 절제된 박수 유도에 웃음과 즐거움을 함께하는 또 다른 환희의 도가니를 만들었다. 빈 필의 신년 음악회를 대구의 연주홀로 옮겨다 놓은 듯하다. 최정상의 교향악단이 펼치는 당당하고 여유로운 연주는 일상의 번뇌 망상을 불러내어 예술로 승화시켰다.

빈 필하모닉 Wiener Philharmoniker은 177년의 전통과 대대로 전해지는 악기로 최상의 음악성을 이어오고 있다. 같이 손뼉치며 즐기는 연주회장의 환희와 갈채는 우리네 '흥과 신명'을 만나 또 다른 즐거운 한마당이 되었다.

관중석에는 젊은 사람들이 대부분이었다. 온라인상에서 티켓발매 4분 만에 전석이 매진되어 청중의 세대교체를 이루었다. 이 발매 경쟁에서 밀레니얼 세대의 월등한 IT 기기 사용 능력을 그대로 보여준다. 버릇없고, 지루함을 싫어하며 이기적이라고 걱정하는 요즈음의 젊은이들이다. 하지만 자기가 좋아하는 것에는 망설임이 없는 이들의 열정에 흐뭇해진다. 다양한 예술을 익히고 그에 따른 세련된 매너를 갖춘 젊은이들에게서 클래식과 전통음악의 밝은 앞날을 보는 것 같아 기쁘고 흐뭇하다. 빈 필과 함께한 이들의 안목도 크게 열렸으리라.

짧은 만남이지만 그 크고 깊었던 울림은 모두의 가슴에 오래 남을 것이다. 내 가슴을 적시고 울린 그들의 감동과 감격의 기쁨을 고이 간직하기에는 벅차 자주 꺼내 볼 참이다.

지휘자 안드레스 오로스코-에스트라다 Andres Orozco-Estrada는 27

세에 지휘를 시작하여 '빈Wien의 경이'라는 극찬과 함께 세계적으로 인정받는 콜롬비아 출신의 젊은 지휘자다. 빈의 음악 문화 전통을 가장 잘 표현하는 지휘자로 평가받는다.

피아노 협연자인 예핌 브론프만Yefim Bronfman은 독보적인 해석을 하면서도 정석을 벗어나지 않는 피아노의 거장이다. 18세에 레너드 번스타인이 지휘하는 이스라엘 필하모닉 투어 독주자에 선정되었다. 뛰어난 테크닉과 서정성의 소유자로 거장 지휘자들이 가장 협연하고 싶은 피아니스트로 알려졌다. 70개 가까이 앨범을 발매하고 있다.

라흐마니노프 피아노 협주곡 제3번
드보르자크 교향곡 9번 신세계 교향곡

런던 심포니를 만나다

58년 만의 만남이다. 1964년 11월 15일, 서울시민회관(현 세종문화회관)에서 가슴에 커다란 돌멩이를 던졌던 그때의 감동이 또렷하다. 그 사이 몇 번의 기회를 잡지 못하고 2022년 10월 11일 대구콘서트하우스에서 다시 만났다.

우스갯소리로 유럽 사람들은 연주곡과 연주단체를 보고, 일본 사람들은 지휘자를 보고, 한국 사람들은 손님인 독주자를 보고 음악회 참석 결정 요소로 꼽는다고 한다. 오늘은 피아니스트 조성진, 지휘자 사이먼 래틀, 런던 교향악단의 세 부분이 어느 것 하나 부족함이 없는 완벽한 연주회다.

설레는 가슴으로 2층 좌석에 앉아 연주곡을 살폈다. 합창단석까지 자리를 메운 관중들도 기대에 차 있었다. 머리가 백발인 지휘자 사이먼 래틀이 입장하자 관중의 환호는 연주홀을 진동시킨다.

연주회의 시작은 라벨의 오케스트라를 위한 무용시 '라 발스(왈츠), M. 72'다. 1차 세계대전이 끝난 1920년 파리에서 초연되었다. 19세기의 우아한 '빈Wien왈츠'가 라벨의 다채로운 관현악법으로 새로운 색감이 화려하다. '라 발스'는 마냥 신나고 활기차기만 하지 않고 죽음의 그림자가 드리워진 관현악의 장대함도 가지고 있다. 악단의 풍성함과 유연함을 만끽하면서 서주의 황홀함에 손뼉을 치고 있었다.

관중석이 폭발하는 듯 더 이상의 소리를 허용하지 못하듯 환호의 불길이 맹렬하게 타올랐다. 2015년 바르샤바 쇼팽 국제 피아노 콩쿠르에서 우승한 조성진의 입장이다. 그는 압도적인 재능과 타고난 음악성으로 세계 무대에서 빠르게 성장하고 있다. 그의 연주곡은 라흐마니노프의 파가니니 주제에 의한 랩소디, op. 43이다. 이 곡은 1934년 미국 볼티모어에서 레오폴드 스토코프스키의 지휘와 작곡자 라흐마니노프의 피아노 연주로 초연되었다.

랩소디는 관능적이면서 내용이나 형식이 비교적 자유로운 환상적인 기악곡이다. 이 곡은 파가니니의 바이올린곡인 카프리스 2번 주제를 차용한 24개의 변주곡이다. 24개의 변주는 피아노 협주곡 양식처럼 크게 세 부분으로 나눈다. 주제 제시부터 10변주까지, 11변주부터 18변주까지, 19변주부터 24변주까지다.

손이 크고 손가락이 길어 피아니스트로 좋은 조건을 갖춘 라흐마니노프다. 그는 당대 최고의 피아노 비르투오소Virtuoso, 초절기교였다. 그는 자기가 작곡한 곡을 직접 연주하였다. 그는 4곡의 피아노 협주곡에 파가니니 주제에 의한 랩소디까지 5곡의 유명한 피아노 협주곡을 작곡하였다. 이 곡은 라흐마니노프가 존경하는 파가니니 Nicolo Paganini, 1782~1840를 위해 신나게 작곡하였다고 전한다. 24개의 변주는 파란만장한 삶을 살았던 파가니니의 삶을 닮았다. 주제가 제시된 후, 1변주에서 파가니니가 등장하고 6변주까지 신들린 파가니니의 바이올린 연주처럼 피아노는 고난도의 기교를 보인다. 7변주에서는 라흐마니노프가 즐겨 사용한 '진노의 날Dies Irae' 주제가 등장한다. 그는 자신의 편지에서 이 주제가 악마의 영혼을 표현한다고 했다. 11변주에서 18변주까지는 파가니니의 사랑 이야기다. 작곡자 특유의 아름다운 선율성과 서정성, 풍부한 오케스트라의 음향이 두드러진다. 19변주부터는 파가니니의 예술적 승리처럼 보인다. 그는 재미있게도 19변주에서 피아노 연주자에게 현을 뜯어 소리를 내는 현악기 기법인 피치카토 소리를 요구한다.

 파가니니는 바이올린의 비르투오소로 현란한 왼손 피치카토 주법으로 유명했다. 마지막 변주 막바지에는 오케스트라 전체가 '진노의 날' 주제로 마무리한다. 열광하는 관중에게 조성진은 헨델 건반 모음곡 5번 E장조 네 번째 아리아와 변주곡 '흥겨운 대장간'을 앙코르곡으로 답하였다.

 런던 심포니 오케스트라LSO와 사이먼 래틀의 무대가 브루크너

교향곡 7번 E장조, WAB 107이다. 초연은 1884년에 아르투르 니키슈의 지휘로 라이프치히 게반트하우스 오케스트라에 의해 초연되었다. 연주 시간은 80여 분의 대곡이다.

• 제1악장 바이올린의 속삭이는 듯한 트레몰로를 배경으로 작곡가 자신이 꿈에서 들었다는 멜로디를 첼로와 호른이 연주한다.

• 제2악장 4대의 바그너 튜바가 등장한다. 바그너가 사망하기 직전에 작곡된 이 악장은 브루크너가 자신의 멘토에게 바친 장송곡이기도 하다. 브루크너의 회상에 의하면 하루는 집에 들어왔는데 갑자기 무척 슬펐다. 곧 그분(바그너)이 사망할 수 있다는 생각이 마음에 스치자 2악장의 주제가 떠올랐다고 한다. 엄숙하고 정중한 분위기의 악장이지만 초연을 맡았던 니키슈의 조언에 따라 일부 판본에서는 클라이맥스에서 트라이앵글과 심벌이 합류하기도 한다. 독실한 신자인 브루크너에게 죽음은 영원한 종말이 아닌 인간 삶의 완성이자 절대자에게 한 걸음 다가가는 축하받을 순간이 아니었을까? 이 악장은 이순신 드라마에서 장군의 사망에 나오는 비통한 선율로 '이순신의 가락'으로도 알려져 있다.

• 제3악장 경쾌한 스케르초(경쾌하고 익살스러운 분위기로 자유로운 형식을 가진 기악곡)와 노래하는 듯한 느린 트리오로 이루어져 있다. 스케르초의 트럼펫 독주를 가리켜 작곡가는 '수탉의 울음소리'와 같다고 하기도 한다.

• 제4악장 소나타 형식으로 첫 악장의 주제로 돌아온다. 묵직하고 강렬한 런던 심포니 오케스트라의 울림이 스며 들어온다.

안톤 브루크너Anton Bruckner, 1824~1896는 오스트리아 작곡가이다. 그는 수도원 성가대원 출신으로 오르간과 바이올린 연주가이기도 하다. 그의 교향곡은 담대한 구조와 치밀한 대위법적 진행이 돋보이며 현악기군, 관악기군, 금관악기군이 함께 연주할 때는 오케스트라가 거대한 오르간처럼 들리기도 한다. 특히 현악기의 '트레몰로'는 그의 특성이다. 트레몰로는 한 음이나 여러 개의 음을 빠르게 되풀이하여 떨리는 듯한 연주법으로 현악기 주자들을 힘들게 한다. 1악장 첫 부분에서 오랫동안 현악기의 트레몰로가 계속된다. 이 덕분에 소리는 오르간처럼 끊임없이 진행되고 브루크너 작품에 영적인 분위기를 넣어준다.

오늘의 연주는 내가 가장 믿을 수 있는 요소를 다 가지고 있었다. 아쉬운 점은 게스트를 보러온 팬들이 많아 악단과 지휘자의 참모습을 보지 않는 점이다. 나는 런던 심포니 오케스트라와 58년 전에 만났다. 그때는 모든 공연에 앞서 애국가를 들어야 했다. 런던 심포니는 애국가를 직접 연주하였다. 그때 들은 애국가는 지금까지 들어보지 못한 환상적인 음향이었다. 최초로 만난 런던 심포니는 고스란히 가슴에 머물고 있었다. 지금 시각에서 보면 관현의 조화와 강약의 유려함이리라. 그 음향을 오늘 브루크너에게서 다시 만날 수 있었다. 1905년에 창단되어 세계 곳곳에 음악을 알리는, 단원 중심으로 운영되는 세계적인 음악 전도사이다. LSO(런던 심포니의 애칭)의 이름이 붙은 음반이 150장을 넘기고 있는 전통의 악단이다. 앙코르를 조성진의 것으로 대신하여 아쉬웠다. 사이먼 래틀의 완숙한 지휘가 브루크너의 특성과 영적인 부분을 잘 나타낸 연주였다. 내가 반했던 런던 심포니 사운드!

매년 만나기를 기대한다.

라흐마니노프의 파가니니 주제에 의한 랩소디, op. 43
파가니니의 카프리스 2번
브루크너 교향곡 7번 E장조, WAB 107 중 제2악장(멘토인 바그너에게 바친 장송곡)

빈 필의 특별한 추모

신년 음악회로 익숙한 빈 필하모니 오케스트라가 내한했다. 2022년 11월 3일 예술의전당 연주홀이다. 나와는 지난해에 이은 만남이다. 국가의 애도 기간에 어렵게 만났다. 합창석과 3층까지 가득 채운 관중들이 우레와 같은 박수로 환호한다.

오스트리아 지휘자 프란츠 벨저 뫼스트가 무대 인사를 하고도 지휘봉을 들지 않는다. 빈 필 단원들의 무대는 한동안 정적에 잠겼다. 그때 이 악단의 단원 대표이자 제1 바이올린 주자인 다니엘 프로샤워가 마이크를 잡았다.

"이태원 참사(2022.10.29.) 희생자와 유가족들을 위해서 바흐의 곡을 연주하겠습니다. 연주가 끝난 뒤에도 박수를 보내는 대신에 묵념으로 동참해 주시기 바랍니다."

바흐의 관현악 모음곡 제3번의 두 번째 곡이다. '일명 G선상의 아리아Air on the G string'가 엄숙하고 포근하게 울리자 암울하던 마음에 한 줄기 빛이 와닿았다. 연주가 끝난 뒤 단원들은 모두 자리에서 일어나 고개를 숙였다. 나를 비롯한 관객들도 박수 대신에 묵념으로 희생자들을 기렸다. 음악이 흐르는 공연장이 잠시의 정적靜寂을 통해서 하나가 된 특별한 추모였다. 빈 필은 이태원 참사 소식을 접한 뒤 공연 직전 리허설을 통해서 바흐의 이 곡을 추모곡으로 연주하기로 했다고 한다.

빈 필은 이어 원래 프로그램인 리하르트 바그너의 악극 '파르지팔' 전주곡을 연주했다. 이 곡이 끝났지만, 지휘자 프란츠 벨저 뫼스트는 지휘봉을 내리지 않은 채 다음 곡인 리하르트 슈트라우스의 '죽음과 변용'으로 넘어갔다.

바그너의 마지막 악극인 '파르지팔'은 최후의 만찬에 쓰인 성배와 예수를 찔렀던 '성창'을 소재로 한 구원의 이야기다. 슈트라우스의 교향시 '죽음과 변용'은 두려움과 고통, 투쟁을 거쳐 마침내 죽음이 아름답게 변용하기까지의 과정을 그린 작품이다. 추모곡으로 시작해 구원과 죽음과 승화를 이어서 하나로 만들었다.

2부는 드보르자크 교향곡 8번 G장조 op. 88이다. 그의 교향곡 제6번과 7번이 빈 고전주의를 표방하고 있다면, 8번은 자유로운 형식의 실험을 하고 있다. 특히 1악장과 4악장의 서정성이 무척 뛰어나다. 안토닌 드보르자크1841~1904는 1889년 가을, 보헤미아 남부의 비소카에서 이 곡을 작곡했다. 교향곡 9번의 신세계 교향곡과 더불어 대중에게 사랑받는 곡이다. 초연은 1890년 작곡자의 지휘로 프라하에서 이루어졌고, 런던에서 연주하여 대성공을 거뒀다. 이 곡은 출판사를 바꾼 뒤에 얻은 '영국 교향곡'이라는 별칭도 가지고 있다.

나의 감성과 이 곡의 정서가 어울려 내가 좋아하는 '빈 필의 음향'을 만들어낸다. 마음껏 즐긴 연주였다. 예정된 연주가 모두 끝난 뒤에도 관객들의 박수가 끊이지 않자, 이번에는 지휘자가 마이크를 잡았다. 그는 "빈의 왈츠는 그저 가벼운 음악에 그치는 게 아니라 빈의 정신과 문화를 담았습니다."라고, 슬픈 일에도 기쁜 일에도 함께해 온 음악이라고 설명한다. 이태원 참사 속에 앙코르곡으로 춤곡을 연주하는 데 대해 미리 양해하겠다는 취지였다. 그렇지만 이 앙코르는 산 자들의 마음을 위로하고 슬픔을 뽑아내는 크나큰 배려가 되었다. 그가 고른 앙코르는 요제프 슈트라우스Josef Strauss, 1827~1870, 요한 슈트라우스 아들의 '자이셀른 왈츠Zeisserln Walzer'였다.

이들이 연주하는 빈 왈츠는 유려하고 아름다웠다. 지휘자 프란츠 벨저 뫼스트는 2011년과 2013년에 이어 2023년에도 빈 필하모닉의 신년 음악회를 지휘할 예정이다. '자이셀른 왈츠'는 그가 2023년 신년 음악회에서 연주할 곡으로 한국인에게 신년의 축하를 미리 담아내는 선물이리라.

추모곡追慕曲이란 죽은 사람을 그리워하고 생각하며 부르는 노래와 악곡이다. 또한, 산 자를 위한 위로의 음악이기도 하다. 빈 필하모닉의 이날 공연은 슬픔에 빠진 이들에게 음악이 위로되고 품격 있는 추모가 될 수 있다는 걸 잘 보여줬다. 국가가 선포한 애도 기간으로 공공 연주장들이 잇따라 연주회를 취소하는 안타까운 현실에서 새로운 추모의 길을 제시하였다.

먼저 떠난 아내를 위한 나의 추모곡은 많다. 첫 번째 추모곡은 조르다니의 '카로 미오 벤'이다. 이 곡은 내가 결혼 피로연에서 불러 평생 아내 자신이 불러온 애창곡이었다. 또 다른 추모곡은 홍난파의 '옛 동산에 올라' 등 해마다 바뀌고 반복되기도 했다.

그 외 말러Gustav Mahler, 1860~1911의 교향곡 5번 4악장 '아다지에토', 사무엘 바버Samuel Barber, 1910~1981의 '현을 위한 아다지오', 엘가Edward Elgar, 1857~1934의 '수수께끼 변주곡' 중 님로드, 알비노니Tomaso Albinoni, 1671~1750의 '아다지오 g단조' 등이 추모곡으로 널리 알려져 있다.

'현을 위한 아다지오'는 미국 프랭클린 루스벨트와 존 F. 케네디 대통령, 아인슈타인 장례식에서 연주하여 추모곡으로 자리 잡았다. 2001년 미국대폭발테러사건(9·11테러사건) 직후에도 런던 음악제 'BBC 프롬스'에서 희생자를 기리며 이 곡을 연주했다. 말러의 '아다지에토' 역시 1968년 로버트 케네디 미 상원의원의 장례식 때 레너드 번스타인의 지휘로 연주된 이후 추모 음악으로 자리 잡았다.

그 외 모차르트와 가브리엘 포레의 레퀴엠진혼곡, 鎭魂曲 등 추모와 위로의 분위기에 맞는 곡을 만나면 추모곡으로 삼았다. 지난해 친구의 죽음에는 '자클린의 눈물', 고모님의 소천에는 페르퀸트의 '오제의 죽음'으로 추모하고 위로받았으며, 이번에 'G선상의 아리아'를 추모곡으로 추가했다.

추모 음악을 찾는 과정에서 수많은 사고와 비극, 아픔을 보았다. 추모와 위로는 아픈 상처를 건드리지 않고 덮어주는 배려가 우선이다. 땅은 담을 수 있지만 덮을 수 없고, 하늘은 덮을 수는 있어도 담을 수 없다. 하늘과 땅이 하나가 되는 것이 추모와 위로가 되는 것이리라.

아내를 보내고 시각장애인이 된 나의 경우, 그저 담담하게 옆에서 지켜봐 주고 함께하는 것이 가장 고마운 위로와 격려였다. 내가 장애와 슬픔에서 혼자 일어설 수 있는 시간은 5년여가 지나서부터였다. 다른 유가족과 친지들도 마찬가지이리라.

말로는 표현하기 힘든 감정들을 다시 드러내고 전달하는 것이야말로 음악 예술이 지닌 힘이었다. 그런 음악의 치유력을 자연스럽게 표출시킨 빈 필이 새롭게 보인다. 망자의 넋을 위로하고 진혼鎭魂하는 것은 부족하지 않은 우리의 전통 의식이며 풍습이기도 하다. 오히려 무력해진 산 자들에 대한 위로와 격려가 더 시급한 문제이다. 이날 빈 필은 180년의 전통을 지닌 교향악단답게 정중한 예절과 완벽한 연주를 펼쳤다. 1부는 미리 준비된 망자를 위한 것처럼 추모곡의 순서였고 2부는 살아있는 사람을 위한 특별한 위로의 연주였다.

 애통한 순간마다 슬퍼하며 위로하지만 끊이지 않고 참변은 이어지고 있다. 이태원 참사 이후 국가 애도 기간을 선포했던 정부의 결정은 당연하다. 예부터 초상이 나면 음주·가무를 중단했던 관습도 남아있다. 그러나 이 기간에 무더기로 취소되는 문화 행사와 공연을 보면서 안타까웠다. 그보다 우려스러운 것은 슬픔을 드러내는 다양한 방법을 옥죄는 결과를 낳을 수 있다는 점이다. 또한, 망자의 추모에 매달려 살아남은 자들의 위로를 외면해서도 안 되는 일이다.

 이날, 바흐의 'G선상의 아리아'로 시작하여 앙코르곡인 '자이셀른 왈츠'를 연주한 빈 필의 추모와 위로는 특별했다. 이태원의 젊은 영혼과 나의 애도와 위로가 자연스럽고 엄숙했다. 주위에 떠나는 사람이 부쩍 많아졌다. 이제는 바흐의 'G선상의 아리아'가 빈 필의 사운드와 함께 새로운 추모와 위혼곡으로 자리 잡을 것 같다.

바흐 'G선상의 아리아'
리하르트 바그너의 '파르지팔' 전주곡
요제프 슈트라우스의 '자이셀른 왈츠'
드보르자크 교향곡 No. 8

룩셈부르크 필하모닉

 '명랑한 우수'를 가지고 온 손님이다.

2023년 5월 28일(일) pm 5. 대구콘서트하우스 얌전히 비가 내리는 부처님 오신 날 연휴이다.

연주곡은 드보르자크 첼로 협주곡 b단조와 차이콥스키 교향곡 제5번 e단조다.

♤ 안토닌 드보르자크Antonín Dvořák, 1841~1904 첼로 협주곡 b단조. op. 104, B191.

아메리카문화와 체코, 슬라브 문화가 만난 첼로 협주곡의 대명사가 된 곡이다. 초연은 1896년 3월 18일 런던 퀸스 홀에서 작곡가 자신의 지휘로 런던 필하모니와 레오 스턴의 연주로 이루어졌다.

• 제1악장 알레그로(빠르게), 4/4박자, 소나타 형식

서주 없이 제1주제가 현악과 함께 클라리넷으로 나타난다. 이 주제는 흑인 영가에서 영감을 얻었다고 하지만 그 선율을 고스란

히 사용하지는 않았다. 제1주제가 나온 뒤에 2~4마디를 반복하는 방식은 전형적인 체코 음악 양식이다. 제2주제를 연주하는 첼로와 호른의 어울림은 감수성으로 물들어 있다. 제1악장은 대담한 희망과 웅장함이 특징적인 인상으로 화려한 관현악과 독주 첼로 사이의 극적인 긴장감이 매우 중요한 점이다.

• 제2악장 아다지오 마 논 트로포(지나치게 느리지 않게), 3/4박자, 소나타 형식

오보에와 파곳의 서정성은 중부 유럽을 향한 잃어버린 향수의 분위기를 닮았다. 2악장은 작곡가가 사랑했던 요세피나 체르마코바와 깊숙하게 맺어있다(드보르자크는 그녀의 동생과 결혼했다). 제2주제에서 그는 자신의 가곡 '나 홀로 내버려 주세요'를 사용했다. 요세피나가 이 곡을 좋아했기 때문이다. 첼로 협주곡을 작곡하고 있을 즈음 1895년 5월 27일에 요세피나가 사망했다. 드보르자크는 그 충격으로 작곡에 몰두했다. 30년 전 피아노 개인 지도를 하면서 미래의 처형에게 사랑의 마음을 품었던 그는 이 곡의 느린 악장에 첫사랑의 추억을 담았다.

• 제3악장 피날레, 알레그로 모데라토, 2/4박자, 론도 형식

오케스트라의 강력한 도입부로 시작한다. 이어 첼로가 슬라브풍의 주제를 제시한다. 특히 3악장의 종결부는 작곡가가 미국 체류를 마치고 프라하로 돌아와서도 오랜 시간을 들여 손봤을 정도로 중요하게 생각했던 부분이다. 그는 마지막 악장 중간에 이례적

으로 슬픈 분위기를 자아내는 느린 속도를 넣고, 바이올린과 첼로 독주의 2중주를 넣는다. 드보르자크는 다음과 같이 밝혔다.

"피날레는 점차 사라지면서 끝을 맺는다, 마치 한숨처럼. 1악장과 2악장을 회상하면서, 솔로 첼로는 점차 사그라든다. 그러다가 첼로는 다시 힘을 얻는다. 그 힘은 오케스트라로 옮겨가고 전체는 폭풍같이 종결된다. 이것은 나의 아이디어이고 나는 이 생각에 사로잡혔다."

첼로를 연주한 한재민 군은 2006년 원주에서 태어났다. 2021년 5월 게오르기 에네스쿠 국제 콩쿠르에서 콩쿠르 역사상 최연소로 우승하며 전 세계의 이목을 집중한 천재 첼리스트이다. 나이에 비해 큰 체격이 믿음직스럽다. 침착한 자세와 열정적인 연주는 눈을 깜빡이지 않고 숨소리마저 죽이게 한 멋진 연주였다. 그가 고른 앙코르곡은 드보르자크 고요한 숲 op. 68, no. 5이다. 반주 없는 독주가 아니고 협주를 하여 성실한 준비와 첼로의 저음을 가장 인상 깊게 표현하였다. 악단이 지닌 셈여림의 유연성과 현과 관악기의 조화에 빈틈없이 어우러졌다. 독주자의 음악적 감각과 능력이 돋보였다. 그의 앞날을 기대해 본다.

♪ 차이콥스키 Pyotr Tchaikovsky, 1840~1893 교향곡 제5번 e단조 op. 64
어두운 애수와 달콤한 감상을 넉넉하게 담아 넣고 호화롭고 색채적인 관현악법을 구사한 곡이다. 교향곡 4번을 작곡한 11년 후에 작곡되었다. 초연은 1888년 11월 17일 상트페테르부르크 필하모니 연주 홀에서 작곡가 자신의 지휘로 연주하였다.

• 제1악장 안단테 알레그로 콘 아니마, e단조, 4/4박자, 소나타 형식

'콘 아니마'는 활기차게로 이해되지만 여기서는 '영혼을 담아서'라는 뜻이다. 서주에 나오는 클라리넷의 우수에 찬 선율은 교향곡 전체에서 반복해서 등장하는 핵심 주제이다. 서주가 끝나고 속도가 바뀌면서 소나타 형식이 시작된다. 장조로 된 온화한 제2주제로 이어진다.

• 제2악장 안단테 칸타빌레(노래하듯이), 콘 아니마 리첸차(다소 자유롭게)

현악기의 장중한 도입부에 이어 호른 독주의 유명한 주제가 이어진다. 서정적이면서도 우수에 찬 호른의 주제는 특별한 아름다움을 머금고 있다. 오보에가 한층 밝은 주제를 연주한다. 서주의 핵심 주제가 2악장의 마지막 부분에서 다시 등장한다.

• 제3악장 왈츠, 알레그로 모데라토

교향곡에 왈츠가 사용되었다는 사실은 초연 당시 청중들을 놀라게 한 부분이다. 차이콥스키 특유의 우아한 선율이 주인공 역할을 한다. 이와 대조적으로 중간부에는 일정한 벽돌 쌓기 같은 움직임이 주를 이루고 있다. 악장의 후반에는 두 선율이 어우러진다.

• 제4악장 피날레, 안단테 마에스토소(장엄하게), 알레그로 비바체,

E장조, 4/4박자, 론도 소나타 형식

　서주 악상이 장조로 바뀌어 처음에는 현악 합주로, 다음에는 현이 반주하는 관악 합주로 당당하게 나타난다. 긴 서주가 장엄하게 펼쳐지며 승리의 행진곡으로 변모한다. 승리의 행진이 모자란 듯 오케스트라는 다시 투쟁적이고 극적인 단조로 이어진다. 여러 주제가 복잡하게 얽히며 종국에는 다시 승리의 분위기로 돌아온다. 그리고 짧지만, 환희에 찬 운명의 여정을 승리로 종결한다. '어둠에서 광명으로' 솟아오르듯 당당하게 끝을 맺는 황홀한 연주였다.

　처음 만난 룩셈부르크 필하모닉은 1933년 룩셈부르크 방송국 활동의 목적으로 설립된 이후 유럽의 중심에서 자국의 문화를 선도해 왔다. 1996년 국립 오케스트라로 출범했으며 2005년에는 뛰어난 음향을 가진 룩셈부르크 필하모닉 홀의 상주 단체로 지정되었다. 20개국에서 온 98명의 연주자로 구성된 악단은 현재 구스타보 희메노가 8년째 지휘봉을 맡으며 우아한 음색으로 명성을 크게 얻고 있다.

　오늘 룩셈부르크 필하모닉이 고른 앙코르곡은 차이콥스키 오페라 〈눈의 아가씨〉 중 '통속극'이라는 고요하고 아름다움을 품은 차이콥스키의 특별한 선율을 선물하였다. 연주는 우수를 동반한 체코와 러시아의 분위기를 유려하게 펼쳐냈다. 드보르자크의 첼로 협주곡 독주 악기와 목관악기의 주고받는 조화는 평화로운 목가를 나타내었다. 강력한 첼로의 열정을 어린 한재민 군이 예상을 넘어선 명연주를 펼쳤다. 차이콥스키의 강력한 현악기의 볼륨과 관현악의 조화는 인상적이었다. 작곡가의 우아하고 풍부한 선율미는 각종 대중음악에도 차용되었다.

　무표정한 오케스트라 단원들의 연주에 익숙한 내게 룩셈부르크 필하모닉 단원들의 연주 자세는 나를 흔들었다. 몸에 밴 음악에 대한 열정이 무대를 가득 채웠다. 악장의 적극적인 연주 자세와 전 단원이 따르지 않으면 안 될 리더의 역할이 돋보였다. 교향악의 본고장 출신답게 익숙한 미국식 대신 제2바이올린과 첼로의 자리가 바뀐 유럽식 자리 배치로 음향의 안정성을 꾀하였다. 레퍼토리의 선곡에서 앙코르곡까지 연결되는 하나의 물줄기를 이룬 기획에 찬사를 보낸다.

　룩셈부르크 필하모닉!

　그들만의 셈여림의 조화와 관현악의 음향이 새롭게 각인된 정성을 다한 열정적인 연주였다. '명랑한 우수'로 이름을 붙인 오늘은 아름다운 강물에 유람선을 타고 노닌 날이었다.

드보르자크 첼로 협주곡 b단조
차이콥스키 교향곡 제5번 e단조

런던 필하모닉

런던 심포니LSO와 함께 영국을 대표하는 세계적인 교향악단 런던 필이다. 대구콘서트하우스 2023 월드 오케스트라 축제의 첫 번째 만남이다. 2023. 10. 5.(토) pm 3. 대구콘서트하우스 그랜드홀. 연주곡은 베토벤Ludwig Van Beethoven, 1770~1827의 에그몬트 서곡 op. 84, 요하네스 브람스Johannes Brahms, 1833~1897의 바이올린 협주곡 D장조 op. 77, 교향곡 제1번 c단조 op. 68이다.

♤ 베토벤 에그몬트 서곡 op. 84, sostenuto ma non troppo-allegro, f단조, 3/2박자-3/4박자-4/4박자

에그몬트 서곡은 연극의 시작을 알린 음악이다. 희곡 내용은 16세기 스페인 제국의 독재에 맞서 네덜란드 독립운동을 주도했던 플랑드르 영주 에그몬트 백작이라는 실존 인물의 일대기다. 음악은 사라반드 리듬으로 스페인의 침략을 암시하는 불길하고도 느리

게 시작된다. 투쟁과 비극, 승리를 외치는 광란의 코드까지 베토벤의 영웅주의가 숨 가쁘게 펼쳐진다. 영웅을 찬미하는 장중한 클라이맥스가 압권이었다.

♪ 브람스 바이올린 협주곡 D장조 op. 77

'바이올린 교향곡' 혹은 '교향적 협주곡'이라는 별칭을 가진 곡이다.

• 제1악장 Allegro non troppo, D장조, 3/4박자

바이올린의 등장은 오케스트라의 연주에 밀려 2분 30여 초 동안 지연된다. 하지만 이 격정적인 오케스트라 합주는 협주곡 전체를 장악하고 있다. 이어서 극적으로 등장하는 바이올린은 강렬하고 부드러움이 오묘하게 결합된다.

• 제2악장 adagio, F장조, 2/4박자

오보에의 우아하면서도 목가적인 독주 선율이 아름답다. 독주는 오보에의 선율을 이어받아 더욱 정교하게 표현한다. 시종일관 중후하고 차분한 분위기 속에 독주 악기는 불안한 듯 그리움을 노래한다.

• 제3악장 Adagio Gragioso, ma non troppo Vivace, D 장조, 2/4박자

헝가리 집시풍의 소박한 테마를 지니고 있다. 균형이 깨진 리듬

에 맞춰 경쾌하고 유머러스하게 진행되며 더블 스톱 등 테크닉이 흥미진진하다. 솔리스트와 오케스트라가 치열한 대화를 하다가 경쾌한 코다로 들어간다.

♫ 브람스 교향곡 No. 1 c단조 op. 68

• 제1악장 un poco Sostenuto-Allegro, c단조, 6/8박자

팀파니와 더블베이스가 운명의 초침을 세듯 같은 음을 불길하게 두드린다. 바이올린-첼로는 상승하고 비올라-관악기는 하강하며 서로 대위법으로 힘차게 엮인다. 이 모티브는 리듬과 다이내믹, 음색, 템포를 바꾸어가며 전곡에 걸쳐 유령처럼 등장한다. 애틋한 동경을 거쳐 영웅의 극복 의지는 열정적인 폭풍을 맞이한다. 악장이 끝나갈 무렵 다소 느려진 발걸음은 미래를 비장하게 암시한다.

• 제2악장 andante sostenuto, E장조, 3/4박자

현악기들이 차분하게 제1 테마를 연주하면 오보에가 제2 테마를 구슬프게 연주한다. 이들 테마는 주고받는 과정에서 대위법으로 엮인다. 1악장의 서주 모티브는 변장한 모습으로 간간이 나타나며 위기감을 조성한다. 현의 피치카토 반주 위로 바이올린 독주가 애절한 선율을 연주하며 끝난다.

• 제3악장 un poco allegretto grazioso, A♭장조, 2/4박자

스케르초나 미뉴에트 춤곡이 배치되는 3악장을 로망스풍으로

대신했다. 베토벤의 전통에 반하는 시도는 그의 그림자를 극복하고 자신만의 개성을 추구하던 흔적이다. 관현악기가 주고받는 모티브는 1악장의 우울한 '운명의 동기'이며 현악기들이 3도 음정으로 두 번 하강하는 브람스가 여러 작품에 즐겨 사용하던 '죽음의 동기'이다.

• 제4악장 adagio allegro non troppo, ma con brio, c단조-C장조, 4/4박자

느리고 진지한 서주는 불안하게 격앙된 소리를 내며 아직 걷히지 않는 어둠을 암시한다. 이 어둠은 서주의 후반부에 호른 연주를 신호로 걷힌다. 낭랑하게 울려 퍼지는 알프스 호른의 선율은 1868년 브람스가 연모하던 클라라 슈만에게 보낸 가곡에서 따왔다.

「산은 높고 골짜기는 깊으며 나는 천 번이나 당신에게 인사하네.」라는 가사를 담고 있다. 특히 베토벤의 합창교향곡을 연상시키는 제1 테마는 운명에 대한 승리의 확신으로 가득 차 악장 전체 분위기를 지배한다. 장엄한 절정의 순간은 행복한 결말을 약속하고 서주의 테마가 다시 나타난다. 속도를 더한 C장조 화음이 이어지며 대단원을 맞이한다. 이 곡은 1875년 시작하여 21년 후에 완성되었다.

요하네스 브람스는 함부르크 극장 콘트라베이스 주자의 아들

로 태어났다. 어려서부터 음악 공부를 시작했다. 슈만의 소개로 알려지기 시작하여 신고전주의를 표방한 전통을 지켜온 음악가이다. 음악사에서 리스트·바그너파와 브람스파는 지금도 존재하는 진보와 보수라는 사회현상이기도 하다.

런던 필하모닉 오케스트라는 1932년 토머스 비첨 경에 의해 창단되었다. 아드리안 볼트로 시작하여 저명한 지휘자들이 함께했다. 2021년 블라디미르 유로프스키의 뒤를 이어 에드워드 가드너가 수석 지휘자로 활동하고 있다. 2007년부터 14년간 수석 지휘자로 활동한 블라드미라 유로프스키는 2021년 9월 명예 지휘자로 위촉했다. 런던 사우스뱅크 센터의 로열 페스티벌 홀을 주 공연장으로 삼고, 영국 전역의 상주 공연장에서 활동하고 있다. 지난 80년 동안 여러 명반을 발매했고, 현재는 자체 레이블로 120건이 넘는 음반을 발매하고 있다.

지휘자 에드워드 가드너는 1974년 글로스터 태생으로 케임브리지 대학교와 왕립 음악원에서 수업했으며 2008년 로열 필하모닉 소사이어티 올해의 지휘자로 선정되었고 오페라에 대한 업적을 인정받아 올리비에 어워드 수상, 2012년 퀸 엘리자베스 2세로부터 대영제국 훈장을 받았다.

바이올린 솔리스트 크리스티안 테츨라프Christian Tetzlaff, 1966~ 는 수년 동안 클래식 음악계에서 가장 인기 있는 연주자이자 호기심을 불러일으키는 인물이다. 새로운 곡들을 개발 소개하고 연 100회의 공연도 하고 있다. 2018년 독일 음반 비평가상을 비롯하여 여러 음반상을 받았다. 독일산 페터 그라이너Peter Greiner 바이올린으로 연주한다.

오늘의 연주는 가드너의 지휘로 브람스의 정통을 갖춘 완벽한 표현에 나도 모르게 빠져들었다. 관악기의 소리가 포동포동한 예쁜 손주같이 윤기 있고 활기찼다. 크리스티안 테츨라프의 앙코르 곡은 바흐 무반주 소나타 No. 3 BWV. 1005와 바흐 무반주 파르티타 No. 3 BWV. 1006으로 열광하는 관중에게 보기 드문 두 번의 앙코르로 화답했다. 그의 연주는 정통적인 주법으로 차분하고 착실한 기교를 뽐냈다. 런던 필의 앙코르곡은 딜리어스Frederick Delius, 1862~1934의 '봄의 첫 뻐꾸기 소리'로 희망의 메시지를 전해주었다.

3곡의 유명한 D장조의 바이올린 협주곡이 있다. 베토벤, 차이콥스키, 브람스의 바이올린 협주곡이 그것이다. 음악사에서 독일의 3B 음악가를 빼놓을 수 없다. 바흐, 베토벤, 브람스가 그들이다. 브람스는 이 3D와 3B에 속하는 위대한 인물이다. 이번 월드 오케스트라 축제는 이같이 기획과 연주력이 생각보다 훨씬 돋보인다. 앞으로 펼쳐질 월드 오케스트라 페스티벌에 기대가 커진다.

오늘은 지금까지 음악회에서 가장 최악의 좌석이다. 무대를 향해 앞줄 오른쪽 끝자리에 앉았다. 지휘자와 독주자의 실루엣도 볼 수 없어 아쉬웠다.

"좌석마다 다른 음을 느낀다. 완벽한 음향을 만들기 위해 나는 레코드음악에 관심을 가졌다." 지휘자 카라얀의 말이다.

런던 필의 풍성한 음향이 불편 대신 나를 멋진 하모니로 감쌌다.

베토벤 에그몬트 서곡
브람스 바이올린 협주곡 D장조
브람스 교향곡 제1번

취리히 톤할레 오케스트라
Tonhalle-Orchester Zurich

2023 대구 월드 오케스트라 페스티벌 두 번째 손님은 1868년에 창단된 스위스 톤할레 오케스트라다.

연주곡은 닐센C. Nielsen, 1865~1931 바이올린 협주곡 op. 33, 베토벤 L. v. Beethoven, 1770~1827 교향곡 No. 5 c단조 op. 67이다.

♪ 닐센 바이올린 협주곡 op. 33
• 제1악장 Praeludium(새로 돋아나는 싹처럼), Largo-Allegro cavalleresco (혼을 담아서), B♭장조, 4/4박자
• 제2악장 poco Adagio-Rondo, Allegretto scherzando, F장조, 4/4박자

작곡가가 낯선 이름이다. 펼쳐진 곡은 서정이 가득한 낭만이다. 곡은 두 개의 악장으로 각각 느리게 시작해서 빠른 부분으로 이어지는 구성이다. 조성감과 형식은 명확하고 표현은 섬세하다. 또한,

다루고 있는 음색과 폭이 넓은 울림은 그의 신고전주의적인 특징을 잘 드러낸다. 비교적 다가가기 쉬운 멜로디와 쾌활하고 유머러스한 분위기 속에서 빛나는 독주 악기의 역할이 돋보였다.

덴마크의 국민 작곡가 카를 아우구스트 닐센은 코펜하겐 왕립 음악원에서 바이올린과 작곡을 공부했다. 졸업 후에는 코펜하겐 왕립 오케스트라에서 바이올리니스트로 활동하면서 꾸준히 작품을 만들었다.

덴마크에 머물고 있던 에드바르드 그리그의 미망인 니나 그리그가 닐센에게 남편의 집에 머물 것을 제안했다. 닐센은 1911년 여름에 노르웨이에 있는 그리그가 사용하던 작업실, 호숫가 작은 오두막에서 머물렀다. 닐센은 여기서 '바이올린 협주곡 op. 33'의 작곡을 시작하여 12월에 완성했다. 이 곡은 두 달 뒤에 덴마크 왕립 관현악단과 악단의 소속 바이올리니스트였던 페데르 묄러의 협연으로 초연되었다.

닐센은 노르웨이의 그리그, 핀란드의 시벨리우스에 비하면 대중적으로 생소한 편이다. 하지만 북유럽의 국민 음악을 대표하며 신고전주의를 표방했다. 여섯 개의 교향곡과 세 개의 협주곡, 다양한 실내 악곡을 남겼다.

🎵 베토벤 교향곡 No. 5, c단조, op. 67

- 제1악장 Allegro con brio, c단조, 2/4박자
- 제2악장 Andante con moto, A♭장조, 3/4박자
- 제3악장 Scherzo. Allegro-Trio, c단조, 3/4박자
- 제4악장 Allegro, C장조, 4/4박자

음악 역사상 가장 많이 연주되고 널리 알려진 곡이다. 이런 곡을 연주하려면 큰 용기가 따른다. 지휘자 파보 예르비는 취리히 톤할레 오케스트라를 통해 요즈음 우리를 막고 있는 운명적 장애물을 강력하게 풀어냈다.

베토벤 첫 전기를 다룬 작가 안톤 쉰들러는 이 곡의 첫 부분 '따따따단~'을 베토벤이 "운명은 이렇게 문을 두드린다!"라고 말했다고 했다. 진위와 관계없이 대중적으로 '운명 교향곡'이 되었다.

1800년대 초, 청력을 잃고 있던 베토벤은 의사의 권유에 따라 오스트리아 빈 외곽에 있는 마을 하일리겐슈타트에 머물렀다. 이곳에서 그는 절망적이고 비참한 심정을 장문의 유서를 쓰며 치료 불가능한 병마와 싸웠다. '하일리겐슈타트 유서'라 불리는 이 유서를 쓴 베토벤, 치료 불가능에 대해 굴복하지 않았다. 일상이나 작품에서 청력을 더 문제 삼지 않겠다고 각성한 것이다. 밝고 낙천적인 힘 있는 음악을 작곡하기 시작했다. 스케일이 커지고, 운명에 대한 투쟁과 영웅적인 느낌이 담겨있는 곡들이다. '교향곡 No. 5, op. 67'은 바로 이 시기, 1804년부터 1808년 사이에 작곡되었다.

취리히 톤할레 오케스트라는 165년의 역사를 가진 모차르트로부터 현대의 메시앙에 이르는 방대한 레퍼토리를 자랑한다. 파보 예르비와 취리히 톤할레는 특별한 경험을 만들어낸다. 20개국에서 온 다양한 국적의 연주가들로 구성된 톤할레는 매 시즌 100회 이상의 공연과 50개 이상의 다양한 프로그램을 선보이고 있으며, 그동안 30개국 100개 이상의 도시에서 연주했다.

또한 베토벤, 말러, 슈베르트 교향곡 전곡 녹음을 포함하여 40개 이상의 음반을 발매했다. 취리히 톤할레 오케스트라는 뛰어난 음향으로 국제적인 명성을 얻고 있는 그로세 톤할레Grosse Tonhalle에서 활동하고 있다. 지휘자 파보 예르비는 에스토니아 출신이며 '그래미상' 수상자이다. 그는 현시대 최고의 지휘자 중 한 명으로 톤할레 오케스트라의 상임 지휘자로 유명 악단과 긴밀하게 협연하고 있다.

바이올린 독주자 김봄소리는 서울대 음악대학에서 바이올리니스트 김영욱을 사사했다. 줄리아드 음대에서 실비아 로젠 버그와 로날드 콥스를 사사했다. 석사 과정과 최고 연주자 과정을 취득했다. 2021년 2월 베를린에서 세계적인 레이블 독일 그라모폰의 전속 예술가로 계약을 맺었다. 현재 한국 삼성문화재단과 시카고 스트라디바리 협회의 후원으로 1725년 이탈리아 크레모나에서 제작된 '과르니에리 델 제수 ex-Mollee' 바이올린을 연주하고 있다.

김봄소리는 모처럼 보는 완벽한 보잉을 보였다. 닐센의 바이올린 협주곡 3번의 첫 음이 마음을 찡하게 울렸다. 그녀의 연주는 활기찬 보잉으로 곡 전체를 끌어냈다. 같은 신고전주의 작곡가인 브람스가 교향적 협주를 시도했지만 닐센의 곡은 독주자가 음악을 주도하고 있다. 봄소리 양은 다이내믹하고 강력한 연주를 부담 없는 몸짓으로 보는 이로 하여금 안정감 있게 이어 나갔다. 앙코르곡을 연주하기 전에 그녀는 관중을 향해 "고향에서 연주하게 되어 기쁩니다."라고 인사말을 겸해 앙코르곡을 소개했다. 폴란드 여류 작곡가인 바체비치G. Bacewicz의 폴란드 기상곡Polish Carpice의 곡을 선사했다. 여유 있는 연주가 안정감과 함께했다.

취리히 톤할레 오케스트라는 단원들이 연주 홀에 질서정연하게 들어와 서서 예를 표한 뒤 자리에 앉았다. 악장이 입장하여 음을 고르기까지 자연스럽게 이어진다. 파보 예르비가 베토벤 교향곡 제5번 작품번호 67 운명 교향곡을 레퍼토리로 올렸다. 연주회에서 이 곡을 듣기는 드물다.

운명의 연주는 베토벤이 청각의 고통을 받아들인 중기의 음악을 재생시키는 연주였다. 지휘자의 단호한 몸짓에 연주자들의 움직임도 그에 못지않게 뚜렷했다. 운명을 두드리고 알아낸 2악장의 유연함은 새로운 장을 여는 숲속처럼 아름다운 정경이었다.

3악장과 4악장은 작은아들 결혼 선물로 클래식 음악 방송국에 신청했던 기억이 새롭다. 그들의 삶에 기운을 불어넣는 의식처럼 활기차고 장대하여 절로 힘이 솟아난다. 쉼 없이 이어지는 3·4 악장은 다시 생의 용기를 되찾게 하였다. 나쁘겠는가. 보기 드문 대구시민들의 환호에 베토벤의 '프로메테우스 창조물The creatures of Prometheus' 서곡 op. 43을 앙코르곡으로 장중하게 연주한다. 오늘의 관중에게는 베토벤 특유의 영웅 주제를 한 번 더 선물해 주었다.

특히 악장의 연주 자세가 눈에 띄었다. 금발 머리의 그녀는 강약의 연주 모습이 너무나 아름답다. 지나친 동작이 아니고 누구나 곡의 강약을 몸짓에서 구별할 수 있는 아름다운 자세였다. 연주가 끝난 뒤에도 한동안 일어나지 못하고 행복감을 만끽하고 있었다.

모든 무대 의식이 끝나고 단원들이 들어갈 때 각자의 파트너와 포옹하며 연주를 자축한다. 울컥하고 뜨거운 기운이 나를 감싼다. 지금까지 수많은 연주회를 다녔지만, 단원끼리 축하하는 포옹은 처음이다. 또 다른 감동이다. 자리를 뜨던 관중들이 뜨거운 환호와 박수를 보낸다. 이런 자축과 칭찬, 격려를 날마다 만들면 얼마나 좋을까. 무대 예절과 연주, 무엇 하나 나무랄 데 없는 취리히 톤할레 오케스트라! 큰 여운을 남겼다. 감동과 만족의 멋스러운 무대였다.

닐센 바이올린 협주곡, op. 33
베토벤 교향곡 No. 5 c단조, op. 67

체코 필하모닉 Czech Philharmonic

2023 월드 오케스트라 페스티벌 세 번째, 체코 필하모닉, 2023. 10. 25.(수) pm 7:30. 대구콘서트하우스 그랜드홀이다.

연주곡은 드보르자크 사육제 서곡 A장조 op. 92, 피아노 협주곡 g단조 op. 33, 교향곡 No. 7 d단조 op. 70이다.

🎺 드보르자크 사육제 서곡 A장조, op. 92, 4/4박자

도입부에서부터 축제의 한복판으로 끌어당긴다. 1892년 작곡된 이 곡은 드보르자크가 미국의 국립음악원 원장으로 건너가기 전 프라하에서 초연되었다. 고별 연주의 의미가 컸던 작품이다. 절정에 이른 카니발과 초대를 받지 않은 이방인 이 두 시점을 대조하고 있다. 당김음 리듬과 금관의 팡파르로 축제의 분위기가 무르익는다.

♫ 드보르자크 피아노 협주곡 g단조 op. 33

후지타 마오가 협연한 이 곡은 피아니스트의 비르투오소적 면모를 보이는 작품이다. 체코를 벗어나서 좀처럼 연주되지 않는 곡이다. 스토리텔링, 기교, 음악적 구성 여기에 보헤미안 특유의 애수 짙은 선율이 더해져 정서적 공감까지 일으킨다. 하지만 피아니스트에게는 쉽지 않는 작품이다. 교향악적 협주곡이라는 점에서 연주자는 오케스트라와 대결 구도가 아닌 협업 구도에 놓인다.

• 제1악장 Allegro agitato, g단조, 4/4박자

1870년대의 브람스의 영향으로 곳곳에 브람스의 흔적을 볼 수 있다. 긴 오케스트라의 서주 뒤에 피아노가 질문을 던지듯 1악장을 연다. 목가적인 제2주제가 피아노 연결구를 따라 바이올린에 의해 제시되고 오케스트라가 피아노를 따라 겹겹이 음향을 쌓아가는 형식으로 음악이 전개된다.

• 제2악장 Andante sostenuto, D장조, 2/4박자

쇼팽의 피아노 협주곡을 떠올리게 한다. 피아노의 음색적 화려함보다 서사가 매력적인 악장이다.

• 제3악장 Allegro con fuoco, g단조-G장조, 2/4박자

피아노의 짧은 푸가로 거침없이 시작한다. 파편적 주제가 각 악기군으로 흩어졌다 모이기를 반복한다. 코다에서는 피아노의 서정적인 연주가 생각에 잠기게 하지만 이윽고 주제가 바쁘게 몰아친다.

♪ 드보르자크 교향곡 제7번 d단조 op. 70

1870년대 드보르자크는 30대의 가장 바쁜 시기였다. 존경하던 브람스를 만난 것도 이때이다. 이 교향곡은 독일 음악의 형식에 보헤미안의 정서를 안고 태어났다. 이전 작품에서 진행이 지루하고 논리적이지 않다는 비평을 받았지만, 이 곡을 통해 극복되었다.

- 제1악장 Allegro maestoso, d단조, 6/8박자

드보르자크는 1악장을 가리켜 페스트에서 시골 사람들을 태운 열차가 도착하는 모습이라고 설명했다. 팀파니와 첼로의 무겁게 내려앉은 선율에 긴장감이 감돈다. 소나타 형식의 1악장은 구성이 명확하다. 비장한 제1주제가 오케스트라의 투타로 단락을 짓고 꿈꾸는 듯한 바이올린의 선율로 제2주제가 제시된다. 전원적인 분위기와 장엄한 선율이 대조를 이루며 고조된다.

- 제2악장 poco adagio, F장조, 4/4박자

그의 특유의 향수적 선율이 인상적이다. 현의 피치카토가 목관의 길을 열고 호른의 솔로가 체코의 목가적인 풍경을 그리듯 연주한다.

- 제3악장 scherzo. vivace, G장조, 4/4 박자

슬라브 무곡을 떠올리게 하는 매력은 갈팡질팡하는 리듬(헤미올라)이다. 엇박자로 등장하는 목관 현악기군의 대화가 재치 있다.

- 제4악장 Finale. allegro, D장조, 2/2박자

다채로운 음악의 향연으로 유기적인 현악기군의 군무가 인상적인 악장이다. D장조의 으뜸화음으로 화려하게 끝나며 4악장에 이르러 1악장부터 이어온 d단조의 어두운 색조를 걷어낸다.

체코 필하모닉은 올해로 127주년을 맞이한다. 1896년 1월 4일 프라하 중심부에 있는 루돌피눔홀에서 첫 연주회를 시작했다. 당시 지휘자는 안토닌 드보르자크로 그가 작곡한 성서의 노래 제1~5곡이 연주되었다. 체코 필의 레퍼토리에 대한 명확한 해석으로 정평이 난 드보르자크와 친분이 있는 브람스, 차이콥스키의 음악과 특별한 관계를 맺으며 1908년 말러 교향곡 No. 7의 초연한 덕에 그와도 인연이 깊다.

세묜 비치코프가 수장을 맡은 지 여섯 해, 올 9월부터 128번째 시즌을 시작한다. 오늘도 악단의 유전자와도 같은 드보르자크의 작품으로만 가득 채우고 있다. 체코 필하모닉의 역사에는 두 가지 핵심적인 특징이 있다. 체코 작곡가에 대한 지지와 음악인에 대한 복지다. 악단은 매년 4차례 연주회를 통한 수익금은 더 연주할 수 없는 단원이나 사망한 음악가들의 직계 가족들을 지원하는 데 사용하고 있다. 삶을 위로하고 변화시키는 음악과 음악인에 대한 위로와 신념이다.

상임 지휘자 겸 음악 감독인 세묜 비치코프는 절묘한 균형감과 예리한 심리적 해석으로 유명하다. 20세에 라흐마니노프 지휘 콩쿠르에서 우승한 그는 매네스 음대 졸업과 동시에 같은 대학 관현악단의 음악 감독으로 취임할 정도의 실력을 갖췄다. 1985년 베를린 필하모닉을 지휘하며 데뷔했다. 현재 체코 필하모닉과 함께 말러 교향곡 전곡 연주 및 녹음을 진행하고 있으며 말러의 상반된 면모에 대한 높은 이해와 생동감 있는 연주로 큰 기대를 모으고 있다.

협연자 후지타 마오는 도쿄에서 태어나 3세에 피아노를 시작했다. 2010년 대만 월드 클래식에서 우승하며 주목받았다. 이후 2017년 도쿄음악대학 재학 중 스위스 클라라 하스킬 콩쿠르에서 우승과 함께 관객상, 현대음악상, 청년비평가상을 휩쓸었고 2019년 차이콥스키 콩쿠르에서 2위를 차지하여 세계 무대로 비상했다.

그는 2021년 11월 소니 클래식컬과 전속 계약한 최초의 일본인 피아니스트다. 음악적 감수성과 탁월한 예술성을 갖춘 연주가라는 평이다. 오늘도 빈틈없이 세심한 연주를 선사했다. 앙코르곡은 모차르트 피아노 소나타 No. 16, K. 545였다. 이 곡은 피아노의 초보자 과정인 소나티네에 들어있는 곡으로 웬만한 사람은 알고 있는 곡이다. 널리 알려진 곡을 연주한다는 것은 큰 결심을 하지 않으면 하기 힘든 연주이다. 이날 후지타 마오는 모차르트의 피아노 교재에 있는 이 곡을 관중에게 한 수 가르쳤다. 시작할 때는 '아-' 고개를 끄덕이던 관중들이 깔끔한 연주가 끝나자, 긍정적인 환호로 화답했다.

체코 필의 앙코르곡은 드보르자크의 슬라브 무곡 No. 2, e단조, op. 72로 한결같이 체코 출신의 음악만을 고집하는 전통과 성의를 보여주었다. 동유럽을 대표하는 교향악단답게 연주 동작 하나까지 정성을 다하는 그들의 열정이 인상적이고 정겨웠다. 역사는 하루아침에 이루어지지 않는다는 말이 실감난다. 부럽다.

드보르자크 사육제 서곡 A장조, op. 92
드보르자크 피아노 협주곡 g단조, op. 33
드보르자크 교향곡 No. 7, d단조, op. 70

라이프치히 게반트하우스 오케스트라
Gewadhaus Orchester Leipzig

2023 대구 월드 오케스트라 페스티벌 마지막 잔치다. 2023. 11. 17.(금) pm 7:30. 대구콘서트하우스 그랜드홀이다. 갑작스러운 추위에 좌석표를 받기 위해 긴 줄이 이어진다. 매서운 바람에도 표정들은 밝다. 오늘 만날 교향악단과 지휘자 피아니스트에 대한 기대와 열망 때문이리라.

연주곡은 멘델스존 바르톨디F. Mendlessohn Bartholdy, 1809~1847의 아름다운 멜루지네 서곡 op. 32, MWV P 12. 슈만Robert Schumann, 1810~1856 피아노 협주곡 a단조 op. 54, 멘델스존의 교향곡 No. 3 a단조 op. 56이다.

♣ 멘델스존 바르톨디 아름다운 멜루지네 서곡 F장조 op. 32
우리에게 친숙한 인어공주 이야기와 닮은 아름다운 멜루지네의 설화다. 숲에서 만난 미녀와 사랑에 빠진 기사는 그녀와 결혼하지만, 알고 보니 하반신이 물고기인 신부였다. 멘델스존이 이야기의 중요한 대목들을 뽑아 주인공들의 행복과 불행을 암시한 서곡이다.

♪ 슈만 피아노 협주곡 a단조 op. 54
• 제1악장 Allegro Affettuoso(감정을 지니고 연주하라), a단조, 4/4박자
아내를 사랑했던 슈만은 로맨티스트였다. 1악장에는 클라라의 이름을 음표에 실어 그녀에 대한 애정을 악장 곳곳에 담았다. 어떻게 보면 이 악장을 듣는 것은 슈만이 부르는 아내의 이름을 듣는 것과 같다.

• 제2악장 Andante Gragioso, F장조, 2/4박자
Intermezzo(간주곡)이라는 부제가 붙는다. 판타지 애정의 정서가 느린 악상을 타고 흐른다. 특히 중간에 첼로 선율과 피아노 연주가 아름답게 어우러지는 부분은 나란히 선 연인의 속삭임을 듣는 듯하다.

• 제3악장 Allegro Vivace, A장조, 3/4 박자
중간마다 리듬의 유희가 펼쳐지는 춤곡풍의 악장으로 슈만 특유의 아름다운 선율만큼이나 리듬감도 돋보이는 악장이다. 1845년 12월 4일 드레스덴에서 부인 클라라 슈만의 협연으로 초연되었다.

♪ 멘델스존 바르톨디 교향곡 No. 3, a단조, op. 56(스코틀랜드)

멘델스존은 여행을 좋아했다. 집안 환경도 풍족하여 마음껏 여행을 다닐 수 있었다. 그는 20세이던 1829년, 스코틀랜드의 메리 여왕이 살았던 궁전에 방문했다. 여왕의 비극적 죽음 이야기를 듣고 이 곡을 작곡하기 시작하여 13년 후 1842년 1월에 완성하였다.

- 제1악장 Introduction. Andante con moto; Allegro un poco agitato, a단조, 3/4박자

도입부는 짙은 안개와 함께 음산하고도 신비로운 분위기를 자아낸다. 멘델스존이 "이제 비극적인 죽음을 맞이한 여왕이 이야기로 안내해 드린다."라고 말하는 것 같다.

- 제2악장 Scherzo. Vivace non troppo, F장조, 2/4박자

1악장의 분위기와 완전히 다르다. 민속 음악풍의 리듬이 날렵하게 움직이고 1악장으로 인해 가라앉은 분위기에 활기를 불어넣는다.

- 제3악장 Adagio, d단조, 2/4박자

멘델스존 특유의 우아하고 우수가 더해진 선율이 인상적이다. 모차르트와 베토벤이 남긴 형식을 지키면서도 시대에 흐르던 낭만주의적 멘델스존의 면모가 드러나는 악장이다.

- 제4악장 Finale, guerriero(전사). Allegro Vivacissimo/Allegro maestoso assai, a단조, 2/2박자

1악장처럼 a단조이다. 같은 조성이지만, 1악장이 침잠하는 분위기였다면, 4악장은 격동의 엔진을 돌린다. 마지막에는 a단조가 A장

조로 전환되며 최후의 승리를 기념하는 찬가처럼 들려온다. 멘델스존 특유의 이러한 창가적 형식은 '종교개혁'이 부제로 붙은 '교향곡 No. 5'의 마지막 악장에서도 잘 드러난다.

'교향곡 No. 3'은 곡이 완성된 1842년 3월 3일 라이프치히 게반트하우스에서 멘델스존의 지휘로 초연되었다. 멘델스존은 라이프치히 게반트하우스 오케스트라의 카펠 장인(지휘자)으로 1835년부터 1843년까지 재직한 바 있다.

라이프치히 게반트하우스 오케스트라는 세계에서 가장 오래된 242년 역사를 가진 시립 교향악단이다. 이 단체는 대 콘서트Das Grobe Concert라는 이름의 음악협회를 결성한 일반 시민과 귀족 대표 등 열여섯 명의 음악 자선가들이 설립했다. 1781년, 라이프치히 직물 상인들의 회관(게반트하우스)에 상주하면서, 이 앙상블은 '라이프치히 게반트하우스 오케스트라'라는 이름을 갖게 되었다. 요한 아담 힐러와 많은 유명 연주자가 게반트하우스 카펠 장인(음악 감독과 수석 지휘자)을 거쳐 갔다. 현재 안드리스 넬슨스는 2017/18 시즌에 게반트하우스 카펠마이스터 자리에 올랐다.

지휘자 안드리스 넬슨스Andris Nelsons는 1978년 라트비아 리가의 음악가 집안에서 태어났다. 보스턴 심포니 오케스트라의 음악감독이자 라이프치히 게반트하우스 오케스트라 지휘자다. '그래미상' 수

상자인 넬슨스는 이 두 직책을 통해 두 기관 사이의 선구적인 동맹을 이끌었을 뿐만 아니라, 오늘날 국제무대에서 가장 유명하고 혁신적인 지휘자 중 한 사람으로 확고하게 자리매김했다.

조성진은 2015년 바르샤바에서 개최한 쇼팽 국제 콩쿠르에서 우승하며 전 세계의 주목을 받기 시작했다. 2016년 1월에는 도이치 그라모폰과 전속 계약을 체결하였다. 가장 최근에 발매된 도이치 그라모폰 솔로 음반으로 2023년 2월 〈헨델 프로젝트〉를 발매하였고, 비평가들의 극찬을 받았다. 1994년 서울에서 태어났다. 6세에 피아노를 배우기 시작해 11세에 첫 발표회 데뷔 무대를 가졌다. 2012년부터 2015년까지 파리 국립 고등음악원에서 미셸 베로프를 사사한 그는 현재 베를린에 거주하고 있다.

조성진의 연주는 판타지 1악장, 섬세한 표정의 2악장, 근사하고 호방한 분위기 3악장의 감성을 나타내는 데 탁월했다. 열광의 환호에 쇼팽의 '화려한 대왈츠Grande Valse brillante in A-flat Major'의 앙코르곡으로 화답했다.

라이프치히 게반트하우스 오케스트라와 대구콘서트하우스에 모인 관중과의 연결고리는 무엇이었을까. 서울 연주에서 앙코르를 하지 않았던 조성진과 안드리스 넬슨스의 게반트하우스가 오늘은 앙코르를 받아들였다. 대구 관중들의 열화 같은 함성 때문이었으리라. 지휘자의 활기차고 큰 동작이 돋보였다. 이튿날 지상에는 찬사와 더불어 보스턴에서 찍은 태극기를 배경으로 검은 띠의 태권도 도복을 입은 지휘자가 소개되었다.

밖 온도와 달리 연주회장은 대프리카였다. 월드 오케스트라 축제는 만나기 어려운 교향악단을 볼 기회였다. 음향기기나 영상으로 보는 것과는 비교할 수 없다. 현장에서 이루어지는 악단의 특성과 무대 예절을 보면 아직도 우물 안 개구리에 불과하다. 매년 이런 월드 오케스트라 축제가 열리기를 기대한다.

라이프치히 게반트하우스는 일사불란하고 톡톡 튀는 느낌의 악단이다. 서울에서 2회 연주 일정을 소화하고 대구에 왔다. 그들의 연주는 '열심히 하는'이라는 말로 표현된다. 오랜 역사와 몸에 밴 집중력, 자부심이리라. 오늘의 연주도 본 악단이 초연한 작품들이었다. 독일 사람들의 전통과 근면 성실한 하모니가 대구 관중과 하나가 되었다.

지휘자가 말을 건넨다. 관중은 환호한다. 그 화답으로 악단과 지휘자, 관중이 흥겨운 한마당을 이뤘다. 월드 오케스트라 축제는 하이드리히-생일축하 변주곡Variations on 'Happy Birthday'의 앙코르곡으로 막을 내렸다.

멘델스존 바르톨디 아름다운 멜루지네 서곡 op. 32
슈만 피아노 협주곡 a단조, op. 54
멘델스존 바르톨디 교향곡 No. 3, a단조, op. 56

프라이부르크 바로크 오케스트라
Freiburger Barock Ochester

아름다운 항구 이순신 장군의 혼이 서린 통제영의 도시. 우리 음악을 세계적인 반열에 올린 작곡가 윤이상의 고향, 대구와 함께 유네스코 음악 창의 도시로 선정된 경상남도 통영시다. 벚꽃이 꽃비가 되어 휘날리는 날이다. 2024 통영국제음악제에 초청된 고음악연주 단체인 '프라이부르크 바로크 오케스트라'를 만나러 남녘으로 달렸다.

2024년 04월 06일 오후 3시 통영국제음악당 콘서트홀이다.

바다를 옆에 낀 연주홀이 활짝 핀 봄꽃처럼 나를 맞이한다. 지금까지 내가 만난 연주홀 중 완벽한 음향을 지니고 있다.

연주곡은 바흐 하프시코드 d단조 BWV. 1052, 알레그로/ 아다지오/ 알레그로. 비발디 현악 합주곡 A장조 RV159, 알레그로/ 아다지오/ 알레그로. 텔레만 선율적인 소나타 4번 TWV40 121, 비바체 마 모데라토/ 피아체볼레 논 라르고/ 프레스토. 텔레만 비올라 협주곡 G장조 TWV 51 G9, 라르고/ 알레그로/ 안단테/ 프레스토. 텔레만 환타지아 2번 C장조 TWV 40 15(편곡 바이올린을 위한 판타지아 2번 G장조), 라르고/ 알레그로/ 알레그로. 텔레만 두 대의 비올라를 위한 협주곡 G장조 TWV 52 G3, 아벡도우체/ 게이/ 라르고/ 비브마. 비발디 조화의 영감 중 협주곡 d단조 RBV565, 알레그로/ 아다지오 에 스피카토/ 알레그로/ 라르고 에 스피카토/ 알레그로. 바흐 브란덴 협주곡 5번 D장조 BWV. 1050, 알레그로/ 아페투오소/ 알레그로.

비발디A. L. Vivaldi, 1678~1741, 텔레만G. P. Telemann, 1681~1767, 바흐J. S. Bach, 1685~1750 등 바로크 시대 작곡가들의 많은 곡들이 시공을 초월하여 공감을 일으킨다. 특히 쳄발로의 부드러운 소리와 드문 비올라 독주를 듣는 행운까지 가졌다.

브란덴부르크 협주곡 원제는 '여러 악기들을 위한 6개의 협주곡'이다. 바흐가 퀘텐 궁정악장시절인 1718~1721년 사이에 작곡된 것으로 추정된다. 브란덴부르크 슈베트의 후작 크리스티안 루드비히에게 헌정하여 생긴 이름이다. 바흐의 브란덴부르크 협주곡은 오랫동안 잊혀 있다가 1849년 악보가 발견되어 재조명된 곡이다. 이 곡은 협주곡이라는 장르에서 처음으로 쳄발로가 독주악기로 등장하는 독특한 곡이다. 1악장 후반부에 무려 65마디에 이르는 화려한 쳄발로 카덴차가 있어 쳄발로 주자의 뛰어난 기량을 요구하고 있다. 브란덴부르크 협주곡은 6곡으로 구성되어 있다.

    텔레만은 바로크 시대 독일 음악가로 프로이센 브란덴부르크의 공작령 비크데부르크에서 프로테스탄트 성직자 아들로 태어났다. 어려서부터 음악적 재능을 보였음에도 가족들의 반대와 당시 사회적 통념 등의 이유로 라이프치히 대학교에 입학해 법학도가 되었다. 그는 실질적으로 정규 음악교육을 받은 일이 없었으나 뛰어난 작곡 능력을 보였다. 후에 법률보다는 음악 활동에 더 무게를 두었고 남은 생애를 음악 활동에만 전념하였다. 오페라와 연주회를 위한 작품들, 그리고 교회 음악을 주로 작곡했고 자연스러운 선율, 대담한 화성과 쾌활한 리듬이 특징적이다.

    바이올린계의 중간 음역에 속하는 비올라는 16세기 당시 한정된 레퍼토리로 입지가 매우 불안정하였다. 바이올린 레퍼토리 개발의 핵심지역인 이탈리아 작곡가들조차 관심이 없어 당시 중요한 트리오소나타에서 빠졌으며 독주 협주곡에도 별다른 역할을 하지 못했다. 비올라는 텔레만에 의해 인정을 받은 셈이다. 텔레만은 6,000여 곡을 작곡해서 작품 목록을 만들지 못할 정도였지만 비올라를 위한 협주곡은 단 한 곡뿐이다. 이 곡은 그가 30대 중반에 작곡한 것으로 프랑크푸르트 암 마인에서 활동하고 있던 시절 매주 열리던 연주회를 위해서 작곡된 것으로 전해진다. 이 곡은 그의 협주곡 가운데서도 최고의 걸작으로 꼽히는 곡이다. 비올라 특유의 음색으로 콧소리가 나는 듯한 음의 성격을 매우 잘 살려 운치 있는 작품이라는 평을 받고 있다. 오늘날에도 자주 연주되는 바로크시대의 소중한 비올라 곡이다.

오늘의 독주자 앙투안 타메스티Antoine Tamestit, 1979~ 는 '우리 시대 최고의 비올리스트'로 격찬을 받고 있으며 그의 비올라는 사람의 목소리에 가깝고 그의 보잉은 우아하며 지적이고 톤은 특별하다. BBC 선정 신세대 아티스트로 선정되었으며 하비트로이싱거 재단으로부터 1672년산 스트라디바리우스 비올라를 대여받아 사용하고 있다.

프라이부르크 바로크 오케스트라FBO는 시대악기연주를 선도하는 악단이다. 프라이부르크는 독일 남서부 관광과 대학의 도시이다. 1987년 프라이부르크 음악대학 출신의 연주자들이 결성한 이 악단은 35년의 세월을 넘어 바로크 음악표준을 세워왔다. 그러나 브란덴부르크 협주곡 5번에서 쳄발로와 나무로 된 플루트 등 당시의 악기로 연주한 소리가 너무 작은 것은 앞으로의 과제라 하겠다.

한 사람의 영향이 얼마나 큰지 실감나는 장소였다. 통영국제음악제는 현대 음악의 세계적인 작곡가를 기념하기 위해 새천년부터 시작하여 24회째다. 콘서트홀 주변에는 아름다운 호텔과 넓은 주차장이 별천지를 이루고 있다. 이순신 장군의 한산도 대첩으로 수군 통제영이 이곳에 들어서서 통영이라는 이름이 되었다. 이순신 장군이 통제영을 가져왔다면 윤이상은 세계의 음악인들을 모이게 한 인물이다.

따스한 봄날 주말 오후 까마득한 계단을 하나씩 오른다. 그 끝자락에는 멀리 보고 다 받아들이라는 바다가 마음을 훤하게 마중을 한다. 한동안 파도 소리에 발을 멈췄다. 통영국제음악제가 시작되던 해 나의 가정은 화마에 불타버렸다. 그때라면 여기에 올 수 있다는 생각조차 할 수 없었다. 내가 여기까지 올 수 있는 모든 여건에 감사하며 발걸음마다 구름 위나 물 위를 걷는 몽환적인 기분에 보라색 좌석까지 안내되었다. 2층 좌석에 앉으니 연주홀이 한눈에 들어오며 조그마한 소리도 빨려드는 듯하다.

온고이지신溫古而之新이라고 했다. 멀어졌던 고음악을 듣는 기회가 많지 않다. 통영국제음악재단 관계자들의 안목도 세계적인 것 같다. 절정을 지나는 봄꽃 잔치에 들뜬 마음을 잡아준다. 텔레만의 비올라는 중년의 사람이 맑은 아침에 가볍게 걷는 느낌이다. 서둘지 않고 상쾌함을 만끽하면서 흔들림 없는 당당한 모습이라면 바흐는 다정한 사람들과 같이 산책하는 느낌이었다. 여기에 비발디는 오색 창연한 무지개를 보며 걷는 느낌이다. '참고 견뎌낸 지난 시간이 은총과 기적'이라던 선배의 말이 오늘의 나를 그대로 나타낸 말이었다. 거기에 남녘으로 달려온 여행과 통영국제연주홀에서 들은 시대 음악들, 봄꽃들이 어우러진 날이었다.

  돌아오는 차 안에서 같이 간 분이 하도 많은 꽃을 보았더니 멀리 보이는 불빛이 꽃으로 보인다고 한다. 내게는 프라이부르크 바로크 오케스트라의 연주의 편린들이 꽃비처럼 하늘거린다.

비발디 조화의 영감 중 협주곡 d단조 RB\V565
텔레만 비올라 협주곡 G장조 TWV 51 G9
바흐 브란덴 협주곡 5번 D장조 BWV. 1050

막심 벤게로프 바이올린 독주회

오늘날 위대한 예술가 중 한 명으로 칭송받으며 현존하는 가장 위대한 바이올린 연주자인 막심 벤게로프Maxim Vengerov, 1974~ 를 만났다. 그는 가장 바쁜 솔리스트이자 세계적으로 각광받는 지휘자이다.

2024. 4. 7.(일) 17:00. 대구콘서트하우스 그랜드홀이다.

벚꽃이 꽃비로 마음을 사로잡는 날, 오늘의 연주곡은 프로코피예프S. Prokofiev, 1891~1953 5개의 멜로디 op. 35, 프로코피예프 바이올린 소나타 No.1 f단조 op. 80, 세자르 프랑크C. Franck, 1822~1890 바이올린 소나타 A장조, 라벨M. Ravel, 1875~1937 치간느 D장조다.

♪ 프로코피예프 5개의 멜로디, op. 35

자신의 성악곡을 바이올린 버전으로 다시 고쳐서 발표한 작품이다.

1920년, 프로코피예프는 러시아 10월 혁명을 피해 미국으로 망명을 떠나 있었다. 시카고에 머물며 〈세 개의 오렌지에 대한 사랑〉 op. 33 초연 준비에 몰두하며 지내던 시기였다. 오페라의 초연이 연기되자 주역으로 염두에 둔 우크라이나 출신 소프라노 '니나 고세츠'를 떠올리며 성악과 피아노를 위한 새로운 멜로디를 썼다. 그는 이 곡을 1925년, 파리에서 바이올린과 피아노곡으로 '5개의 멜로디 op. 35'로 수정했다. 이 곡은 폴란드 출신 폴 코친스키에 의해 성공적으로 공연됐고 프로코피예프는 이 곡을 나중에 오케스트라 버전과 솔로 피아노 버전으로 편곡했다.

🎺 프로코피예프 바이올린 소나타 No. 1 f단조 op. 80

프로코피예프는 두 곡의 바이올린 소나타를 남겼다. 1938년, '바이올린 소나타 No. 1 f단조, op. 80' 작곡을 먼저 시작했지만 '바이올린 소나타 No. 2 D장조, op. 94'가 먼저 출판되었다.

그는 1918년, 러시아 혁명이 있던 시기에 음악 창작을 더 자유롭게 하고 싶은 열망으로 소련을 떠나 미국과 독일, 파리 등 해외를 돌아다니며 망명 생활을 했다. 그러나 당국은 집요하게 귀국을 종용했고, 그는 자유로운 창작 환경을 약속받으며 1936년, 조국으로 돌아왔다. 하지만 소련을 그에게 사회주의 리얼리즘을 주요 예술 정책으로 내세우며 이에 따른 작품활동을 하기를 요구했다. 이러한 배경 속에서 탄생한 이 곡은 그의 모든 작품을 통틀어서 가장 어둡고 우울한 느낌을 준다.

♪ 세자르 프랑크 바이올린 소나타 A장조

프랑크와 절친이었던 바이올리니스트 '외젠 이자이'를 위해 작곡한 '바이올린 소나타 A장조'. 프랑크는 자신의 결혼식에서 축주를 해준 '외젠 이자이'에게 감사의 마음을 전하기 위해 이 곡을 썼다. 1886년 12월, 브뤼셀의 현대 미술관에서 '외젠 이자이'에 의해 초연되자마자 대중은 열광했다. 오늘날 프랑크의 '바이올린 소나타 A장조'는 베토벤, 브람스 소나타와 함께 바이올리니스트라면 필수로 연주하는 3대 바이올린 소나타로 자리매김했다. 또한 플루트, 첼로, 비올라 버전에 이르기까지 다양하게 편곡되며 인기를 끌고 있다.

♪ 라벨 치간느 D장조

엄청난 기교를 요하는 라벨의 '치간느 D장조'다. 바이올리니스트가 발휘할 수 있는 모든 비르투오소적인 요소로 가득한 작품이다. 1922년, 라벨은 런던에서 헝가리 출신의 여성 바이올리니스트 '옐리 다라니'를 처음 만났다. 작은 연주회에서 자신의 바이올린과 첼로를 위한 소나타를 연주하는 것을 본 라벨은 그에게 집시 노래

연주를 부탁했다. 헝가리 특유의 강렬한 집시 음악을 연주하는 그에게 매료된 라벨은 그때부터 '치간느 D장조'을 구상했다. 그러나 곡이 완성되기까지는 2년이 소요됐다.

1924년, '옐리 다라니'에 의해 이 곡이 런던에서 초연됐을 때 뜨거운 반응을 받았다. 라벨의 '치간느 D장조'는 헝가리를 대표하는 춤곡 몬티의 '차르다시'와 유사한 성격을 지녔다. 라벨은 특이하게도 이 곡의 도입부에 카덴차를 넣었다. 바이올린의 느린 카덴차로 시작하는 '치간느 D장조'는 이내 어두운 집시 선율이 귀를 사로잡는다. 마치 헝가리 집시들의 회환이 담긴 듯 독창적인 색채를 들려주며 전개하다가, 트레몰로가 등장하면 동시에 피아노의 경쾌한 타건이 분위기를 전환한다. 바이올린의 고난도 기교가 마지막까지 끝없이 발전하며 난해하면서도 흥겨운 느낌을 동시에 선사한다.

반주를 맡은 모스코바 출신의 피아니스트 폴리나 오세틴스카야 Polina Osetinskaya, 1975~ 의 역할이 돋보였다. 특히 치간느의 반주는 명연주였다. 반주가 어떤 것인지 보여준 화려한 연주였다. 그녀는 모스크바 음악원 출신으로 신동이라는 칭송을 받았다. 특히 러시아의 우크라이나 침공을 비판하자 러시아공연이 취소되기도 했다.

막심 벤게로프 1974~ 는 러시아 태생으로 런던 왕립음악원 출신이다. 10세와 15세에 비에냐프스키 국제콩쿠르, 카를 플레쉬 국제 바이올린 대회에서 우승하며 신동으로 세계적인 연주가로 이름을 떨치기 시작했다. 10세에 데뷔 음반을 발매하기 시작하여 그래미상, 그라마폰 올해의상 등을 수상하였다.

2007년 그의 멘토이자 스승인 고故 로스트로포비치의 뒤를 이어 지휘자로서 발자취를 따르고 있다.

2019년 런던 왕립음악원의 명예 박사학위, 몬테카를로 궁전에서 문화공로훈장을 수여받았다. 그는 1727년에 제작된 엑스크로이쳐 스트라디바리ex-Kreutzer Stradvari를 연주하고 있다

오늘의 연주회는 특별한 구성이다. 프로그램이 끝나고 앙코르곡부터라고 할 수 있다. 첫 번째 앙코르곡은 라흐마니노프의 보칼리제(말이 없는 노래라는 뜻)였다. 서정적인 연주가 끝나자 관중들은 다시 깨어난 듯 열광의 도가니가 되었다. 그 환성에 고무된 듯 다시 인사를 나온 반주자의 손에는 악보가 들려져 있었다. 이어 프로코피예프 오페라 〈세 개의 오렌지에 대한 사랑〉 중 행진곡, 이어서 클라이슬러의 사랑의 기쁨, 이어서 파가니니 랩소디 중 18변주까지 무려 4곡의 앙코르로 화답했다. 어려웠던 본 프로그램 연주곡에 대한 관중들의 목마름을 충분하게 적셔주었다. 한 곡이 끝나면 정상소음의 수십 배를 넘나드는 함성이 터졌다. 그가 매년 한국을 찾는 이유가 그의 연주회를 사랑하는 관중 때문이리라.

천재성을 지닌 바이올린 연주자와 반주자가 펼쳐내는 음악은

온갖 표정을 지니고 있다. 대구콘서트하우스 그랜드홀을 가득 채운 관중들의 즐거움이야말로 상상을 초월하고 말았다. 이름에 걸맞는 극한의 연주가 마음의 벽을 허문다. 말이나 문장으로 나타내는 추상적인 아름다움이나 선을 좇아 악을 하나씩 줄여나가는 일반 예술과 달리 음악은 한꺼번에 하나로 만드는 위대한 힘을 가지고 있다.

프로코피예프 오페라 세 개의 오렌지에 대한 사랑 중 행진곡
프랑크 바이올린 소나타 A장조
라벨 치간느

4
즐기다

베를린 필하모닉 스트링 콰르텟
Berlin Philharmonic String Quartet

    가슴 설레는 기다림을 깔끔히 씻어준 연주, 파문을 던진 긴 여운. 베를린 필하모닉 현악 4중주단이 계절의 여왕 신록과 함께 찾아왔다. 2024. 5. 26.(일) pm 3:00. 대구 어울아트센터 함지홀이다.

    오늘의 연주곡은 모차르트의 디베르티멘토 F장조 K.138, 멘델스존 현악 4중주 6번 f단조 op. 80, 슈베르트 현악 4중주 14번 d단조 D. 810 '죽음과 소녀'다.

    ♪ 모차르트의 디베르티멘토 F장조 K.138

- 1악장 Allegro
- 2악장 Andante
- 3악장 Presto

이들 세 개의 디베르티멘토(가볍고 유쾌한 성격의 18세기 음악

형식)는 전통적인 디베르티멘토 구성을 따르지 않았다. 여러 악장 대신 단 세 개의 짧은 악장과 간략하게나마 소나타 형식을 따른 진취적인 작품이다. 흥겨움과 쾌활함이 지배적인 1악장은 소나타 형식으로서 두 개의 주제와 매우 짧고 독립적인 발전부를 갖고 있는 것이 특징이다. 나른한 느낌이 물씬 배어 나오는 2악장은 1바이올린이 오페라 아리아처럼 칸틸레나(서정적)를 노래하고 이에 오페라적인 오버톤(배음, 倍音)이 따라오는 것이 특징적이다. 빠른 3악장은 론도로서 세 개의 에피소드와 피날레를 갖고 있다. '잘츠부르크 교향곡'이라고도 불리는 이 세 개의 디베르티멘토 가운데 K.138이 그 표현이나 구성이 가장 교향악적인 느낌이다.

♪ 멘델스존 현악 4중주 6번 F단조 op. 80

- 1악장 Allegro vivace assai
- 2악장 Allegro assai
- 3악장 Adagio
- 4악장 Finale. Allegro molto

1847년 펠릭스 멘델스존Felix Mendelssohn, 1809~1847이 세상을 떠나기 두 달 전에 완성한 현악 4중주 F단조는 미완성 오페라 〈로렐라이〉를 제외한 마지막 완성작으로서 그의 후기 작품들 가운데 가장 중요한 작품이다. 그해 5월 14일 뇌졸중으로 먼저 세상을 떠난 누나 파니를 그리워하는 마음을 담은 작품으로 알려져있다. 트레몰로로 시작하는 도입부부터 절규하는 듯한 총주가 이어지며 에너지를 지속적으로 응축시킨다. 대위법적인 전개부에서 고전적 안정감을 유도한다. 이내 음악은 다시 격정적인 트레몰로가 시작되며 분노 어린 광적인 피날레로 이어진다.

2악장은 음울한 당김음과 신랄한 리듬으로 시작되는 스케르초 악장이다. 이전에 작곡가가 사용했던 쾌활한 스케르초의 분위기와는 전혀 다른 느낌이다. 누이의 죽음에서 비롯한 탄식의 무게감과 비감 어린 심상이 곳곳에서 묻어난다. 3악장은 누이에 대한 그리움을 넘어서서 자기 자신에 대한 레퀴엠이라고 할 수 있다. 아름다운 슬픔과 자기 연민적인 애틋함으로 가득 차 있다. 마지막 4악장은 1바이올린의 주도로 시종일관 전 악기의 유니즌으로 비감 어린 분위기와 슬픔의 격정이 소용돌이친다. 피를 토하듯 일갈을 외치며 음악은 끝을 맺는다.

♤ 슈베르트 현악 4중주 D단조 D. 810 '죽음과 소녀'
- 1악장 Allegro
- 2악장 Andante con moto
- 3악장 Scherzo. Allegro molto
- 4악장 Presto

이른 나이에 세상을 떠난 프란츠 슈베르트Franz Schubert, 1797~1828
다. 이 곡은 극음악 '로자문데'에서 주제 선율을 따왔다. 극적인 동시에 강박증적인 셋잇단음표로 진행되는 소나타 형식의 1악장에 이 노래의 느낌이 적지 않게 배어있다. 이전까지 그가 거의 다루지 않았던 분노와 절망의 분위기를 거침없이 내비친다.

느린 2악장은 1817년 마티아스 클라우디우스의 시에 음악을 붙인 가곡 '죽음과 소녀' D.531의 일부를 변주해서 사용했다. 6개의 변주와 코다로 구성된 2악장은 이 현악 4중주 D단조의 백미와도 같은 부분이다.

3악장 Scherzo & Trio는 당김음으로 점철되는 멜로디들로 시작되며 앞선 악장들의 에너지를 상회할 정도로 간절하면서도 비통한 느낌이 강하게 다가온다. 중간 트리오 파트에서는 오스트리아의 가요적인 멜로디가 빛을 낸다. 한편 폭풍처럼 몰아치는 타란텔라의 마지막 Presto악장은 이러한 비극적인 스토리에 종지부를 찍는 마무리로서 일말의 카타르시스를 전달해준다.

베를린 필하모닉 스트링 콰르텟은 베를린 필하모닉의 젊은 세대 중 열정적인 음악가들을 대표하는 단체 중 하나이다. 2013년, 젊은 필하모닉 멤버들이 함께 음악을 만들고자 하는 열망에서 새로운 앙상블을 창단하였다. 현재 단원은 도리안 조지(바이올린), 헬레나베르크(바이올린), 나오코 시미즈(비올라), 데이비드 리니커(첼로)이다. 네 명의 음악가들은 최고 수준의 음악을 만드는 베를린 필하모닉 앙상블의 오랜 전통을 이어가고 있다. 모두 다양하고 최고 수준의 콩쿠르에서 우승했으며 최고의 실내악 연주자로서 풍부한 경험을 통하여 그들만의 음악적 표현을 하고자 하는 연주단이다.

기다림의 설렘은 연주홀에서 정점을 찍었다. 처음 만난 어울아트센터 함지홀은 현악 4중주 같은 챔버 음악 연주홀로 적당하여 안정감을 주었다. 모차르트 디베르티멘토의 첫 음이 깔끔하고 상큼하게 들린다. 그 순간 행복감이 몸을 감싼다. 그 분위기는 연주회가 끝날 때까지 이어졌다.

멘델스존의 현악 4중주가 오늘의 연주 중에서 가장 잘 어울리는 선곡이었다. 멘델스존이 누나를 그리워하며 부르는 외침과 비극적인 절망이 2년 후 자신의 죽음을 예감하는 듯하다. 2부 슈베르트의 '죽음과 소녀'에서는 제1, 제2바이올린이 자리를 바꿨다. 남성과 여성의 자리바꿈이기도 하다. 이 곡의 내용이 앞의 두 곡과는 달리 포르테가 많아 자리바꿈을 한 것이라 생각되었다. 내 예상처럼 연주 소리가 훨씬 크고 강했다. 곡의 내용과 조건에 따라 이런 소리의 변화를 만들어내는 연주는 처음 맛보는 즐거움이다.

특히 감명 깊은 부분은 높은 음을 길게 연주하는 연주력이었다. 아주 여리고 느리게 실낱 같은 소리가 완벽하게 마무리되는 순간

멈췄던 숨마저 길을 잃었다. 오늘의 연주는 고저 장단 강약의 음악 요소가 어떻게 조화를 이루는지 나를 일깨워준 시간이었다.

가슴에 파문을 던진 연주가 긴 여운을 남긴다. 깊은 계곡 돌샘에서 흐르는 맑은 소리에 티끌 하나 날지 않는 바람결처럼 깔끔한 연주다. 에밀레 종소리와 같이 풍성하고 여운을 남긴다. 그들의 연주는 나에게 멋진 저녁노을을 선사했다.

만약 작곡가 세 명이 10년만 더 살았더라면 클래식 음악의 역사가 크게 바뀌어졌을 것이다.

모차르트의 디베르티멘토 F장조, K. 138, 1악장
멘델스존 현악 4중주 6번 f단조, op. 80, 1악장
슈베르트 현악 4중주 14번 d단조, D. 810 '죽음과 소녀' 1악장

2024 평창대관령음악제
The 21st Music in PyeongChang

 평창대관령음악제!
2004년에 시작해 세계적인 음악제로 자리잡았다. 오늘은 내 생을 자축하면서 강원특별자치도 평창군 대관령의 너른 품속에 환호와 함께 안겼다.

2024. 7. 27(토) pm 8. 알펜시아Alpensia콘서트홀
연주 프랑스 오베르뉴론알프 국립오케스트라
지휘 토마스 체헤트마이어
연주곡 모차르트 교향곡 제29번, 하이든 첼로협주곡 C장조, 모차르트 바이올린·비올라·첼로 챔버오케스트라를 위한 합주교향곡, 세자르 프랑크 현악 4중주

♪ 볼프강 아마데우스 모차르트 교향곡 제29번 A장조, K. 186a

- 1악장 알레그로 모데라토
- 2악장 안단테 세도막 형식
- 3악장 미뉴에트
- 4악장 알레그로 논 스피리토

교향곡 29번은 모차르트가 18세가 된 1774년 초에 작곡됐다. 이 교향곡을 작곡하기 1년 전 그는 아버지와 세 번째 빈 여행을 다녀왔는데, 이 교향곡에는 빈에서 습득한 음악적 체험이 형식상으로 고스란히 녹아 들어가 있다. 이전에 매진했던 사교적이며 오락적이었던 이탈리아 양식에서 벗어나 당시 빈을 중심으로 유행하고 있던 정갈한 실내악 양식을 교향곡에 접목했다. 밝고 찬란하고 경쾌한 바탕을 이루는 이 작곡가의 소년 시절 음악의 대표작이다.

♪ 요제프 하이든 첼로 협주곡 C장조, VIIb:1 (독주 : 양성원)

- 1악장 모데라토
- 2악장 아다지오
- 3악장 알레그로 몰토

하이든은 두 곡의 첼로 협주곡을 남겼다. 그중 1번에 대한 기록은 1765년 하이든이 직접 쓴 자필 카달로그에 적혀 있다. 첫 악장의 오프닝 음표들을 제외하곤 자세한 내용이 적혀 있지 않았다. 200년 뒤인 1961년의 일이다. 체코 음악학자 올드리히 풀케르트가 프라하 국립 박물관에서 하이든 시대에 기록된 악보를 발견했다. 풀케르트는 이 협주곡이 하이든이 봉직하던 에스테르하지 후작 궁정 오케스트라의 첼리스트 요제프 프란츠 바이글들을 위해 작곡되었을 것이라 추측했다. 이 협주곡은 공개된 지는 얼마 안됐지만 애호가들에 의해 가장 아름다운 첼로곡 중 하나로 평가되고 있다. 전혀 어렵게 다가오지 않으면서 연주자에게는 난곡이기도 하다.

♫ 볼프강 아마데우스 모차르트 바이올린·비올라·첼로 챔버오케스트라를 위한 합주교향곡, K. 3202e 알레그로 (바이올린 : 기욤 실렘, 비올라 : 시릴 메르시에, 첼로 : 양성원)

신포니아 콘체르탄테는 복수의 독주 악기들을 내세운 협주곡으로, 가볍고 낙천적인 장조로 작곡된 것이 특징이다. 이 형식은 1770년대 파리에서 특히 인기가 많았다. 유사한 형식으로 '콘체르토 그로소Concerto Grosso'가 있는데 콘체르토 그로소의 경우 독주 악기들과 오케스트라가 서로 대등하게 연주하는 반면, 신포니아 콘체르탄테는 독주 악기들이 선율을 비롯한 음악의 모든 것을 주도하고 오케스트라는 작품의 시작과 끝을 알리며 독주 악기를 보조하는 역할에 그친다.

모차르트가 이 장르를 처음 접한 것도 1773년으로 당시 그는 잘

츠부르크 대주교의 인색함에 실망하고 새로운 일자리를 찾기 위해 파리까지 여행을 떠났다. 목적한 바는 성취하지 못했지만 대신 그는 이 '신포니아 콘체르탄테'라는 새로운 장르를 개척하는 성과를 얻었다. 오늘 연주되는 곡은 지휘자 체헤트마이어가 직접 완성한 판본으로 아시아 초연이다.

♧ 세자르 프랑크 현악 4중주, D장조, op. 9
- 1악장 포코 렌토-알레그로
- 2악장 스케르초. 비바체
- 3악장 라르게토
- 4악장 피날레 알레그로 몰토

프랑스 작곡가 세자르 프랑크는 삶의 대부분이 고난의 연속이었다. 아들을 뛰어난 피아니스트로 만들고자 했던 강압적인 아버지의 지배를 받으며 불행한 어린 시절을 보냈고, 작곡가로서 인정받고 싶었지만 작품을 초연하면 번번이 실패했다. 말년에 파리 음악원 교수가 된 것은 작곡이 아닌 오르간 연주자로 널리 사랑받은 덕분이었다. 그의 유일한 현악 4중주는 이런 불행의 연속에서 이례적으로 처음부터 갈채를 받은 명곡이다. 프랑크는 "이제야 세상이 나를 알아봐 주기 시작했다."고 말하며 흡족해했다.

그러나 이 현악 4중주를 작곡한 1890년 그는 교통사고를 당했고 결국 그 후유증으로 생을 마감했다. 이 작품은 그가 남긴 최후의 작품인 셈이다. 이 현악 4중주는 놀라울 정도로 프랑크 고유의 개성이 잘 드러나 있다. 가벼움, 반짝거림, 강렬함, 열정 등 4중주가 가질 수 있는 다양한 텍스처에 대한 방대한 지식과 이해가 망라되어 있다. 무엇보다도 후기 낭만주의 바탕 위로 여기저기 산재해 있는 신랄한 불협화음들은 드뷔시가 정중히 고개를 숙일 만큼의 모더니즘을 예고하고 있다.

하이든 첼로협주곡과 모차르트 합주협주곡의 첼로주자인 양성원은 파리음악원과 인디애나 대학을 졸업하였으면 현재 연세대 음대 교수이자 영국 런던의 로얄 아카데미 오브 뮤직RAM의 초빙교수로 재직 중이다. 또한 프랑스의 'Festival Beethoven de Beaune'와 '페스티벌 오윈'(2011년~현재)의 예술감독이며, 2023년부터 평창대관령음악제 예술감독으로 활동 중이다. 그의 연주는 지나칠 만큼 자신에 차있는 듯 거침이 없다. 모처럼 만나는 열정적인 연주가 인상적이었다.

바이올린 연주자 기욤 실렘Guillaume Chilemme은 스웨덴 국제 듀오 콩쿠르 1위, 롱 티보 국제 콩쿠르 3위, 파리음악원 학생 특별상을 수상했다. 2016년부터 프랑스 오베르뉴론알프 국립 오케스트라의 악장으로 활동 중이며, 2020년 뒤티외 콰르텟의 창단 멤버로도 참여했다. 현재 스위스 메뉴힌 음악원에서 후학 양성에도 매진하고 있다. 그의 열정적인 연주는 보는 이로 하여금 집중하지 않을 수 없다. 강하거나 빠른 부분에서는 앉아 있지 않고 일어서거나 엉거주춤한 자세로 연주한다. 관중들의 탄성이 끊어지지 않는 자기 몰입의 연주였다. 이런 연주자를 볼 수 있어 너무나 황홀했다.

비올라 연주자 시릴 메르시에Cyrille Mercier는 교육에도 관심을 가지고 있어 비올라와 앙상블 음악 교사 자격증을 취득했다. 17년간 교향악단에서 활동하며 몬테카를로 필하모닉(2000~2013)과 런던 필하모닉(2013~2017)에서 제1비올라 수석을 맡았다. 2017년에는 프랑스 오베르뉴론알프 국립 오케스트라 비올라 콩쿠르에서 우승하였으며 앙상블 중심의 다양한 접근을 통해 레퍼토리를 풍부하게 넓히고 있다. 2019년부터 그는 파리 솔리스트들로 구성된 4중주단의 멤버이다.

바이올리니스트, 지휘자, 실내악 연주자로 세계적인 명성을 누리고 있는 토마스 체헤트마이어Thomas Zehetmair는 현재 슈투트가르트 실내관현악단 상임 지휘자, 프랑스 오베르뉴론알프 국립 오케스트라 수석 지휘자이며 아일랜드 체임버 오케스트라 아티스틱 파트너를 역임하고 있다. '2019년 최고의 음반' 등의 성과를 거두었다. 또한 하나우시로부터 파울 힌데미트상, 독일 음반 비평가상을 수상했으며, 프란츠 리스트 바이마르 국립음악대학교와 뉴캐슬 대학교에서 명예박사 학위를 받았다.

오늘의 지휘는 명성 그대로 음표 하나하나를 짚어가는 섬세하고 열정적인 지휘에 감탄을 하지 않을 수 없었다. 세계적인 수준의 평창여름음악제의 감회가 포근하고 따뜻하다. 내가 겪은 대관령 같은 고비를 넘긴 오베르뉴론알프가 나를 격려하는 듯한 집중력과 몰입의 연주였다.

대구에서 평창까지 4시간 30분이 걸렸다. 2시간여를 퍼붓는 폭우 속을 헤치며 나갔다. 알펜시아 천막 연주홀에 내려 콘서트하우스에 닿을 때는 비가 멈췄다. 지하 1층의 아담한 연주홀은 편안한 느낌으로 객을 맞는다. 너무나 밝고 경쾌한 모차르트의 교향곡 29번이 문을 연다. 집중력 높은 연주가 더하면서 밀도 높은 연주자들과 지휘자의 모습에 몰입되는 나를 바라볼 수 있었다.

오늘의 연주는 뜨겁고 짜릿한 연주였다. 폭우를 무릅쓰고 먼 길을 달려온 모든 것과 비교할 수 없었다. 이런 음악제가 아니면 만나볼 수 없는 연주단체였다. 포르테 연주는 흉내를 낼 수 없을 정도로 강렬했다. 평창의 무대도 좋고 시원한 날씨도 좋지만 이들의 연주는 금상첨화였다.

모차르트 교향곡 제29번 A장조, K. 186a
하이든 첼로협주곡 C장조 1악장
프랑크 현악 4중주 D장조 1악장

2024 대구 국제 피아노 페스티벌 I
DAEGU INTERNATIONAL PIANO FASTIVAL

지난해 국제 오케스트라 축제에 이어 대구 국제 피아노 페스티벌이 열렸다.

2024. 8. 22. (목) pm 7:30
대구콘서트하우스 그랜드홀
연주 대구시립교향악단
지휘 백진현
피아노 연주자 안나 불키나 Anna Bulkina
피아노 연주자 안토니오 폼파발디 Antonio pompa-Baldi
연주곡 벨리니 오페라 〈노르마 Norma〉 서곡 Overture, 라흐마니노프 피아노 협주곡 제1번 f#단조, op. 1, 라흐마니노프 피아노 협주곡 제2번 C단조, op. 18

♩ 벨리니 오페라 〈노르마〉 서곡

'정결한 여신'의 아리아가 먼저 떠오르는 오페라 〈노르마〉. 사랑과 배신, 명예에 대한 강렬한 이야기로 벨칸토 오페라의 정수로 불린다. 알레그로 마에스토소에 데치소 g단조 4/4박자. 신포니아라고 이름 붙여진 이 서곡은 벨리니Vincenzo Bellini, 1801~1835의 서곡 중 가장 잘 알려져 있다.

신성하고 엄숙한 분위기의 전체 합주로 시작된다. 플루트와 클라리넷의 소박한 선율로 분위기는 부드럽게 풀어지고, 행진곡풍의 춤곡으로 이어진다. 노르마의 사랑의 주제와 극의 마지막 동기를 교묘하게 활용해 전체적인 내용을 암시한다. 1831년에 작곡되어 그해 12월 26일, 이탈리아 밀라노 스칼라 극장에서 초연되었다.

♩ 라흐마니노프 피아노 협주곡 제1번 f#단조, op. 1

(피아노 연주 : 안나 불키나Anna Bulkina)

세르게이 라흐마니노프Sergei Rachmaninov, 1873~1943는 러시아 음악사에 있어 뛰어난 피아니스트이자 위대한 작곡가이다. 그는 4곡의 피아노 협주곡을 작곡했다. 그의 피아노 협주곡은 화려한 기교 위에 풍부한 선율과 사색적인 깊이, 그것을 꿰뚫는 러시아적 색채까지 어우러져서 매력적이다.

• 제1악장 비바체-모데라토 f#단조 4/4박자. 소나타 형식이다.

힘찬 팡파르를 시작으로 피아노가 카덴차를 연주한다. 이는 서주인데 제1악장에서 자주 사용되며, 그리그의 피아노 협주곡을 연상케한다.

• 제2악장 안단테 D장조 4/4박자. 일종의 환상곡 형식의 악장이라 할 수 있다. 전체는 깨끗하고 차분하며 북유럽풍의 낭만이 넘친다. 호른의 선율이 다른 악기와 더해져 음울한 분위기를 만들면, 피아노가 그것을 이어받아 카덴차를 형성하며 풍부한 선율을 완성한다.

• 제3악장 알레그로 비바체 f#단조 4/4박자. 3부 형식이다. 격렬하게 춤을 추는 듯한 분위기의 제1부에 이어 라흐마니노프의 특색 있고 감성적인 분위기의 느린 제2부가 등장한다. 피아노는 이를 장식하며 발전하고 카덴차를 끝으로 제2부가 끝난다. 제1부의 재현인 제3부는 첫머리 일부를 제외하고 거의 반복된다. 제1악장의 서주 소재를 중심으로 종결부를 형성하며 화려하게 전곡을 끝낸다.

작곡 1891년(개작 1919년) 초연 초판은 1892년 3월 17일, 러시아 모스크바 음악원 학생음악회에서 사포노프 지휘, 라흐마니노프 피아노로 제1악장만 연주했다. 개정판은 1919년 1월 29일 미국 뉴욕 카네기홀에서 알츠슐러 지휘, 라흐마니노프 피아노, 러시안 심포니 오케스트라 연주로 이루어졌다.

♫ 라흐마니노프 피아노 협주곡 제2번 c단조, op.18

(피아노 연주 : 안토니오 폼파발디 Antonio pompa-Baldi)

1892년 그는 교향곡 제1번을 발표했으나, 이 곡의 초연은 혹평 속에 실패로 끝났다. 이에 좌절한 라흐마니노프는 술에 의존하며 피폐한 삶을 이어 나갔다. 1900년, 정신과 의사이자 최면 암시요법 전문가인 다알 박사를 소개받았다.

다알 박사는 매일 라흐마니노프에게 "당신은 이제 좋은 작품을 쓸 수 있고, 그것은 매울 훌륭할 것입니다."이라는 최면 암시요법을 시행하였다. 치료가 효과를 발휘해 다시 작곡을 시작한 라흐마니노프는 1901년에 이 협주곡을 완성했다. 초연은 관객들의 환호 속에 큰 성공을 거뒀고, 라흐마니노프는 도움을 준 다알 박사에게 감사의 뜻으로 이 작품을 헌정했다. 이 곡은 가장 잘 알려지고 시대를 대표하는 곡이기도 하다.

• 제1악장 모데라토 c단조 2/2박자. 소나타 형식으로 첫머리에 독주 피아노가 종과 같은 울림의 어둡고 장중한 화음을 8마디에 걸쳐 연주한다. 이러한 도입이 끝나면 피아노가 아르페지오를 계속하는데 그 위에 오케스트라의 힘있는 제1주제가 나타난다.

• 제2악장 아디지오 소스테누토 E장조 4/4박자. 3부 형식으로 라흐마니노프의 서정성이 가장 잘 발휘된 악장이며 꿈을 꾸듯 자유로운 환상곡 분위기이다. 그의 다성 음악에 대한 역량과 천재적

인 오케스트레이션을 확인할 수 있다.

• 제3악장 알레그로 스케르찬도 c단조 2/2박자. 확실한 형식은 없으나 주제는 두 개의 요소가 변화된 형태로 번갈아 등장하므로 론도와 비슷한 면이 있다. 베이스 드럼과 심벌즈는 이 악장에서만 사용된다. 작곡 1901년 초연 1901년 11월 9일, 러시아 모스크바에서 질로티 지휘, 라흐마니노프 피아노, 모스크바 필하모닉 오케스트라 연주로 이루어졌다.

러시아 피아니스트 안나 불키나Anna Bulkina는 관객과 평단 모두의 찬사 속에 전 세계에서 공연하고 있다.

"그녀는 휴머니티와 열정을 겸비한 독보적인 예술가로 매력적인 무대 존재감을 지녔다." - 영국 〈워딩 헤럴드〉

2008년 린다 스코로코도바 교수의 지도로 세르게이라흐마니노프 음악원을 졸업한 후 미국으로 건너가 텍사스 크리스천대학교에서 티마스 웅가르 박사를 사사하였고, 이탈리아의 유명한 이몰라 피아노 아카데미 '인콘트리 콜 마에스트로'에서 보리스 페트루샨스키 교수를 사사하였다.

이탈리아 태생의 안토니오 폼파발디Antonio Pompa-Baldi는 1999년 클리블랜드 국제 피아노 콩쿠르에서 우승하였으며, 전 세계를 무대로 다양한 연주 활동을 이어가고 있다.

"빛나는 연주력과 구조적 통찰력을 모두 보여준 그는 뛰어난 감성의 연주자임을 입증했다." - 엘렌 파이퍼, 미국 〈보스턴 글로브〉

1998년 프랑스 파리 롱 티보 국제 콩쿠르에서 우승하였고, 2001년 반 클라이번 국제 피아노 콩쿠르 은메달을 수상하기도 했다. 폼파발디는 위대한 나폴리 학파의 안나마리아 페넬라와 알도 치콜리니를 사사하였으며, 파울 바두리스코다와 외르크 데무스 등의 마스터 클래스를 이수하였다. 그는 클리블랜드, 힐튼 헤드, 쇼팽 USA(마이애미) 그리그(베르겐) 등 국제 피아노 콩쿠르 심사위원이었고, 산호세 국제 피아노 콩쿠르 심사위원장 겸 예술 고문을 맡고 있다.

2015년 이탈리아 '토디 국제 뮤직 마스터스' 페스티벌을 설립해 예술 감독 겸 교수로 활동 중이며, 중국 항저우 랑랑 '아트월드' 교육 부이사, 뉴욕 '랑랑 국제음악재단' 자문위원이다.

안나 불키나는 대구 국제 피아노 페스티벌의 첫 연주자로 손색이 없는 맑고 투명한 소리를 들려주었다. 그녀가 들려준 앙코르곡은 스카를라티 건반소나타 d단조 K. 9다.

안토니오 폼파발디는 피아노 연주를 성스러운 의식처럼 관중들을 매료시킨다. 라흐마니노프의 서정적인 아름다움이 성스러운 분위기를 진하게 만들어냈다. 그가 연주한 앙코르곡은 먼저 쇼팽의 연습곡 op. 1 중 제2번 c단조였다. 관중들의 성화에 못 이겨 그리그의 서정소곡집 제5권 op. 54중 제4번 야상곡(녹턴)을 한곡 더 선물한다.

대구 국제 피아노 페스티벌의 첫날이다. 오늘의 연주자들의 연주에 임하는 자세가 진지하고 엄숙한 수도승 같은 분위기다. 모처럼 그윽한 연주의 맛을 느낄 수 있어 행복했다.

벨리니 오페라 노르마 서곡 1악장
오페라 노르마 아리아 '정결한 여신' 1악장
라흐마니노프 피아노 협주곡 제1번 f#단조, op. 1 1악장
라흐마니노프 피아노 협주곡 제2번 C단조, op. 18 1악장

2024 대구 국제 피아노 페스티벌 II
DAEGU INTERNATIONAL PIANO FASTIVAL

 2024 대구 국제 피아노 페스티벌 둘째 날이다.

2024. 8. 23. (금) pm 7:30.

대구콘서트하우스 그랜드홀

연주 대구시립교향악단

지휘 백진현

피아노 연주자 마르코스 마드리갈 MarcosMadrigal

피아노 연주자 얀 프란시스 팡 YanFrancis Fang

피아노 연주자 와엘 파루크 Wael Farouk

연주곡 라흐마니노프 S. Rachmaninoff 파가니니 주제에 의한 랩소디 op. 43, 라벨 M. Ravel 피아노 협주곡 G장조, 그리그 E.Grieg 피아노 협주곡 a단조 op. 16

♖ 라흐마니노프 파가니니 주제에 의한 랩소디, op. 43

(피아노 연주자 : 마르코스 마드리갈 Marcos Madrigal)

세르게이 라흐마니노프는 1917년 러시아 망명 후 6곡만 작곡하였다. 이는 작곡 대신 투어 피아니스트로서의 활동에 주력해야 한다는 것을 의미했다. 빡빡한 연주 일정과 주기적인 건강 문제, 고향에 대한 그리움은 작곡을 점점 더 어렵게 만들었고, 망명 후 첫 작품인 피아노 협주곡 제4번이 냉담한 반응을 얻자 더욱 자신감을 잃어갔다. 1930년대에 스위스 루체른 호숫가에 보금자리를 마련하며 어느 정도 안정감을 되찾은 그는 1934년 여름, 약 7주 만에 '파가니니 주제에 의한 랩소디'를 완성했다.

19세기 초의 바이올린 명인 니콜로 파가니니의 '24개의 독주 바이올린 카프리스'는 브람스(작품 35), 슈만(작품 3과 10), 리스트(6개의 초절기교 연습곡)와 같은 유명 작곡가들에게 큰 영감을 주었다. 라흐마니노프 역시 이 작품의 24번째 곡에 등장하는 단순한 선율을 바탕으로 피아노 독주와 오케스트라를 위한 협주곡을 작곡했다.

초연 당시 관객들은 이 곡의 고난도 기교와 노골적인 낭만성에 열광적으로 반응했으나 비평가들은 혹평을 가했다. 그럼에도 불구하고 작품에 대한 인기는 계속되었고, 현재까지도 피아노와 오케스트라를 위한 가장 인기 있는 작품 중 하나로 꼽힌다.

작곡 1934년, 초연 1934년 11월 7일, 미국 볼티모어에서 레오

폴드 스토코프스키가 지휘, 라흐마니노프가 피아노를 맡고 필라델피아 오케스트라의 연주로 이루어졌다.

♪ 라벨 피아노 협주곡 G장조

(피아노 연주자 : 얀 프랜시스 팡Yan Francis Fang)

모리스 라벨은 1875년 3월 7일, 프랑스 남서부 시부르에서 태어나 3개월 후 양친을 따라 파리로 옮겨 간 후 거의 일생을 파리에서 지냈다. 그는 파리 음악원에서 포레에게 작곡을 제달주에게 대위법을 배우며 학생 시절부터 이름을 알렸는데, 대담하고 풍부한 색채감이 가득한 화성 감각과 음악성을 바탕으로 봄의 리듬에 큰 관심을 보였다. 또한 독창적이고 명쾌한 선율과 뚜렷한 형식을 중요시한 고전주의자였으며, 기본적으로 끝까지 조성을 버리지 않았다.

• 제1악장 알레그라멘테 G장조 2/2박자. 소나타 형식이다. 먼저 예상치 못한 채찍 소리로 곡을 시작해 청중을 깜짝 놀라게 함으로써 감상의 몰입을 유도한다.

• 제2악장 아다지오 아사이 E장조 3/4박자. 3부 형식의 느린 악장이다. 악장 전체의 1/3가량이 피아노 독주만으로 연주된 다음 오케스트라가 가담한다.

• 제3악장 프레스토 G장조 2/4박자. 서주와 토카타풍의 주부로 이루어져 있다. 금관의 합주를 중심으로 화성적 연주가 이뤄진 후,

스네어 드럼의 격렬한 연타로 시작된다. 마치 서커스나 화려한 행진의 분위기를 띤다.

작곡 1931년, 초연 1932년 1월 14일, 프랑스 파리 살 플레옐에서 라벨이 지휘하고 마르그리트 롱이 피아노를, 라무뢰 오케스트라의 연주로 이루어졌다.

♪ 그리그 피아노 협주곡 a단조 op. 16

(피아노 연주자 : 와엘 파루크Wael Farouk)

노르웨이의 국민 작곡가 에드바르 그리그는 1866년 23세 때 크리스티아(현, 오슬로)필하모니협회 지휘자가 되었고, 이듬해 사촌 여동생이자 소프라노 가수 니나 하게루프와 결혼하였다. 이후 그는 1868년 6월 부인과 갓 태어난 장녀 알렉산드라를 데리고 덴마크 코펜하겐 교외에 있는 소를로즈의 작은 별장에 머물며 단란한 가정을 꾸렸다. 이 무렵, 예전부터 간직해 온 국민 음악의 이상을 담아 이 피아노 협주곡을 완성하였다.

• 제1악장 알레그로 몰토 모데라토 a단조 4/4박자. 소나타 형식으로 고전 협주곡에서 흔히 볼 수 있는 제시부와 달리 관현악의 긴 제시를 생략하고 바로 피아노가 활약한다. 팀파니의 크레셴도에 이어 강한 합주와 함께 독주 피아노가 등장한다. 이때 피아노의 강렬한 연주는 일명 '그리그 사인Grieg's Sign'으로 불리는 유명한 도입

부이다.

- 제2악장 아다지오 D♭장조 3/8박자. 겹세도막 형식으로 제1부는 약음기를 단 현악기가 차분하고 명상적인 주제를 부드럽게 연주한다.
- 제3악장 알레그로 모데라토 몰토 에 마르카토 a단조 2/4박자. 론도 소나타 형식을 토대로 한 자유로운 구성이며, 전 악장 중에서 규모가 가장 크다.

작곡 1868년, 초연 1869년 4월 3일, 덴마크 코펜하겐에서 홀거 시몬 파울리가 지휘하고, 에드문트 노이페르트의 피아노로 이루어졌다.

피아노 연주자, 마르코스 마드리갈Marcos Madrigal은 쿠바 아바나에서 태어났다. 쿠바예술대학교ISA에서 명망 있는 교수이자 피아니스트인 테레시타 홀코를 사사했다. 2017년부터 쿠바 아바나에서 열리는 국제 클래식 음악 축제인 '아바나 클라시카'의 예술 감독을 맡고 있다.

"그는 음악적이고 서정적이며 감각적 자유로움으로 연주한다."
- 알베르토 치마, 스위스 〈코리에레 델 티치노〉

피아노 연주자 얀 프란시스 팡Yan Francis Fang은 줄리아드 음악원 교수 제롬 로웬탈로부터 '성숙하고 권위있는 피아니스트'라는 찬사를 받았다.

"탁월한 전문성, 예리한 음감, 이성과 감성의 멋진 균형과 매력적인 예술적 기질" - 피아니스트 당 타이 손

이집트 피아노 연주자 와엘 파루크Wael Farouk는 2013년 솔로 데뷔 당시 '절대적으로 훌륭하다.'라는 평을 받은 바 있다. 뉴욕 콘서트 리뷰에서 '강력하고 장엄한 피아니스트'라고 극찬을 받았다. 2012년부터 2022년까지 시카고 루스벨트대학교 교수로 재직한 그는 2021년부터 맨해튼음악학교 교수로 후학을 양성하고 있다.

"그는 역사에 길이 남을 무대로 더 높이 날아오를 준비를 마쳤다." - 한나 에드거, 미국 〈시카고 트리뷴〉

마르코스 마드리갈의 앙코르곡은 레쿠오나 안달루시아 모음곡 중 제6곡 말라게냐E.Lecuona-AndalciaSuite 6 Malaguena를, 얀 프란시스팡의 앙코르곡은 차이콥스키의 18개의 소곡집, op. 72 중 제5곡 명상Meditation을 들려주었다. 와엘 파루크의 앙코르곡은 글린카의 페테르부르크와의 작별 중 제10곡 종달새(편곡 발라키레프), 그리그 피아노 편곡모음 제1집 op. 41 중 제3곡 '그대를 사랑해'의 2곡을 선물했다.

2일간 5명의 연주자를 초청하여 열린 대구 국제 피아노 페스티벌은 규모면에서는 작지만 좋은 무대였다. 연주자 면면이 러시아

이탈리아 중국 쿠바 이집트 등으로 평소 만날 기회가 드문 남미와 아프리카의 연주자를 만난 것은 행운이다. 그들의 연주는 후학을 지도하는 교수답게 엄숙한 의식처럼 진지하다. 지금까지 음악을 대하는 기본적인 나의 시각을 되돌아보는 시간이기도 했다. 나의 바람은 초청 연주자의 수를 더 늘려 다양한 자세와 연주를 볼 수 있으면 좋겠다.

라흐마니노프 파가니니 주제에 의한 랩소디, op. 43
라벨 피아노 협주곡 G장조
그리그 피아노 협주곡 a단조, op.16

카푸숑과 로잔 챔버 오케스트라
Renaud Capucon & Ochestre de Chambre de Lausanne

20대의 젊은 나이로 세계적인 반열에 오른 촉망받는 바이올리니스트 카푸숑이다. 그가 2021년 9월부터 예술감독으로 있는 스위스 로잔 챔버 오케스트라와 함께 대구에 왔다. 그의 바이올린 독주와 합주, 협주 연주와 교향곡 지휘가 기대된다.

♧ 베토벤 L. V. Beethoven, 1770~1827 바이올린과 오케스트라를 위한 로망스 No. 1 G장조, op. 40

18세기에는 기악의 로망스가 유행했다. 로망스의 어원은 중세시대 스페인의 민족적인 영웅이나 사랑 이야기를 주제로 담고 있는 이야기식 가곡을 뜻하나, 여러 의미를 내포하고 있다. 주로 성악곡에서 사용된 로망스의 단순성과 서정성은 많은 바이올리니스트나 작곡가들의 상상력을 자극해 각색하도록 만드는 좋은 자극제가 되었다. 이 곡은 작은 론도 형식이다. 전반적으로 차분한 곡의 분위기와 달리, 마지막 코다 부분에서는 바이올린의 강렬하고 긴 트릴로 웅장하게 마무리된다. 베토벤은 생애 두 개의 로망스를 작곡하였다. 두 작품은 항상 연관되어 설명된다. 두 작품 중 op. 40이 먼저 출판되었지만 시기적으로 먼저 작곡된 것은 op. 50이다.

♪ 베토벤 바이올린과 오케스트라를 위한 로망스 No.2 F장조, op. 50

로망스 제2번은 대중에게 친숙한 곡이다. 이 곡은 4/4박자이고, 로망스 제1번과 같이 작은 론도 형식으로 쓰였다. 전체적으로 느리면서 따뜻한 음색이 오케스트라와 함께 멜로디를 주고 받으면서 발전해 나간다.

♪ 베토벤 트리플 콘체르토 C장조, op. 56

협주곡은 악기와 함께 연주되기 이전에는 성악과 함께 연주되는 것이 일반적이었지만 고전주의 시대에 이르러 기악 협주곡 형식이 확립되었다. '합주 협주곡'은 협주곡의 흐름과 같이 바로크 시대에서 코렐리, 토렐리, 바흐 등에 의해 형식과 악장 구성이 확립된 장르이다. 이 곡은 베토벤의 음악 인생에서 가장 바쁜 시기인 제2기(1803~1812)에 쓰였다. 비엔나에서 즉흥 연주자로 명성을 얻었고, 그와 동시에 활발한 음악 활동을 통해 음악가로서의 자리매김을 단단히 굳히고 있었다. 그때 베토벤의 청력에 문제가 생기기 시작했고 1801~1802년에는 말소리를 들을 수 없을 만큼 악화되었다.

이 시기에 '피아노 소나타 제21번 다장조, 발트슈타인', '교향곡 제5번 다단조, 운명' 등 그의 가장 위대한 작품들로 손꼽히는 곡들이 탄생했는데 그중 하나가 바로 '삼중 협주곡 다장조'이다. 이 작품은 베토벤의 후원자였던 '요제프 폰 롭코비츠공작'에게 헌정되었다.

1악장(Allegro)은 소나타 형식과 리토르넬로 형식이 혼합된 악장으로 힘있는 주제가 긴장과 이완을 이어간다. 2악장(Largo)은 매우 간결하고 짧은 악장이며 1악장과 3악장을 연결하는 역할을 한다. 아타카attacca로 쉬지 않고 3악장으로 바로 이어진다. 3악장(Rondo alla Polocca)은 폴란드풍, 즉, 폴로네즈 스타일의 빠른 악장으로, 론도 소나타 형식이다.

♫ 라벨M. J. Ravel, 1875~1937 쿠프랭의 무덤 M. 68a

쿠프랭은 17세기부터 19세기 중반까지 활동하던 쿠프랭 가문의 '쿠프랭 프랑수아'가 그 주인공이다. 이 곡의 제목에서 무덤Tombeau이란 단어는 16세기 프랑스에서 사회적으로 중요한 인물을 기리는 추모의 의미로 사용되었고, 특히 추모를 위한 시 모음집에서 자주 쓰였던 표현이다. 또한 라벨은 1차 세계 대전에서 목숨을 잃은 친구들을 위해 '쿠프랭의 무덤 M. 68a'을 헌정하였다. 오늘 연주되는 관현악 편성의 이 작품은 라벨이 피아노를 위한 곡으로 먼저 작곡한 뒤 1919년에 'Fugue'와 'Toccata'를 제외한 나머지 4곡을 관현악을 위해 편곡한 것이다.

1악장(Vif)은 확대된 2부 형식이며 바로크 시대의 모음곡에서 'Prelude'가 서주 역할을 했던 것처럼 쿠프랭의 무덤에서도 모음곡 전체의 서주로 등장하고 있다.

2악장(Allegretto)의 'Forlane'이란 16세기초 북부 이탈리아의 춤곡에서 유래된 2박자 계열의 곡으로 18세기 전반 프랑스 궁정에서 크게 유행하였고 우아하면서 관능적인 성격을 지닌 곡이다. 이 악장은 라벨 특유의 조성적 모호함이 더해졌으며 론도 형식으로 이루어져 있다.

3악장(Allegro moderato)의 'Menuet'은 3/4박자의 우아한 춤곡으로 17세기 중반에 루이 14세의 궁정에 도입되어 유럽에 퍼졌다. 4악장(Assez vif)의 'Rigqudon'은 17세기 프랑스 프로방스 지방에서 유래된 빠르고 쾌활한 춤곡으로 프랑스 궁정 음악으로 자주 사용되었다. 이 곡은 3부 형식이다.

♪ 프로코피예프 S. Prokofiev, 1891~1953 교향곡 No. 1 '고전', op. 25

이 작품은 프로코피예프의 신고전주의적 경향이 잘 드러나는 작품 중 하나이다. 프로코피예프의 신고전주의는 음악에서 소나타 형식을 능가하는 형식은 없다는 생각에서 시작되었다. 이 작품은 '현대인이 살고 있는 오래된 마을'이라고 불리기도 한다. 빠른 템포의 소나타 형식을 취하고 있는 1악장(Allegro) 라르게토의 3부 형식을 취하는 2악장(Intermezzo. Larghetto)은 3부 형식으로 중간부가 축이 되어 첫 부분과 끝부분이 대칭을 이루는 형식이다. 3악장(Gavotte. Non troppo allegro)은 전통적으로 사용되던 미뉴에트 악장이 아닌 가보트로 진행된다. 4악장(Molto Vivace)은 고전적 형식에 따라 1악장의 조성인 라장조를 고수하였고, 소나타 형식으로 이루어져 있다. 이 곡은 '고전 교향곡'의 제목과 부합하게 실험적이고 혁신적인 시도보다는 고전적인 전통성을 수용하는 것에 중심을 두는 동시에 현대성을 분명하게 드러낸 작품으로 간주된다.

르노 카푸숑Renaud Capucon, 1976~ 은 솔리스트이자 실내악 연주자, 그리고 지휘자로 세계적인 명성을 얻고 있다. 14세에 파리 국립고등음악원, 1995년 베를린 예술대학에 입학하여 토마스 브란디스, 아이작 스턴, 슐로모 민츠, 오귀스탱 뒤메이를 사사하였다.

피아니스트 이진상1981~ 은 2009년 스위스 취리히 게자 안다 콩쿠르에서 동양인 최초 우승과 동시에 대회 최초로 슈만상, 모차르트상, 그리고 청중상 등의 모든 특별상을 휩쓸며 이목을 집중시켰다. 2005년 쾰른 국제 피아노 콩쿠르와 2008년 홍콩 국제 피아노 콩쿠르에서도 우승을 차지하며 국제무대에서 명성을 쌓았다. 스타인웨이 함부르크 공장에서 피아노 제작과정에 직접 몸담기도 했다. 2015년부터 '베토벤 트리오 본Beethoven Trio Bonn'의 피아니스트로서 활동하고 있으며, 2018년부터 한국예술종합학교 음악원 교수로 재직 중이다.

첼로 한재민2006~ 은 유럽 최대 규모 페스티벌 중 하나로 꼽히는 에네스쿠 페스티벌이 주관하는 2021년 제오르제 에네스쿠 국제 콩쿠르에서 대회 사상 최연소인 열다섯의 나이로 우승, 같은 해 제네바 국제 콩쿠르에서 최연소 3위를 차지하며 전 세계의 이목을 집중시켰다. 2020년 신한음악상, 제1회 윤이상 국제 음악 콩쿠르의 수상자이기도 한 한재민은 23년도부터 독일 크론베르크 아카데미에 재학 중이다.

스위스 로잔은 레만호와 노트르담 대성당이 있는 아름답고 유서 깊은 도시다. 빅토르 데자르첸스가 1942년 설립한 스위스 로잔 챔버 오케스트라Orchestre de Chambre de Lausanne(OCL)는 오늘날 유럽에서 가장 인기 있는 실내악 오케스트라 중 하나이다. 현재 전 세계적으로 유명한 프랑스 바이올리니스트 르노 카푸숑이 지휘를 맡고 있다. 약 50명의 음악가로 구성된 스위스 로잔 챔버 오케스트라는 초기 바로크에서 현대 창작에 이르기까지 방대한 레퍼토리를 연주하며, 전 세계 유명 콘서트홀 및 유수의 페스티벌에 초청되고 있다.

앙코르곡은 1부 베토벤 트리플 콘체르토 C장조, op. 56, 3악장 중 일부와 2부 가브리엘 포레 마스크와 베르가마스크 op. 112, 1악장이다.

오늘의 연주는 베토벤의 로망스 1~2의 순서를 바꿔서 연주했다. 카푸숑의 연주는 명성에 걸맞게 아름다운 로망스로 이끌었다. 트리플 콘체르토 C장조, op. 56은 카푸숑의 바이올린과 첼로 한재민 군, 피아노 이진상의 연주는 환상적이었다. 특히 한국의 젊은 연주자들의 첼로와 피아노 연주는 세계적인 카푸숑의 지휘와 잘 어울리는 연주력을 보여 만족했다. 다만 르노 카푸숑의 지휘에서 정확한 비트 대신 어깨와 상체를 좌우로 흔드는 것이 다소 아쉬운 점이다.

챔버 오케스트라의 진수를 보여준 로잔의 여운이 향기롭다.

베토벤 바이올린과 오케스트라를 위한 로망스 No. 1 G장조, op. 40
베토벤 바이올린과 오케스트라를 위한 로망스 No. 2 F장조, op. 50
베토벤 트리플 콘체르토 C장조, op.56
라벨 쿠프랭의 무덤, M. 68a
프로코피예프 교향곡 No. 1 '고전', op. 25

마리아 조앙 피레스 피아노 독주회
Maria Joao Pres Piano Recital

 곱게 다듬어 아름다움이 가득한 피아노 독주회. 동갑내기 피아니스트가 세계 연주 여행을 다니며 멋진 단풍을 자랑한다. 마음의 위로를 주고 받으려고 찾은 연주회는 오히려 신선한 기운을 듬뿍 받았다.

2024. 9. 27. (금) pm 7:30.
대구콘서트하우스 그랜드홀

♧ 모차르트L. Mozrat, 1756~1791 피아노 소나타 No. 10 C장조, K. 330
어여쁘다는 말이 참 잘 어울리는 이 작품에 대해 설명할 때 자주 등장하는 단어가 '갈랑 양식galant style'이다. 우아하다는 뜻이 들어 있는 이 단어에는 '친절한 환심을 사려는' 등의 의미도 있다. 요컨대 품격이 있으면서도 듣기 쉽게 만들어진 스타일의 예술작품을 뜻하기도 한다. 심각하거나 진지함보다는 간결하고 금방 귀에 들어오는 모티브를 사용하는 갈랑 양식을 모차르트의 건반악기에 적용할 때 제일 먼저 떠오르는 작품이 K. 330의 소나타다. 소담스런 악상을 담은 C장조의 소나타는 길지 않은 구성과 까다롭지 않은 기교가 들어있어 피아노를 배운 지 얼마 안 된 초심자나 학생들이 즐겨 연주하는 곡이지만 악상의 표현법이나 뉘앙스의 전달면에서는 어느덧 깊어진 성숙함이 느껴지기도 한다. 실제로 해당 곡은 1784년 출판되었다.

1악장은 알레그로 모데라토의 지시어로, 2/4박자이다. 우아하면서도 통통 튀는 주제들이 나타나며 멜로디의 장식으로 등장하는 꾸밈음들은 다양하고 애교가 넘친다. 32분음표들이 만들어내는 분방한 모티브들의 발랄함은 악장 전체에 가벼움과 즐거움을 선사하고 있다.

안단테 칸타빌레의 2악장은 F장조로, 차분한 3부 형식이다. 서정적이면서도 현악기에 어울릴 듯한 멜로디가 등장해 우아함을 뽐낸다. 알레그레토의 3악장은 소나타 형식으로 역시 명랑한 기분이다.

♪ 드뷔시 C. Debussy, 1862~1918 베르가마스크 모음곡, L. 75

'베르가마스크' 모음곡은 드뷔시가 스물세 살 때인 1890년 작곡된 것으로 알려져 있지만 정작 출판은 1905년에야 이루어졌다. 이 시기의 드뷔시는 민족주의에 대한 각성이었다. 젊은 시절 바이로이트까지 찾아가서 독일 작곡가 바그너의 음악극을 관람할 정도로 극성 바그네리안이었다.

그는 이때부터 자신의 모든 경력을 걸고 프랑스만의 고유한 언어, 그중에서도 오랫동안 동면 중이던 르네상스 및 바로크 음악의 전통을 부흥하기로 결심했다. 그는 프랑스 음악의 미덕을 명확하고, 우아하며, 단순하고, 자연스러운 음악으로 규정지었다.

"프랑스 음악의 목적은, 그 무엇보다도 기쁨에 있다. 프랑스 음악의 뛰어난 감각의 판타지로 설명될 수 있다."고 주장했다. 이런 가치를 추출하고자 시도한 곡이 '베르가마스크' 모음곡이다.

1악장 프렐류드는 시작과 끝이 특히 강렬하고 역동적인 악장이다.

2악장의 미뉴에트는 프랑스 궁정에서 유행하던 적당한 빠르기로 진행되는 3/4박자의 우아한 춤곡이지만 여기서 드뷔시는 옛 양식을 크게 고려하지 않는다.

3악장 달빛은 이 모음곡 가운데 가장 유명한 곡이자, 유일하게 바로크 형식을 제목으로 가지지 않은 곡이다. 마지막인 4악장은 전체 모음곡 가운데 가장 연주하기 어려운 곡이자 장장 156마디의 가장 긴 곡이기도 하다.

♪ 모차르트 피아노 소나타 No.13 B♭장조, K. 333

모차르트는 반드시 필요한 최소한의 말(음표)만 써서 자신의 메시지를 전달한 가장 이상적인 작곡가를 논할 때의 주인공이다. 그가 만든 17곡의 피아노 소나타들은 그런 면에서 가장 좋은 예라고 하겠다. 두세 개의 음과 최소의 화음만으로도 웅변이 가능하며, 작은 꾸밈음 몇 가지를 늘어놓는 것으로도 비르투오소적 표현이 펼쳐지는 그의 소나타들은 들여다볼수록 그 신비스러움이 배가되는 소우주다. 확대와 축소를 서슴지 않고 실험했으며, 실내악과 교향악의 울림까지 암시했던 그의 피아노 소나타 가운데 B플랫 장조의 조성을 지닌 K. 333은 협주곡적인 스케일과 상상력을 담은 작품이다.

부드러움과 우아함을 함께 지닌 1악장 알레그로는 느린 악장의 안단테 칸타빌레의 2악장과 마찬가지로 대규모의 소나타 형식이다. 3악장은 론도 형식으로 마치 협주곡의 마지막을 연상시키는 듯한 화려함이 돋보인다.

♪ 드뷔시 피아노를 위하여, L. 95

'피아노를 위하여'는 '목신의 오후에의 전주곡' 초연 즈음 작곡한 '사라방드'가 모태로, 〈피아노 치는 이본과 크리스틴 르롤〉이라는 르누아르 그림의 모델인 화가 앙리 르롤의 딸 이본 르롤에게 헌정됐다. 사라방드 앞뒤로 프렐류드와 토카타를 각각 추가하며 모음집을 완성한 것은 1901년의 일이다. 각 작품들은 3분 내외의 짧은 곡들로 인상주의 사조를 본격적으로 확립하기 이전 작곡가의 과도기 시절을 보여준다. 두 번째 곡 사라방드는 프렐류드에 비해 훨씬 조용하고 내면적이며, 오묘하게 꼬인 화음이 남기는 여운이 깊다. 마지막 곡 토카타에서 모음곡은 빠른 템포로 돌아와 다시 박력과 화려함을 되찾는다.

마리아 조앙 피레스Maria Joao Pires, 1944~는 포르투갈 리스본에서 태어났다. 만 4세에 첫 독주회를 열었고, 캄포스 코엘료와 프란신 베너아 문하에서 음악이론과 피아노를 공부했다. 이후 독일로 건너가 세계적인 피아니스트 로슬 슈미트와 칼 엥겔에게 피아노를 사사했다. 활발한 연주를 선보이는 것 외에도 그는 프랑스의 대표적 레이블인 에라토ERATO 및 도이치 그라모폰과 각각 15년, 20년 동안 협업하며 많은 음반을 발표했다.

피레스는 1970년대부터 예술이 삶과 공동체, 교육에 미치는 영향을 반영하는 데 전념해왔다. 개인과 문화의 발전을 존중하면서 이상理想이나 사고의 활발한 공유를 유도할 방법을 고민해왔다. 1991년에는 포르투갈에 벨가이스 예술 연구 센터Belgais Centre for the Study of the Arts를 설립했다. 정기적으로 전문 음악가와 음악 애호가를 위한 학제 간 워크숍도 열고 있다. 특히 벨가이스 콘서트홀에서는 정기적으로 콘서트와 녹음이 진행되고 있으며, 이 행사는 국제 디지털 커뮤니티와 공유될 예정이다.

2012년, 그는 벨기에에서 두 가지 상호보완적인 프로젝트를 시작했다. 바로 헤스페로스 합창단Hesperos Choir처럼 불우한 환경의 아동을 위한 합창단을 만들고 발전시키는 '파르티투라 합창단Partitura Choirs 프로젝트'와 '파르티투라 워크숍Partitura Workshop'이다. 파르티투라 프로젝트는 지금과 같은 경쟁 중심 사회에 대안을 제시함으로써, 서로 다른 세대의 예술가 사이에 이타적 동력을 불러일으키는 것을 목표로 하고 있다. 이 철학은 파르티투라 프로젝트와 워크숍을 통해서 전 세계로 확산되고 있다.

마리아 조앙 피레스는 모차르트의 특징은 물론 조성이 모호한 드뷔시 인상주의의 특성을 담아왔다. 그 위에 단정하고 단아한 연주에 여백 있는 한폭의 산수화였다.

그동안 수많은 연주자와 단체를 만났지만 이 연주자처럼 흐트러짐이 없는 연주자는 몇 안 된다. 그녀는 오랫동안 축척된 교양과 삶의 향기에서 얻게 된 포근하고 넓은 문화적 영토를 가지고 있는 연주자다.

그녀의 명성을 아는 여성 애호가들이 관중석을 채웠다. 지금까지 연주력을 지니고 있는 생활과 자기 관리에 찬사를 보내는 것이리라. 한 곡을 마치고 퇴장하기를 반복하면서 쉬지 않고 예정된 연주를 마치고 드뷔시의 아라베스크 1번을 앙코르곡으로 연주하며 끝났다. 모처럼 크고 긴 박수로 축하와 고마움에 답했다.

나의 환경과 출발점이 다르지만 그녀의 연주를 대하고 나니 한동안 샘도 나고 부럽기도 했다. 늦게 홀을 나서는데 그녀의 사인을 받으려는 긴 줄의 끝이 보이지 않는다. 내가 너무하지 않느냐고 직원을 나무라자 200명에게 사인을 하겠다고 허락했다는 것이다. 사인의 어려움 대신 그녀는 엔도르핀보다 일천 배가 넘는 도파민을 얻을 것 같아 내가 더 기쁘고 행복하다.

그녀의 단풍은 생각보다 더 멋지고 화려했다.

모차르트, 피아노 소나타 No. 10 C장조, K. 330
드뷔시, 베르가마스크 모음곡, L. 75 3악장
모차르트, 피아노 소나타 No. 13 B♭장조, K. 333
드뷔시, 피아노를 위하여, L. 95

정명훈과 라 페니체 오케스트라
MYUNG-WHUN CHUNG & ORCHESTRA TEATRO LA FENICE

2024년 월드오케스트라다. 한국을 대표하는 세계적인 연주자며 지휘자인 정명훈과 이탈리아의 명문 라 페니체 극장의 오케스트라 만남이 가슴 설레게 했다.

2024. 10. 10. (목) pm 7.
대구콘서트하우스
연주곡 모차르트 피아노 협주곡 23번 A장조 K. 488, 프로코피예프 〈로미오와 줄리엣〉 발레모음곡 중 발췌

♪ 모차르트 피아노 협주곡 23번 A장조, K. 488
모차르트는 오페라 〈피가로의 결혼〉을 작곡 중이던 1785년 10월에서 1786년 4월 사이에 세 편의 피아노 협주곡을 나란히 작곡했다. 바로 '22번 E♭장조', '23번 A장조', '24번 C단조'인데, 오케스

트라에 클라리넷을 기용한 이 세 곡은 모차르트가 남긴 모든 피아노 협주곡 가운데 정점에 위치한다. 특히 1786년 3월 2일에 완성된 '피아노 협주곡 23번 A장조'는 친숙해지기 쉬운 선율과 단순명쾌한 구성, 감명 깊은 느린 악장 등으로 인하여, 모차르트의 모든 피아노 협주곡 중에서 영화 〈엘비라 마디간〉에 사용된 '피아노 협주곡 21번 C장조'와 더불어 가장 널리 사랑받는 작품으로 꼽힌다.

우아한 1악장, 아름답고 우수 어린 2악장, 활기차고 경쾌한 3악장으로 구성된 이 '피아노 협주곡 23번 A장조'는 절정기 모차르트의 탁월하고 심오한 음악성을 잘 보여주는 걸작이다.

♤ 프로코피예프 〈로미오와 줄리엣〉 발레 모음곡 중 발췌
  Ⅰ. 몬태규가와 캐퓰렛가(모음곡 2번, op. 64)
  Ⅱ. 소녀 줄리엣(모음곡 2번, op. 64)
  Ⅲ. 가면들(모음곡 1번, op. 64)
  Ⅳ. 발코니 장면(모음곡 1번, op. 64)
  Ⅴ. 티볼트의 죽음(모음곡 1번, op. 64)
  Ⅵ. 로렌스 신부(모음곡 2번, op. 64)
  Ⅶ. 다섯 커플의 춤(모음곡 2번, op. 64)
  Ⅷ. 안틸 제도에서 온 소녀들의 춤(백합꽃 든 소녀들) (모음곡 2번, op. 64)

Ⅸ. 줄리엣 무덤가의 로미오 (모음곡 2번, op. 64)
Ⅹ. 줄리엣의 죽음 (발레, op. 64)

셰익스피어의 동명 희곡에 기초한 발레 음악 〈로미오와 줄리엣〉은 프로코피예프의 최고 인기작이자 그의 경력에서 가장 중요한 작품 중 하나이다. 프로코피예프는 이 작품을 쓰던 무렵 오랜 망명 생활을 청산하고 모스크바로 귀환했다. 그리고 소비에트 당국의 요구에 부응하는, 보다 간결하고 표현적이며 서정성 풍부한 작품을 쓰기 위해 노력했다. 그 과정에서 영화 음악 〈키제 중위〉, 음악 동화 〈피터와 늑대〉 등을 내놓았고, 특히 이 〈로미오와 줄리엣〉을 통해서 자신의 작품을 실험주의에서 자연주의로, 모더니즘에서 로맨티시즘으로 전환하는 데 완전히 성공하여 과도기의 벽을 뛰어넘었다.

발레 〈로미오와 줄리엣〉은 전막 상연에 2시간 반 정도가 걸리는 장대한 작품이다. 그 구성은 아마도 이 유명한 러브스토리를 다룬 여러 클래식 음악 작품들 가운데 가장 원작에 충실하다고 볼 수 있다. 프로코피예프의 음악은 원작에 담긴 다양한 요소들을 매우 효과적이면서도 개성적으로 묘파해 냈는데, 그 세밀하고 다채로운 묘사적 필치는 원작을 익히 알고 있는 이들이라면 발레 무대 없이도 등장인물들과 장면들의 이미지를 머릿속에 그려볼 수 있을 정도로 효과적이다.

라 페니체 오케스트라는 라 페니체 극장과 그 유구한 역사를 함께하고 있다. 라 페니체 극장은 19세기 오페라 역사에 있어 가장 중요하고 근본이 되는 〈세미라미데〉, 〈카풀레티가와 몬테키가〉, 〈리골레토〉, 〈라 트라비아타〉와 같은 작품들의 세계 초연 무대를 선보였다. 20세기 후반 라 페니체 오케스트라는 레퍼토리의 다양화에 집중함과 동시에, 엔리코 마이나르디, 므스티슬라프 로스트로포비치, 에드빈 피셔, 알도 페라레시, 아르투르 루빈스타인과 같은 연주자들과 함께하며 독립된 심포니 오케스트라로서 연주 레퍼토리를 넓혀갔다.

라 페니체 극장이 1938년 독립된 기관으로 자리 잡으며 베니스 비엔날레에서 활발한 활동을 펼침에 따라 오케스트라도 새롭게 재탄생되었다. 이후, 셰르헨, 번스타인, 스트라빈스키와 같은 거장들과 협업을 이어 나갔고 첼리비다케와는 베토벤 교향곡 전곡을 연주했으며 콘비츠니와는 바그너 링 사이클을 함께했다.

정명훈은 1974년 모스크바 차이콥스키 국제 피아노 콩쿠르에서 2위를 차지하며 피아니스트로 시작했다. 뉴욕 줄리아드 음악원과 매네스 음대에서 공부한 뒤 1979년 LA 필하모닉의 음악감독이었던 카를로 마리아 줄리니의 보조 지휘자로 발탁되었고, 그로부터 2년 후 부지휘자로 임명되었다.

2022년에는 KBS 교향악단의 명예 지휘자로 선임되었으며

2023년 밀라노라 스칼라 필하모닉의 역사상 첫 명예 지휘자가 되었다. 유럽 이외에도 일본의 도쿄 필하모닉 명예 지휘자, 그리고 서울시립교향악단 전 음악감독의 역할을 통해 아시아 지역에서의 음악적, 사회적 활동에 더욱 전념하고 있다. 정명훈은 작년 부산시립 공연장의 초대 예술감독으로 위촉되었다.

국내에서 청소년을 위한 음악 및 환경 프로젝트 시리즈를 진행하고, 유엔마약통제계획UNDCP 친선대사를 역임하는 등 현시대의 인도주의적, 생태학적 문제에도 깊은 관심을 쏟고 있다. 정명훈은 이에 1995년 유네스코가 선정한 '올해의 인물'로 선정되었으며, 1996년 한국 음악 문화에 기여한 공로를 인정받아 한국 정부의 최고 문화훈장인 금관문화훈장을 받았다. 또한 한국 정부 역사상 최초의 명예문화대사로 임명된 바 있으며, 2008년 유엔아동기금 UNICEF 국제친선대사로 임명되어 현재까지도 활발한 활동을 펼치고 있다.

정명훈 피아니스트의 앙코르곡은 슈만의 '트로이메라이'이며 라 페니체 오케스트라의 앙코르곡은 마스카니 오페라 카발레리나 루스티카나의 '간주곡'과 롯시니의 윌리엄 텔 서곡의 파이널 부분이다.

페니체의 연주는 밤송이가 벌어져 탐스런 알밤이 손짓하듯 더 이상 나무랄 데 없는 멋진 연주다. 폭발 직전의 자제력과 노련하고 풍부한 소리는 특히 낮은 음에서 주먹을 불끈 쥐게 하는 저력이었다. 더블베이스가 7대가 동원된 굵은 소리였다. 마지막 줄리엣의 죽음에서 보여준 바이올린의 여리고 높은 음의 연주는 온몸을 저리게 했다. 지휘자로서 정명훈은 로미오와 줄리엣의 모음곡을 유수한 페니체 오케스트라를 통해 소리의 마법사 역할을 제대로 해냈다.

모차르트, 피아노 협주곡 23번 A장조 1악장
프로코피예프, 로미오와 줄리엣 모음곡 중 1번 몬태규가와 캐퓰렛가 (모음곡 2번, op. 64)
8번 안틸 제도에서 온 소녀들의 춤(백합꽃 든 소녀들) (모음곡 2번, op. 64)
10번 줄리엣의 죽음 (발레, op. 64)

얍 판 츠베덴 & 서울시립교향악단
Jaap van Zweden & Seoul Philharmoic Orchestra

수성아트피아 명품시리즈. 얍 판 츠베덴 & 서울시립교향악단을 초청한 연주회다. 내가 좋아하는 바이올리니스트 클라라 주미 강이 함께한다.

2024. 10. 31. (목) pm 7:30. 대구 수성아트피아 대극장

♫ 바그너 뉘른베르크의 명가수 중 1막 전주곡

'뉘른베르크의 명가수'는 바그너 Richard Wagner, 1813~1883가 완숙기에 발표한 악극 musik-drama(바그너식 오페라)이다. 이 작품은 중세 독일의 자유 도시 뉘른베르크를 배경으로 노래의 명인에 어울리는 자격(빼어난 재능과 더불어 일정한 규칙을 마스터해야 한다)을 갖춘 사람에게 부여하는 '마이스터싱어 meistersinger(장인 가수, 노래 명장)'라는 영예로운 칭호를 두고 경연대회를 벌이는 민중 음유 시인들의 이야기를 다루고 있다. 바그너는 이 작품에서 전설적인 음유 시인 한스 작

스Hans Sachs, 1494~1576라는 실존 인물을 극의 중심에 내세워, 그로 하여금 체계적 규율과 진취적 자율성이 조화된 '창조적 예술'을 숭상하는 독일의 전통과 바그너 자신의 사상을 대변토록 했다. 전체 악극의 개막에 앞서 연주되는 제1막 전주곡은 '탄호이저' 서곡, '발퀴레의 기행' 등과 더불어 바그너가 남긴 관현악곡 중 가장 잘 알려진 곡이라 할 수 있다. 곡은 C장조, 4/4박자, 보통 빠르기다.

♪ 브루흐 바이올린 협주곡 제1번 g단조, op. 26

- 1악장 Vorspiel. Allegro moderato
- 2악장 Adagio
- 3악장 Finale. Allegro energico

풍부한 열정과 달콤 씁쓸한 서정, 도도한 서사적 흐름과 장쾌한 극적 고조! 이 멋진 협주곡은 라인란트 출신으로 요하네스 브람스와 동시대에 활동했던 막스 브루흐Max Bruch, 1838~1920의 최고 히트작이다. 나아가 멘델스존, 브람스의 작품들과 어깨를 나란히 하는 '독일 낭만주의 바이올린 협주곡' 장르의 대표작이기도 하다. 이 곡에서 우선 주목할 점은 독특한 구성미다. 이 곡은 3악장 구성이되 고전적인 협주곡의 도식에서는 벗어나 있다. 특히 '전주곡'으로 명명된 첫 악장은 대담하고 강렬한 제1주제와 온화하고 유려한 제2주제를 중심으로 힘차게 진행되지만, 발전부는 축소되고 재현부는 생략되는 식으로 통상적인 소나타 형식을 따르지 않는다. 또 재현부는 다음 악장을 예비하는 경과부가 대신하며, 그 말미에서 바이올린이 음을 길게 끌면 단락 없이 다음 악장으로 넘어간다. 이 부분과 제2악장이 끝나자마자 곧바로 제3악장이 시작되는 부분은 멘델스존의 선례를 떠올리게 한다. 이 곡의 가장 큰 매력은 브루흐 특유의 빼어난 선율미에 있다. 브루흐는 민요에 각별한 관심과 애착을 보였고 그 선율들을 채집해 자신의 작품에서 활용하는 데 능했다. 그중에서도 사색적 표정과 애잔한 호흡이 어우러져 은은한 감명을 자아내는 피날레 악장은 고금의 모든 바이올린 협주곡 가운데서도 손꼽히는 명편이다.

쇼스타코비치 교향곡 제5번 d단조, op. 47

- 1악장 moderato-Allegro non troppo
- 2악장 Allegretto
- 3악장 Largo
- 4악장 Allegro non troppo

명실상부 쇼스타코비치Dmitrii Shostakovich, 1906~1975의 대표작인 이 곡은 흔히 베토벤의 '운명 교향곡'에 비견된다. 통상 '5번 교향곡'에 따라다니는 상징성에 더하여, 적어도 표면상으로는 가혹한 시련에 대한 저항, 투쟁을 통한 극복, 승리의 쟁취라는 베토벤적인 구도를 따르고 있는 것처럼 보이기 때문이다. 무엇보다 이 교향곡은 1937년 11월 21일, 소비에트 혁명 20주년 기념일에 초연되어 대성공을 거두었다. 그 후로 이 곡은 '쇼스타코비치의 운명 교향곡'으로 간주되었고, 한동안은 '혁명 교향곡'이라는 별명으로 불리기도 했다.

이 곡을 작곡할 무렵 쇼스타코비치는 절체절명의 위기에 처해 있었다. 당시 소비에트 정부는 소위 '사회주의 리얼리즘'이라는 교의 지침으로 예술가들을 압박하고 있었는데, 그런 당국이 그의 실험적 오페라 〈므첸스크의 맥베스 부인〉을 혹평하며 '부르주아적, 형식주의적'이라는 낙인을 찍었다. 그는 숙청의 위협을 느끼지 않을 수 없었고, 그 난관을 타개하기 위해 전전긍긍했다. 예술가적 소신과 현실적 한계 사이에서 아슬아슬한 줄타기를 해야 하는 상황에서 고심 끝에 내놓은 작품이 바로 이 교향곡이었다. 다행히 이 곡은 명목상 '당국의 정당한 비판에 대한 창조적 답변'으로 간주되었고, 쇼스타코비치는 자신과 가족들의 목숨을 부지할 수 있었다. 문제는 이 곡의 피날레가 암시하는 것이 과연 무엇일까?

1악장은 저현부와 고현부가 옥타브 간격에서 주고받는 카논으로 출발한다. 2악장은 익살과 풍자가 뒤섞인 스케르초 악장으로 주제의 리듬은 거친 왈츠 또는 렌들러풍이다. 3악장은 극도로 이완된 템포로 진행되는 느린 악장으로 유장한 호흡 속에서 러시아 음악 특유의 비가가 흐른다. 4악장은 격렬한 행진곡과 애잔한 흐름이 교차하는 피날레이다. 처음엔 용감한 팡파르로 출발하여 한동안 씩씩한 분위기로 전진하지만, 얼마 후 흐름이 이완되면 바이올린에서 유려하지만 고통스러운 선율이 나타나 앞선 악장을 상기시킨다. 이윽고 다시 팡파르 주제가 등장하면 스케르초 악장의 주제를 연상시키는 선율이 나타나 어우러지고, 차츰 열기와 박진감이 고조되어 마침내 장쾌한 클라이맥스에 도달한 다음 의미심장하게 마무리한다.

지휘자, 얍 판 츠베덴Jaap van Zweden 서울시립교향악단 음악감독은 '오케스트라의 비전을 듣고 그것을 실현하는 지휘자'라는 평을 받고 있다. 그는 2024년부터 서울시립교향악단의 음악감독으로 활동하고 있으며, 2026년 가을부터 라디오 프랑스 필하모닉 오케스트라의 음악감독으로 활동한다. 암스테르담에서 태어난 얍 판 츠베덴은 줄리아드 음악원 학생이던 19세에 로열 콘세르트헤바우 오케스트라의 최연소 악장으로 임명되었으며, 약 20년 후인 1996년에는 지휘자로서의 경력을 시작했다.

1997년 얍 판 츠베덴은 부인과 함께 자폐아 가족을 지원하는 파파게노 재단을 설립했다. 25년이 넘는 시간 동안 이 재단은 자폐를 가진 어린이와 청년들의 성장에 주력하는 단체로 발전해왔다. 파파게노 하우스에서 자폐를 가진 젊은이들이 생활하고 있으며, 지역 공동체에 참여할 수 있도록 지원하고 있다.

바이올리니스트 클라라 주미 강Clara-Jumi Kang은 '우수한 음악성, 흠잡을 데 없는 우아함과 균형감을 갖춘 바이올리니스트'라는 찬사를 받고 있다. 그녀는 2010년 인디애나폴리스 콩쿠르, 센다이 콩쿠르에서 우승하였으며 2009년 서울 국제 음악 콩쿠르에서도 우승했다. 독일의 음악가 가정에서 태어나 3세에 바이올린을 시작, 네 살이 되던 이듬해 만하임 국립음대 예비학교에 최연소로 입학했다. 다섯 살에 함부르크 심포니와의 협연 무대로 데뷔했다. 뤼베크 음대에서 자카르 브론을 사사했고, 7세에 줄리아드 음악원에 전액 장학생으로 입학해 도로시 딜레이를 사사했다. 이후 한국예술종합학교에서 김남윤 교수 문하에서 학사 및 석사 학위를 받았으며 뮌헨 국립음대에서 크리스토프 포펜을 사사했다. 현재 1702년산 스트라디바리우스 '튜니스'를 연주하고 있다.

서울시립교향악단Seoul Philharmonic Orchestra은 1945년 설립된 고려교향악단을 연원으로 한다. 서울시향은 2005년 재단법인으로 독립한 이후, 첫 음악감독 정명훈 지휘자의 리더십 아래 폭넓은 레퍼토리를 선보이며 국제적으로 성장하였고, 2020년 1월 핀란드 출신의 세계적 지휘자 오스모 벤스케가 제2대 음악감독으로 취임했다. 2024년 뉴욕 필하모닉 오케스트라 음악감독을 역임한 네덜란드 출신 얍 판 츠베덴 지휘자가 서울시향 제3대 음악감독으로 취임했다. 서울시향은 도전의식과 개척정신으로 한국 교향악단의 선도적 역할을 수행하며 음악계의 질적 도약과 클래식 음악 저변 확대에 크게 기여하고 있다.

클라라 주미 강의 앙코르곡은 바하 무반주 바이올린 소나타 제3번 중 라르고largo다. 서울시립교향악단의 앙코르곡은 드보르자크의 슬라브 무곡 제8번 op. 46이다. 관중의 환호에 요한 스트라우스 1세 라데츠키 행진곡을 더하면서 모두가 박수를 치는 즐겁고 힘찬 분위기로 마친다.

클라라 주미 강의 막스 브루흐 바이올린 협주곡 연주는 감성이 가득했다. 서정적인 정서를 아낌없이 나타낸 선이 굵은 여유로움이었다. 다만 앙코르곡이 관중에게 조금 더 다가가는 곡이었으면 하는 아쉬움이 있었다.

서울시립교향악단의 연주는 바이올린 협주곡에서 저력을 나타냈다. 전체를 평화롭고 편안하게 감싸고 있었다. 쇼스타코비치의 혁명 교향곡의 4악장에서 작곡자의 복잡한 기분을 관악기와 현악기가 행복과 슬픔을 동시에 재현했다. 지휘자가 다듬은 현악의 연주력이 돋보였고 메마르지 않는 소리가 인상적이었다.

바그너 뉘른베르크의 명사수 중 1막 전주곡
막스 브루흐 바이올린 협주곡 제1번 g단조 3악장
쇼스타코비치 교향곡 제5번 d단조 4악장

2025 대구시립교향악단 신년음악회

음악의 도시 대구광역시 시립교향악단이 대구·경북 행정통합 기원을 위한 신년음악회를 열었다.

2025. 1. 10. (금) pm 7:30. 대구콘서트하우스, 연주곡은 왈츠와 행진곡, 바이올린 협주, 경북 도립의 사물놀이 등 다양하다.

먼저 차이콥스키P. I. Tchaikovsky 이탈리아 기상곡, op. 45이다. 차이콥스키는 결혼 파탄의 충격과 고통에서 벗어나기 위해 1879년 12월, 동생 모데스트와 이탈리아로 여행을 떠났다. 그곳에서 기병대의 팡파르 소리, 이탈리아 민속 민요, 나폴리의 빠른 춤곡 타란텔라 등에서 영감을 얻어 이듬해 고국으로 돌아와 이 곡을 완성했다. 금관과 타악기의 화려한 관현악법이 매력적인 단악장이다.

슈트라우스 2세J. Strauss Jr. 봄의 소리 왈츠, op. 410. 원래 오케스트라 왈츠에 소프라노 독창이 더해진 형태였으며, 소프라노 파트는 비엔나 궁정 오페라 가수인 비앙카를 위해 작곡되었다. 가사는 겨울잠에서 깨어난 새들이 노래하는 장면을 묘사했다. 지금은 오케스트라로 편곡되어 연주하기도 한다.

슈트라우스 2세J. Strauss Jr. 가벼운 여흥 폴카, op. 319. 그는 500곡이 넘는 왈츠와 폴카를 만들어 비엔나 음악계에서 '왈츠의 왕'으로 불렸다. 그는 무겁고 정형화된 클래식 음악보다는 이른바 '가벼운 음악'을 추구해 음악사에서 종종 소외되기도 하지만, 당시 사람들은 그를 비엔나 음악계의 가장 밝은 별 중 하나로 여겼다. 이 곡은 전통적인 비엔나 왈츠로, 빠르고 경쾌한 3/4박자의 템포와 세련된 리듬이 특징이다. 사람들이 '가벼운 마음', '자유로운 영혼'으로 일상의 스트레스와 걱정에서 벗어나 즐겁게 춤추기를 바란 작곡자의 마음을 느낄 수 있다.

차이콥스키P. I. Tchaikovsky 왈츠-스케르초, op. 34. 1877년 초에 작곡된 바이올린과 오케스트라를 위한 작품이다. 바이올리니스트이자 차이콥스키의 제지였던 이오시프 코텍의 의뢰로 작곡되었으며, 차이콥스키와 코텍의 개인적인 관계가 작곡에 큰 영향을 미쳤다. 피아노 반주로 먼저 쓰인 후 오케스트라용으로 완성됐는데, 두 사람 사이 왕래한 편지에 따르면 코텍이 이 작품의 일부 오케스트레이션을 맡았던 것으로 추정된다. 왈츠-스케르초는 경쾌하고 우아한 왈츠의 리듬을 바탕으로 한 독특한 작품이다.

마스네J. Massnet 오페라 〈타이스〉 중 명상곡. 흔히 '타이스 명상곡'

으로 불리는 이 작품은 독주 바이올린과 오케스트라의 섬세한 조화가 돋보이는 곡이다. 처음에는 조용하고 서정적인 바이올린 선율로 시작해 여주인공 타이스의 내적 갈등과 감정을 여과 없이 드러낸다. 바이올린은 고요하고 아련한 음색으로 타이스의 복잡한 감정선을 표현하고, 점차 고조되며 감정의 흐름을 따라간다. 특히 바이올리니스트의 기교와 감성적 해석이 중요한 작품이기 때문에 연주자의 미묘한 터치와 표현력에 따라 감동이 극대화된다.

슈트라우스 2세J. Strauss Jr. 아름답고 푸른 도나우 왈츠, op. 314. 이 곡은 슈트라우스 2세가 작곡한 가장 유명한 곡으로, 경쾌한 리듬과 화려한 오케스트라의 조화를 통하여 왈츠의 전형적인 특성을 보여준다. 이 곡은 단순히 아름다운 왈츠로 끝나는 것이 아니라, 비엔나의 음악적 전통과 우아함을 상징하는 작품으로, 19세기 후분 유럽에서 큰 인기를 끌었다. 오스트리아 제2의 국가로 불리는 곡이다.

베르디G. Verdi 오페라 〈아이다〉 중 개선행진곡. 이집트 장군 라다메스와 에티오피아 왕녀 아이다 사이의 비극적인 사랑을 그린 베르디의 오페라 〈아이다〉 중 개선행진곡은 제2막의 시작에서 등장한다. 라다메스가 이끄는 이집트 군대가 에티오피아를 물리친 후, 왕궁으로 돌아오는 행렬을 표현한 이 곡은 웅장하고 힘찬 분위기를 자아낸다. 합창과 트럼펫 독주는 이 곡의 가장 큰 특징이며 아름다움이다.

박범훈Park Beomhun 사물놀이 협주곡 〈신모듬〉 중 제3악장 놀이 (feat. 편곡 박창민)

원곡은 1986년 한국문화예술진흥원의 위촉으로 사물놀이와 국악관현악을 위해 작곡되었다.

'신모듬'이란 곡목은 경기 이남 지방의 무속음악에서 비롯되어 '신神을 모은다'라는 뜻이지만, 이 작품에서는 '신난다', '신명 난다', '신바람' 등의 의미로 '신'을 사용하였다.

대구시립교향악단 음악감독 겸 상임지휘자 백진현은 현재 동서대학교 대학원 교수로 재직하고 있으며, 계명대학교 음악대학, 맨해튼 음악대학원MM, 브루클린 음악원PG-D, 하트퍼드대학교 음악대학원AD, 파이스턴 국립예술대학원DMA을 졸업하였다. 자신만의 음악적 색채로 정교한 앙상블을 만들어 세계를 무대로 활동하는 열성석 카리스마의 지휘자리는 평을 받고 있다.

바이올리니스트 설민경Sul Minkyung은 독일의 세계적인 명문 오케스트라인 밤베르크 심포니Bamberger Symphoniker의 부악장이자, 한국을 대표하는 현악 앙상블인 발트 앙상블의 멤버로 활동 중이다.

윤이상 국제 콩쿠르 준우승, 루이스 슈포어 국제 콩쿠르 준우승 등 국제무대에서 활발하게 활동 중이다. 그녀는 8세에 솔리스트로 서울시립교향악단과 협연하며 일찍이 음악계에 두각을 나타냈고,

바덴바덴 필하모닉, 라이프치히 심포니 오케스트라 단원으로 활동했다. 베를린 한스아이슬러 국립음대에서 사슈코 가브릴로프를 사사하며 석사 과정을 마쳤고, 라이프치히 국립음대에서 카롤린 비트만의 지도를 받으며 최고연주자과정 Meisterklasse을 졸업했다.

사물놀이 경상북도 도립국악단 사물팀 Gyeongsangbuk-do Provincial Orchestra of Korean Music Samul Team 상임지휘자 박경현, 꽹과리 박봄이, 징 배주원, 장구 박창원, 북 육준희, 태평소 김세현.

경상북도 도립국악단은 1992년 12월 1일 창단되었으며, 현재 55명의 단원으로 구성되어 있다. 관현악(현대 창작음악)을 위주로 하면서도 정악(궁중연례악), 민속악(시나위, 산조, 풍류악), 성악(민요), 사물(타악합주, 선반, 앉은반) 등 국악의 전반적인 분야를 공연할 수 있는 공연 조직을 갖추고 있다. 국악을 통하여 도민의 정서 순화 및 문화에 대한 욕구를 충족시키고 민족 고유의 음악 유산을 육성 발전시켜 민족 정신을 고취함을 운영의 모토로 삼고 있다.

대구시립교향악단의 신년음악회는 입추의 여지가 없다. 다행히 합창석에서 함께할 수 있었다. 잘 알려진 레퍼토리에 관중의 호응이 높다. 설민경의 바이올린 협주가 특히 마음에 들었다. 오페라 마스네 중 '명상곡'은 느린 곡의 연주의 정형을 보여주었고 앙코르곡 크라이슬러의 레스타티보와 스케르초 op. 6 중 스케르초는 빠르고 강렬한 연주의 표상을 보여주었다.

대구시향의 앙코르곡은 요한 슈트라우스1세 라데츠키행진곡 op. 228로 박수와 환호로 절정을 이루며 새해를 시작했다. 모두가 이처럼 함께 웃고 즐거운 한 해가 되기를 기원한다.

차이콥스키 이탈리아 기상곡
베르디 개선행진곡
슈트라우스2세 아름답고 푸른 도나우 왈츠

낭만주의 거장 차이콥스키 & 라흐마니노프

입춘이 지난 포근한 2월 중순 러시아 낭만주의를 대표하는 위대한 작곡가의 곡을 연주자와 가까이 민낯 그대로 만났다. 2025년 2월 15일 pm4. 대구 콘서트하우스 연주홀이다.

♤ 표트르 일리치 차이콥스키Pyotr Ilyich Tchaikovsky, 1840~1893, 바이올린 협주곡 라장조, op. 35

1877년 겨울부터 이탈리아, 스위스의 여러 도시들을 여행하던 중 그의 제자이자 연인인 코데크와의 관계에서 비롯된 작품으로, 차이콥스키가 작곡한 유일한 바이올린 협주곡이다. 이 곡은 아돌프 브로드스키에 의해 1881년 12월 4일 빈에서 한스 리히터의 지휘로 처음 연주되었지만, 초연은 성공하지 못했다. 부족한 자신감과 부족한 연주로 당시 빈 음악계를 주름잡던 비평가들이 혹평하고 야유했다. 하지만 브로드스키는 절망하는 대신 몇 개월 후인

1882년 4월 런던에서 한스 리히터의 지휘로 다시 협연함으로써 거대한 성공의 서막을 열었다. 현재는 가장 유명한 그리고 가장 인기 있는 바이올린 협주곡 중 하나로 자리매김하고 있다.

- 1악장 Allegro moderato조금 빠르게, 전체 곡의 절반 정도를 차지하고 있는 비중이 높은 악장이다.
- 2악장 Canzonetta. Andante작은 가곡. 느리게
- 3악장 Allegro vivacissimo아주 힘차고 빠르게, 러시아의 민속 춤곡 스타일이 물씬 풍기는 3악장은 서정성과 격정 그리고 탄식과 희망 사이를 교차하고 있다. 광포한 리듬과 열정적인 끝맺음으로 유럽 작곡가들에게서는 발견할 수 없는 독특한 민속색채가 넘치게 느껴진다.

♤ 세르게이 라흐마니노프Sergei Rachmaninov, 1873~1943, 피아노 협주곡 제2번 다단조, op. 18

라흐마니노프는 교향곡, 협주곡, 실내악, 오페라 등 다양한 장르에 작품을 남겼지만 그의 진가가 최고조로 발현한 장르는 역시 협주곡을 포함한 피아노 음악이었다. 그는 탁월한 비르투오소 피아니스트였기에 피아노라는 악기가 지닌 가능성을 극대화한 음악들을 작곡하고 나아가 직접 연주할 수 있었던 것이다.

1901년에 작곡된 '피아노 협주곡 제2번'은 그중에서도 지명도

와 인기도 양면에서 단연 첫 손에 꼽히는 작품으로 현재까지도 큰 인기를 누리며 영화나 드라마에 삽입되고 있다.

- 1악장 Moderato보통 빠르기로
- 2악장 Adagio sostenuto느리게, 음을 하나 하나 눌러 무겁게
- 3악장 Allegro scherzando빠르고 익살스럽게

♪ 라흐마니노프 피아노 협주곡 제 3번 라단조, op. 30

라흐마니노프가 작곡한 4개의 피아노 협주곡 중 기교 측면에서 가장 난해하기로 알려져 있는 '피아노 협주곡 제3번'은 1909년 미국 악단 데뷔를 앞두고 강렬한 인상을 주기 위해 심혈을 기울인 끝에 완성하였다. 이 곡이 진정 위대한 이유는 기교를 넘어서는 아름다움 때문이다.

- 1악장 Allegro ma non tanto빠르지만 지나치지 아니하게
- 2악장 Intermezzo. Adagio간주곡. 매우 느리게
- 3악장 Finale. Alla breve, 빠른 2분의 2박자

한마디로 비르투오소(심오하고 현란한 연주기교를 선보이는 연주자)를 위한 찬가라고 말할 수 있다. 웅대한 힘, 야성적 매력, 정교한 테크닉과 진한 서정성이 뒤엉켜 펼쳐지는 낭만주의 상상력의 극치를 보여준다.

지휘자 최영선은 만 15세의 나이로 비엔나 시립음악대학 피아노전공 본과에 입학했으며, 이후 그라츠 국립음악대학에 입학, 오케스트라 지휘과를 졸업한 후 서울대학교 음악대학원 지휘과를 졸업했다. 과천시립교향악단과 (재)국립오페라단의 부지휘자를 역임했으며, 서울예술고등학교, 수원대학교를 출강했다. 현재, 한국예술종합학교에서 후학 교육에 힘쓰고 있으며 성신여자대학교 겸임교수로 재직 중이다.

세계적인 피아노의 여제 마르타 아르헤리치로부터 '깊은 감명을 주는, 일가를 이룬 헌신적인 음악가'라는 평을 받은 피아니스트 정재원은 예원학교와 서울예고를 거쳐 서울대 재학 중 유럽의 명교수 한스라이그라프에게 발탁되어 도독하였다. 유학 중 모차르테움 장학금, 뵈젠도르퍼 장학금, 그리고 인천 음악문화원에서 장학금을 후원받으며 모차르테움 국립음대 피아노과를 최우수 성적으로 졸업하였다. 이탈리아의 이몰라 피아노아카데미에서 디플롬 과정을 독일 하노버 국립음대에서 최고연주자과정을 졸업하였다.

정재원은 귀국하여 인천문화재단의 신진예술가(2013~2014), 유중아트센터의 상주 음악가로 선정되어 다채로운 연주 무대를 선보였다. 현재 성신여자대학교 음악대학 교수로 재직하며 후학을 양성함과 함께 다양한 연주 활동을 펼치고 있다.

뛰어난 통찰력과 풍부한 감정 표현으로 국제적인 명성을 쌓고 있는 피아니스트 예수아. 15세의 나이로 러시아 영 차이콥스키 국제 콩쿠르 피아노 부문에서 심사위원 만장일치로 호평을 받으며 한국인 최초로 우승하였다. 연이어 열린 아르투르 루빈스타인 국제 영아티스트 피아노 콩쿠르에서 우승 및 위촉작품 최고연주자상을 비롯하여 주요 국제 콩쿠르에서 수상하며 세계 무대의 주목을 받기 시작하였다.

예수아는 2000년 서울 출생으로, 만 9세에 당시 역대 최연소의 나이로 금호영재독주회에 데뷔하였다. 그는 예원학교를 전체 수석으로 졸업, 서울예고 입학 후 도독하여 17세에 독일 하노버 국립음대에 수석으로 조기 입학하였다. 전체 학사과정 최고점자에게 부여되는 Dr. Gerda Rohde Prize를 수상하며 수석 졸업, 동 대학원을 거쳐 현재 최고연주자과정에서 세계적인 명교수 Arie Vardi를 사사하고 있다.

바이올리니스트 송지원은 악기에 대한 탁월한 이해력은 물론, 생동감 넘치는 음색과 섬세하고 입체적인 해석이 겸비된 매력적인 연주를 선보이며 세계 청중들의 마음을 사로잡고 있다. 한국예술종합학교 예비학교에서 김남윤과 구본주를 사사하고 클리블랜드 음악원 예비학교를 거쳐, 14세의 나이로 커티스 음악원에 입학, 뉴

잉글랜드 음악원, 석사과정 및 줄리아드 음악원 아티스트 디플로마 과정을 졸업하였다. 현재 (재)벽산문화재단 & 스트라디바리 소사이어티에서 대여해 준 Pietro Giovanni Guarneri,c.1710으로 연주하고 있으며, 이화여자대학교 음악대학 관현악과 조교수로 후학을 양성하고 있다.

밀레니엄 심포니 오케스트라는 2003년 창단한 순수 민간 교향악단으로 그동안 다양한 교향곡과 오페라 연주, 기획공연을 통하여 연주력을 인정받아 왔으며 건전한 클래식 문화의 저변 확대와 청소년들의 문화적 욕구를 올바른 방향으로 이끌어주며 누구나 즐길 수 있는 대중과 함께 살아 숨 쉬는 오케스트라로 성장하고 있다.
세 곡 모두가 연주하기 난해한 곡으로 유명하지만 너무나 알려져 연주자들이 가장 두려워하는 곡이기도 하다. 세 곡 다 충분히 연주 시간을 가진 기교와 체력이 요구되는 무거운 프로그램이다. 차이콥스키 바이올린 협주곡을 연주한 송지원은 교수답게 정확한 연주법을 익히고 있다. 하지만 무난한 연주에도 불구하고 곡을 압도하지 못하고 어딘가 무거운 느낌이 있었다.
라흐마니노프 피아노 협주곡 2번을 연주한 장재원 교수는 큰 키에 첫 도입부의 울림이 좋았다. 제3번을 연주한 예수아는 내가 만난 피아노의 기대주가 될 것을 의심치 않는다. 악장과 악장 사이에 흐르는 땀을 닦는 손길이 너무 좋았다. 특히 3악장의 복잡하기로 이름난 곡을 혼신의 힘으로 연주하는 모습이 폭발적이었다. 오늘의 연주는 모처럼 아름다운 낭만과 광활한 러시아적 우수를 만끽하는 자리가 되었다.

차이콥스키 바이올린 협주곡 1악장
라흐마니노프 피아노 협주곡 2번 1악장
라흐마니노프 피아노 협주곡 3번 3악장

안드라스 쉬프 & 카펠라 안드레아 바르카
Sir AndrasSchiff & Cappella Andrea Barca

'쉬프와 그의 오케스트라, 마지막 여정'이라는 알림이다. 피아니스트로서 큰 획을 그은 안드라스 쉬프는 1997년에 모차르트의 피아노 협주곡을 녹음하기 위해 '카펠라 안드레아 바르카 오케스트라'를 창단했다. 이제 그와 오케스트라는 화려한 역사의 시간으로 떠나려 한다.

2025. 3. 28. (금) 19:30. 대구콘서트하우스

♪ 바흐J.S.BACH, 건반악기를 위한 협주곡 3번 D장조, BWV. 1054
- 1악장 no tempo marking • 2악장 Adagio e piano sempre
- 3악장 Allegro

♪ 바흐J.S.BACH, 건반악기를 위한 협주곡 7번 g단조, BWV. 1058
- 1악장 no tempo marking • 2악장 Andante
- 3악장 Allegro assai

- ♪ 모차르트 W.A.Mozart, 교향곡 40번 g단조, K. 550
  - 1악장 Molto allgro
  - 2악장 Andante
  - 3악장 Menuetto
  - 4악장 Allegretto-Trio
  - 5악장 Finale, Allegro assai
- ♪ 모차르트 W.A.Mozart, '돈 조반니' 서곡, K. 527
- ♪ 모차르트 W.A.Mozart, 피아노 협주곡 20번 d단조, K. 466
  - 1악장 Allegro
  - 2악장 Romance
  - 3악장 Allegro assai

첫 음이 마음을 울린다. 건반악기를 위한 3번 D장조의 첫 음이 가장 안정적인 음으로 인사를 빛낸다. 다음의 7번 g단조의 첫 음은 높은 소리로 시작하여 연결성이 좋다. 모차르트 교향곡 40번과 오페라 '돈 조반니'의 서곡, 피아노 협주곡은 이들의 레퍼토리에 익숙한 곡들이다. 특히 단조로된 곡이 적은 모차르트에서 단조의 곡을 골라 이별의 곡으로 삼은 음악적인 배려에 마음이 따뜻해진다.

1953년 부다페스트에서 태어난 안드라스 쉬프 경은 부다페스트의 프란츠 리스트 음악원에서 팔 가도사, 죄르지 쿠르탁, 페렌츠 라도스를, 런던에서 조지 말콤을 사사했다.

피아니스트 안드라스 쉬프 경은 전곡 연주 프로그램에 관심이 있었다. 특히 바흐, 하이든, 모차르트, 베토벤, 슈베르트, 쇼팽, 슈만 그리고 버르토크의 피아노 작품에 집중해왔다. 세계 유수의 오케스트라 및 지휘자들과 협업해온 그는 점점 더 피아노 협주곡들을 직접 지휘하며 연주하는 데에 더 중점을 두어 왔다.

안드라스 쉬프 경은 1999년에 세계적인 솔로이스트, 실내악 연주자, 동료 친구들로 이루어진 실내악 오케스트라 카펠라 안드레아 바르카를 창단했다. 이후 지휘자이자 솔로이스트로 이 앙상블과 긴밀하게 활동하는 한편 유럽 챔버 오케스트라와도 지속적으로 함께 작업을 하고 있다.

그는 15년간 데카 레이블의 전속 아티스트였다. 그의 일흔 번째 생일을 맞아 그동안 데카에서 녹음했던 모든 앨범을 담은 78장의 음반으로 구성된 에디션이 발매되었다. 또한 1998년 이후로 ECM 레이블에서 전속 녹음을 이어왔으며, 취리히 톤할레에서 녹음한 베토벤의 피아노 소나타 전곡 라이브 음반으로 최고의 영예를 누렸다.

그는 2012년에 독일 연방 공화국 대공로십자훈장을 받았으며, 2014년 6월에는 음악에 헌신한 공을 인정받아 엘리자베스 2세 여왕에게 기사 작위를 수여받았다. 2022년에는 '우리 시대 가장 중요한 바흐 해석자'로 평가받으며 라이프치히시로부터 바흐 메달을 수상했다. 2024년에는 오스트리아 과학 예술 공로 1급 훈장을 받았고, 빌헬름 박하우스와 파울 바두라-스코다가 받은 바 있는 뵈젠도르퍼 반지를 받았다.

카펠라 안드레아 바르카의 연주자들은 주로 세계적으로 성공을 거둔 솔로이스트와 실내악 연주자로 활동하고 있으며 특정 오케스트라에 소속되어 있지 않다. 이들은 안드라스 쉬프 경이 1999년부터 2005년 잘츠부르크 모차르트 주간에 모차르트 '피아노 협주곡' 전곡을 연주하고자 직접 선정하였다. 이후 카펠라 안드레아 바르카는 잘츠부르크 모차르트 주간에 꾸준히 초청받았다. 2012년에는 루체른 페스티벌에서 바흐의 'b단조 미사'를 연주하여 큰 갈채를 받았다. 그 외 세계 각지를 누비며 이제 그 역할을 마무리하고 있다.

안드라스 쉬프 경은 카펠라 안드레아 바르카의 다양한 독주 및 실내악 구성을 통해 단원들이 스스로의 가치를 증명할 수 있기를 바란다. 기존의 오케스트라들도 대부분 이루기 어려운 목표이다. 더욱이 안드라스 쉬프 경은 인성과 개성 모두 중요하다고 생각한다.

"이기적인 사람에게 내어줄 자리는 없어요. 이 앙상블은 우정, 이해, 평등 그리고 미학적, 음악적, 인간적으로 동일한 이상을 바탕으로 합니다."

그의 무대에서 움직임은 뒷꿈치를 들고 조심스럽게 걷는 조용하고 신중한 모습이다. 그가 밟은 수많은 무대에서 바라본 관중들의 느낌도 나와 다르지 않으리라. 그가 행한 연주의 모습들은 시대의 무늬, 작곡가의 무늬를 이처럼 조심스럽게 그리면서 완벽하게 펼쳐내었으리라. 그가 글랜 허버트 굴드Glenn Herderrdrt Gould, 1932~1982, 캐나다의 바하 연주를 듣고 경악했다는 것은 오늘의 무대에서 증명하고 있다.

마무리한다는 데 대하여 아직도 크게 생각하지 않고 있다. 하지만 안드라스 쉬프와 카펠라 안드레아 바르카 오케스트라의 작별연주는 모든 것을 안겨주는 느낌이다. 관중들의 환호에 대한 그들의 응답은 어느 연주회와는 다른 진지하고 풍성한 잔치였다.

연주가 끝나자 대구의 관중은 환희의 도가니가 되었다. 그 환호를 지켜보더니 쉬프는 지휘대에 올랐다. 바흐 건반 협주곡 1번 d단조, BWV. 1052의 1악장이 연주되었다. 이번에는 앙코르 헝가리를 외친다. 또다시 환호에 모차르트 피아노 협주곡 24번 c단조, K. 491의 3악장 자신의 피아노 연주와 오케스트라의 지휘를 함께하면서 마무리하는 듯하다. 하지만 관중들이 기립 박수로 환호하자, 바흐, 브란덴부르크 협주곡 D장조, BWV. 1050의 2~3악장을 마지막 이별곡으로 연주하며 막을 내렸다.

쌓아 놓은 것이 없는 나로서는 어떻게 마무리해야 하는지 생각하지 않을 수가 없다. 남은 시간 줄 수 있는 것이 있다면 이들처럼 남기지 않으리라. 그들은 노을의 아름다움을 내게 심어주고 떠났다.

바흐 건반악기를 위한 협주곡 3번 D장조, BWV. 1054 1악장
모차르트 교향곡 40번 g단조, K. 550 1악장
모차르트 피아노 협주곡 20번 d단조, K. 466 1악장

알렉상드르 캉토로프 & 프랑스 국립오케스트라
A. Kanotow & Orchestre National de France

계절의 여왕 5월 첫날이다. 유난히 많은 산불로 매캐한 연기가 자욱한 날, 때마침 내리는 봄비와 함께 반가운 손님이 찾아왔다. 크리스티안 미첼라루가 이끄는 프랑스 국립오케스트라와 피아니스트 알렉상드르 캉토로프이다.

2025. 5. 1. (화) 19:30. 대구콘서트하우스 그랜드홀

♪ 비제 아를의 여인 L'Arlesienne 모음곡 2번, WD28

이 곡은 프랑스 소설가이자 극작가인 알퐁스 도데 Daudet, 1840~1897 의 희극 〈아를의 여인〉의 부수음악으로 27곡의 소규모 관현악곡이었다. 비제는 그중 4곡을 선택하여 대규모 관현악용으로 편곡하고 제1모음곡으로 만들었다. 그 후, 1879년 비제 사후 4년 뒤, 그의 친구이자 오펜바흐 파리 국립음악원 교수인 귀로 Ernest Guiraud,

1837~1892가 다시 4곡을 편곡해 제2모음곡을 완성했다.

- 제1곡 목가Pastorale, 단순한 춤곡으로 3부로 나누어진다.
- 제2곡 간주곡Intermezzo, 모음곡 2번 중 유일하게 비제의 원곡을 그대로 살린 곡이다.
- 제3곡 미뉴에트Minuet, 원작의 극 중 음악에는 없는 곡이다. 비제의 오페라 〈아름다운 페르트의 아가씨〉에서 귀로가 따온 것이다. 하프 반주로 애잔하게 흐르는 플루트의 선율이 아름답다.
- 제4곡 파랑돌Farandole, 프랑스 남부 프로방스 지역의 민속 춤곡.

♪ 라흐마니노프 파가니니 주제에 의한 랩소디

세르게이 라흐마니노프Sergei Rachmaninoff, 1873~1943는 1917년 러시아 혁명으로 망명했다. 1934년 스위스 루체른호수 근처에 있는 자신의 빌라에서 파가니니의 바이올린 독주곡인 '24개의 카프리스' 중 24번 주제를 바탕으로 랩소디를 작곡했다.

3악장의 협주곡 형식처럼 크게 세 부분으로 나뉘며, 빠르게(1~10변주), 느리게(제11~18변주), 빠르게(제19~24변주)로 구분된다. 초연은 1934년 11월 7일에 볼티모어에서 레오폴드 스토코프스키가 지휘하는 필라델피아 오케스트라와 함께 라흐마니노프 본인이 피아노 협연을 하였고, 엄청난 성공을 거뒀다.

♤ 무소륵스키 전람회의 그림

모데스트 무소륵스키Modest Mussorgsky, 1839~1881의 곡이다. 갑작스러운 죽음을 맞이한 그의 절친이자 화가, 건축가였던 빅토르 알렉산드로비치 하르트만Victor A. Hartmann, 1834~1873의 유작 전시회에서 본 그림에 영감을 받아 작곡했다.

원곡은 피아노 독주곡으로 작곡되었다. 오늘 연주는 라벨 탄생 150주년을 맞이해 1922년 라벨이 관현악으로 편곡한 곡이다. 곡의 구성은 10점의 회화를 차례로 묘사하는 와중에 미술관에서 그림과 그림 사이를 걸어 이동하는 모습을 묘사한 4개의 프롬나드Promenade, 산책라는 간주곡을 배치했다.

프롬나드 1번이 웅장하게 큰 발걸음으로 시작한다.

Ⅰ. Gnomus난쟁이, 절뚝이며 달려가는 조그만 난쟁이를 묘사한 것으로 불규칙적이다.

프롬나드2는 1번 프롬나드보다는 좀 더 부드러운 악상이다.

Ⅱ. Vecchio castello옛 성, 중세 옛 성 앞에서 노래하는 음유시인.

프롬나드3, 다시 힘찬 악상으로 나타난다.

Ⅲ. Tuileries튀일리 궁전, 정원에서 뛰노는 아이들과 보모들의 모습이다.

Ⅳ. Bydlo소달구지, 커다란 바퀴가 달린 폴란드 소달구지를 묘사한다.

프롬나드4, 분위기를 이어받아 단조의 선율로 감상의 잔상이 남아있다.

V. 껍질 붙은 햇병아리들의 발레, 하르트만이 발레극을 위해 고안한 아이들을 위한 의상 디자인. 병아리들이 뛰노는 모습을 리드미컬하게 표현했다.

VI. 사무엘 골든베르크와 쉬밀레, 폴란드의 어느 부유한 유대인과 가난한 유대인들.

VII. 로마의 무덤, 하르트만이 랜턴을 들고 카타콤을 조사하는 자기 모습.

VIII. 죽은 언어로 말하는 죽은 사람과 함께, 고음역의 트레몰로와 프롬나드 주제 변주가 등장해 애상적인 느낌이다.

IX. 닭발 위의 오두막, 닭발이 달린 시계 모양을 한 '바바 야가'의 오두막.

X. 키이우의 대문, 마지막 곡을 하르트만이 남긴 키예프(키이우의 옛이름)의 시를 상징하는 대문을 디자인한 스케치. 대문을 향해 걸어가는 사람들.

피아니스트 알렉상드르 캉토로프에 대해서 Fanfare Magazine의 제리 더빈스는 "알렉상드르는 리스트의 환생이다. 나는 그와 같은 연주를 본적이 없다."라고 평했다. 그는 프랑스 출신의 피아니스트로 제16회 차이콥스키 국제 콩쿠르에서 금메달과 그랑프리를 동시에 수상한 최초의 프랑스인으로, 연주와 음반 활동 전반에 걸쳐 세계적인 찬사를 받고 있다.

지휘자 크리스티안 마첼라루Cristian Măcelaru는 1980년 루마니아 티미쇼아라에서 태어났다. 그는 2020년부터 프랑스 국립 오케스트라의 음악감독으로 재직 중이다. 루마니아에서 바이올린을 공부한 뒤 미국으로 건너가 19세의 나이에 마이애미 심포니 오케스트라의 악장으로 뉴욕 카네기홀 무대에 올라, 오케스트라 역사상 최연소 악장이 되었다.

1934년 프랑스 최초의 심포니 오케스트라로 창단된 프랑스 국립 오케스트라는 현재까지도 프랑스 음악 해석의 정통성과 권위를 유지하며, 프랑스 오케스트라의 전통을 계승하고 있다. 공연 실황은 라디오 프랑스가 중계하며, 당대 유명 작곡가들의 작품을 초연하고 녹음하였다. 특히 올리비에 메시앙, 피에르 불레즈, 드미트리 쇼스타코비치의 작품을 주요 레퍼토리로 남겼다.

피아노 협연을 한 연주자는 리스트의 후예라는 별명답게 라흐마니노프가 살아 돌아온 느낌이 들었다. 리스트가 편곡한 바그너 트리스탄과 이졸데 중에서 '이졸데 사랑의 죽음'을 앙코르곡으로 연주하며 피아노의 모든 기교를 보여주었다.

유럽의 오케스트라는 언제나 느끼는 일이지만 연주자들의 몸의 언어가 분명하고 동작이 크며 유연하다. 특히 여린 부분의 연결이 섬세하여 아를르의 여인 모음곡 2번의 플루트과 하프의 반주는 환상적이었다. 전람회의 그림은 눈을 감아도 10곡의 이름이 생각날 정도로 충실한 연주였다.

연주가 끝나자 콘서트하우스 그랜드홀을 채운 관중들의 환호가 두 번의 앙코르의 화답을 받았다. 생상스의 '삼손과 데릴라' 중 바카날의 춤 op. 47이 첫 번째이며 이어진 환호에 오펜바흐의 '지옥의 오르페우스-지옥의 갤럽 미뉴엣' 일명 캉캉으로 함께 박수치는 한마당을 이룬 연주였다. 산불로 걱정스러운 마음이 봄밤 촉촉하게 내리는 비와 함께 사그라들었다.

비제, 아를의 여인 모음곡 2번 중 4악장
라흐마니노프 파가니니 주제에 의한 랩소디
전람회의 그림

글을 마치며

주위에서는 나를 인간승리자로 추켜세운다. 내 힘은 백분의 일도 미치지 못하는데 부끄럽기만 하다. 하지만 내 주위를 감싸주는 분들과 클래식음악 덕분에 일어서고 걸으며 즐길 수 있었다. 음악은 언제나 현재이기 때문에 머물지 않고 흘러간다. 그 흐름이 상허하실上虛下實의 원리가 되며 카타르시스가 되는 것이다.

몇 년 동안 매주 함께 읽고 QR코드 음악을 들어온 화요수필문학회 회원들에게 감사드립니다. 더불어 나와 같이 월요일마다 음악을 들은 이나 여기까지 책을 같이해온 독자라면 클래식음악에 제법 익숙한 자신을 발견하게 될 것이라 믿는다. 고맙고 행복한 일이다.

대구광역시시각장애인연합회정보센터 선생님과 복지사, 물심양면으로 돕기를 자청하는 지인들에게 이 책으로 감사의 인사를 드리는 바입니다. 처음 시도하는 음악과 문학의 만남을 이끌어주신 한국문인협회 부이사장 장호병 교수께 감사드립니다. 익숙하지 못한 클래식음악의 용어와 어법들을 잘 엮어주신 북랜드 편집자 여러분에게 거듭 고마움을 전합니다.

2025년 11월 **청담 정연원**

| 참고문헌 |

- 세계명곡해설대사전 1~18권.
- 서양음악사 상하 Donald Jay Grout, 세광출판사.
- 서양음악사, 김진균, 태림출판사.
- 음악대사전, 세광출판사.
- 화성학 Walter Piston, 최동선 역, 태림출판사.
- 관현악법 Walter Piston, 최동선 역, 태림출판사.
- 음악형식론, William R. Ward.
- 대위법 연구 구두회, 학문사.
- 음악이론 George Thaddeus Jones, 태림출판사.
- 기초악전, 화성 작곡 시리즈, 세광출판사.
- 지휘법 Max Rudolf, 이기홍 역, 송원 문화사.
- 아동음악의 지도, 정연원, 하문사.
- 음악치료핸드북, 한국음악치료사협회, 시그마프레스.
- 연주론법 원론, 나운영, 세광출판사.
- 배르디 오페라 이탈리아를 노래하다, 선수연, 책세상.
- 신문 방송 구글 네이버 다음 연주회 프로그램과 각종 유인물.

| 부록 |

1. 빠르기말(이탈리아어 사용)
   1) 악곡 전체의 빠르기말
      Largo 라르고 - 느리고 폭넓게
      Adagio 아다지오 - 느리고 조용하게
      Grave 그라베 - 느리고 장중하게
      Lento 렌토 - 느리고 무겁게
      Andante 안단테 - 느린 걸음의 속도
      Moderato 모데라토 - 보통 빠르기
      Allegro 알레그로 - 빠르고 즐겁게
      Vivaca 비바체 - 빠르고 경쾌하게
      Presto 프레스토 - 빠르고 성급하게
   2) 말의 끝을 변화시켜 속도를 변화시킨다
      Largo - Larg(hissimo) (원 뜻보다 더 강조하여 쓰는 말)
      Largo - Larg(hetto) (원 뜻보다 조금 빠르게 하라는 말)
      Andante - Andant(ino) (안단테보다 조금 빠르게)
   3) Metronome
      - 곡의 빠르기를 수치로 나타내는 기계를 메트로놈이라고 한다.
      - 악보 머리 위에 ♩=120 또는 M. M. ♩=120의 표를 적어 빠르기를 지시한다.
      - 이것을 메트로놈 기호라 하며, 1분 동안에 ♩를 120번의 속도로 연주하라는 뜻이다.
   4) 다른 말에 붙여서 쓰이는 말
      Alla - **의 풍으로
      Assai - 매우

Con - **를 가지고

Ma non troppo - 지나치지 않게

Meno - 보다 적게

Molto - 매우

Non tanto - 너무 지나치지 않게

Piu - 더욱

Poco - 약간

Poco a poco - 조금씩

Quasi - 거의 **처럼

5) 악곡의 일부 속도를 지시하는 말

   (1) 속도를 더하는 말(점점 빠르게)

      Accelerando 아첼레란도(accel)

      Stringendo 스트린젠도(string)

      Poco a poco animato 포코 아 포코 아니마토

   (2) 속도를 줄이는 말(점점 느리게)

      Allargando 알라르간도

      Lagrando 라그란도

      Rallentando(rall) 라렌탄도

      Ritardanto 리타르단도(ritard, rit)

   (3) 점점 느려지면서 여리게 하라는 말(사라지듯이)

      Calando

      Morendo

      Perdendosi

      Smorzando

6) 변화된 속도를 원래의 속도로 돌아가게 하는말

   tempo primo(Tempo 1) 제일 처음의 속도로

a tempo 본래의 속도로
Tempo giusto 정확한 빠르기로
Listesso tempo 똑같은 빠르기로

7) 연주자가 임의로 정하는 속도(임의로 자유로이)
tempo rubato
a piacere
ad libitum

8) 곡형식의 이름으로 지시하는 말
Tempo di marcia 행진곡의 속도로
Tempo di minuetto 미뉴에트의 속도로
Tempo di gavotte 가보트의 속도로
Tempo di valse 왈츠의 속도로

2. 셈·여림표

1) 전반적인 셈·여림표

여림   P(piano) 여리게
       PP(pianissimo) P보다 여리게
       PPP(pianississimo) PP보다 여리게

중간셈 mp(mezzo-piano) 조금 여리게
       mf(mezzo-forte) 조금 세게

셈   f(forte) 세게
       ff(fortissimo) f보다 세게
       fff(fortississimo) ff보다 세게

여림에서 세게로 ppp-pp-p-mp-mf-f-ff-fff

2) 부분적인 셈·여림표
sf, sfz(sforzando)/ >, ∧, ∨(accent)/ fz(forzando) 특히 그 음만

세게

3) 점차적인 셈·여림표

   crescendo 크레셴도(cresc.) 점점 세게
   decrescendo 데크레셴도(decresc.) 점점 여리게
   diminuendo 디미뉴엔도(dim.) 점점 여리게

3. 나타냄 말

곡조의 첫 머리나 또는 도중에 적어서 그 곡조의 기분을 나타내게 하는.

agitato 아지타토 성급하게, 초조하게	con brio 콘브리오 생기 있게
amabile 사랑스럽게	con forza 세게
amoroso 사랑스럽게	con fuoco 열렬하게
animati(con anima) 생기 있게	con moto 감동적으로
appassionato 정열적으로	con sentimento 감정 있게
a ballata 발라드풍으로	declamando 낭독하듯이
alla marcia 행진곡풍으로	delicato 섬세하게
arioso 노래하듯이	distinto 또렷하게
brillante 화려하게, 찬란하게	dolce 부드럽고 아름답게
calmato 조용하게	encrgico 정력적으로
cantabile 노래하듯이	eroico 영웅적으로
capricioso 들뜬 듯이, 제멋대로	rapido 재빠르게
comodo 평온하게	religioso 경건하게
espressivo 표정을 담아서	risoluto 결연히
generoso 고귀하게	rusticana 소박하게
gentile 사랑스럽고 귀엽게	saltato 깡충깡충 뛰듯이
giocoso 즐겁게	scherzando 경쾌하고 우스꽝스럽게
grandioso 웅대하게	semplice 단순하게

grave 무겁게, 엄숙하게
grazioso 사랑스럽고 우아하게
maestoso 장엄하게, 위엄 있게
marcato 힘을 주어 똑똑하게
marciale 행진곡처럼
misterioso 신비스럽게
nobile 고귀하게
ostinato 끈덕지게
passionato 정열적으로
pastorale 목가풍으로

sensibile 예민하게
serioso 점잖게
simile 같은 모양으로
sospirando 탄식하듯이
sostenuto 음의 길이를 충분히
spirituoso 생생하게
subito 곧, 갑자기
tempestoso 격렬하게
tenuto 음의 길이를 충분히
vibrato 떨면서

4. 음악 형식

1) 악곡의 형성

(1) 동기와 악절

음악의 3요소는 멜로디 리듬 화성이다. 이 3요소의 움직임을 결정짓는 최소 단위를가 동기Motive이며 보통 2마디다. 2마디의 동기에 2마디를 더하면 작은 악절Phrase이 된다. 작은 악절에 작은 악절을 더하면 8마디의 큰악절Period이 된다. 앞악절이 물음이라면 뒤악절은 답이 된다.

(2) 가요 형식 혹은 리트Lied 형식

큰악절 하나를 한도막 형식, 2개를 모은 것은 두도막 형식, 3개를 모은 것을 세도막 형식이라고 한다.

- 한도막 형식 a+b=A
- 두도막 형식 a+a, b+a 혹은 a+a b+b
- 세도막 형식 a+b+a 혹은 a+b+c로 구성된다.

2) 론도Rondo 형식: 으뜸 주제가 삽입구를 두고 여러 번 반복하는 형식. A를 론도 주제로하면 A-B-A-C-A….

3) 소나타 형식: 제시부 전개부(발전부) 재현부로 구성된 기악곡 형식. 소나타Sonata는 빠른 1악장에 소나타 형식, 느린 2악장 빠른 3·4악장으로 이루어진 다악장곡이다.

4) **대위법적 음악**

　(1) 토카타Tocato : 17~18세기에 사용된 오르간이나 피아노의 건반 악기에 사용된 작곡된 형식.

　(2) 캐논Canon : 1성부가 제시한 주제를 다른 성부로 뒤쫓아가는 것, 돌림노래.

　(3) 인벤션Invention : '문득 생각이 난'이라는 뜻의 3개 부분으로 이루어진 소나타 형식의 전신. 바흐의 30곡 인벤션이 있다.

　(4) 푸가Fuga : 모방 대위법 악곡. 주제가 끝나면 그 위나 또는 아래의 성부가 주제의 5도 위나 아래로 모방한다. 이를 응답, 탐구라고 한다. 제시부 또는 제1 전개부 다음 삽입구가 나오고 제2 전개부 다시 삽입구 제3 전개부로 이어진다. 푸가는 조성은 변하지 않지만 주제의 원형은 모방되고 음정은 다소 차이가 난다.

5) **춤곡**

　(1) 파바느Pavane : 16세기 초 성행. 기원은 이탈리아 스페인이며 느린 2박자 행진곡풍의 장중한 춤곡 17세기부터 잊힘. 라벨의 '죽은 왕녀를 위한 파바느'가 있다.

　(2) 알르망드Allemande : 독일의 춤곡이란 뜻, 보통 빠르기의 4박자 춤곡, 16세기부터 프랑스에서 성행.

　(3) 사라반드Sarabande : 스페인에서 생겨난 기품 있는 춤곡, 매우 느린 3박자이며, 센박에서 시작되며, 제2박을 점4분음표와 같은 긴음표로 강조하는 것이 특징이다.

(4) 가보트Gavotte : 16세기 프랑스 궁정에서 생긴 춤곡으로 Andante에 가까운 2/2박자의 춤곡이다. 반드시 1/2마디의 여린박으로 시작되고 있다.

(5) 시칠리아노Sicilliano : 시칠리아섬 농민들의 춤, 6/8 또는 12/8 박자로 비교적 느린 목가풍의 느낌이며 점음표의 리듬에 특징이 있다.

(6) 미뉴에트Minuet : 16세기에 프랑스 궁정에서 생겨난 춤곡, 17세기에 전성기였다. 센박에서 시작되는 것을 원칙으로 보통 빠르기 3/4박자의 우아한 중간부Trio를 포함한 겹세도막형식이며, 소나타의 제2악장 교향곡의 제3악장에 쓰인다.

(7) 폴로네이즈Poloneise : 16세기 폴란드의 궁정에서 생겨난 춤곡, 행진곡에 가까운 3/4박자의 당당하며, 반주에 특유의 리듬이 사용되고 2~3박의 긴 음으로 마친다. "쇼팽, 폴로네이즈"

(8) 마주르카Mazurcar : 폴란드의 조금 느린 3/4박자의 민속 무용을 위한 춤곡, 왈츠와 같은 반주형을 가지고 있지만 제1박이 점음표로 힘찬 것이 특징이다. "쇼팽, 마주르카"

(9) 볼레로Bolero : 18세기 후반부터 행해진 스페인의 춤곡, 빠른 3/4박자의 폴로네이즈와 같은 모양의 반주를 가지고 있다.
"라벨, 볼레로"

(10) 왈츠Waltz : 3/4 박자의 리듬에 파트너와 빙빙 돌면서 추는 춤.
"요한 슈트라우스, 빈왈츠"

(11) 폴카Polka : 1830년경 체코슬로바퀴아에서 생겨난 빠른 2박자의 포크댄스.

(12) 타란텔라Tarantella : 매우 빠른 6/8박자의 나폴리춤곡.
"리스트, 타란텔라"

6) 하나의 악장으로 된 기악곡

(1) 서곡overture : 오페라나 모음곡의 처음에 연주되는 관현악곡으로 독립적으로 연주되기도 한다. "브람스, 대학 축전 서곡"

(2) 교향시Symphonic poem : 표제에 따라 문학적인 소재를 자유로운 형식으로 리스트가 창시했다. "시벨리우스, 핀란디아"

(3) 전주곡Prelude : 자유로운 형식으로 작곡된 관현악곡 또는 독주곡이다. "드뷔시, 목신 오후의 전주곡"

(4) 녹턴Nocturne : 밤의 분위기를 표현한 피아노 곡으로 자유로운 형식으로 작곡되었고 쇼팽에 의해 예술 음악으로 격상되었다. "쇼팽, 야상곡"

(5) 즉흥곡Impromptu : 순간적으로 떠올린 악상을 자유롭게 쓴 작품으로 대부분 세도막 형식이다. "쇼팽, 환상 즉흥곡"

(6) 환상곡Fantasia : 즉흥적으로 떠오른 악상에 의해 환상적으로 전개되는 곡이다. "슈베르트, 방랑자 환상곡"

(7) 스케르초Scherzo : 중간에 트리오가 있는 겹세도막 형식으로 쾌활한 3박자이다. "쇼팽, 스케르쵸"

(8) 랩소디Rhapsody : 광시곡이라고도 하며, 서사적, 영웅적, 민족적 색채를 지닌 자유로운 환상곡이다. "브람스, 피아노를 위한 랩소디"

7) 여러 악장으로 된 기악곡

(1) 교향곡Symphony : 기악곡의 가장 장대한 표현 양식으로 관현악에 의한 소나타를 말한다. 관현악으로 연주하는 형식 중 가장 규모가 크고 완전한 짜임새를 가지고 있다. "베토벤 교향곡 제5번 '운명'"

(2) 소나타Sonata : 소나타 형식 또는 론도 형식을 포함하여 보통 3~4악장으로 된 큰 규모의 기악곡이다. 제1악장 빠름(소나타

형식), 제2악장 느림(가요 형식, 겹세도막 형식), 제3악장 미뉴에트 또는 스케르초 형식, 제4악장 빠름(소나타 형식 또는 론도)
"베토벤 바이올린 소나타 제5번 '봄'"

(3) 소나티네Sonatine : 내용과 형식적인 면에서 소규모의 소나타이다.

(4) 협주곡Concerto : 피아노나 바이올린 등의 독주 악기와 관현악이 함께 연주하는 소나타로 대부분 3악장으로 구성되어 있다.
"베토벤 피아노 협주곡 제5번 '황제'"

(5) 모음곡Suite : 몇 곡의 고전 춤곡을 배열하여 만든 고전 모음곡과 춤곡만이 아니라 피아노나 관현악을 위한 음악, 발레를 위한 음악, 연극을 위한 음악 등을 자유롭게 모은 근대 모음곡이 있다.

(6) 실내악Chamber music : 일반적으로 중주곡 또는 소규모의 합주곡을 말한다. 연주하는 악기와 수에 따라 현악4중주, 피아노 3중주, 목관 5중주 등으로 부른다.

5. 음악역사

1) **고대음악** : 5세기 말, 종교의식과 행사를 위한 음악으로 문자와 그리스 선법이 있다. 대표적인 인물은 피타고라스, 플라톤이다.

2) **중세음악** : 5세기 말~15세기 중엽, 교회 음악의 중심으로 그레고리오 성가, 오르가눔, 모데토가 있다. 대표적인 음악가는 래오냉, 페로탱 등이다.

3) **르네상스음악** : 15세기 중엽~1600, 그리스인들의 인간 정신의 부활로 마드리갈, 칸초나, 리체르카레가 있다. 조스갱, 팔레스트리나, 라소 등의 음악가가 있다.

4) **바로크음악** : 1600~1750, 통주 저음의 시대로 오페라, 칸타타, 오라토리오, 푸가, 모음곡등이 발전했다. 비발디, 라모, 바흐, 헨델 등의 음악가가 있다.
5) **고전주의 음악** : 1750~19세기 초, 형식과 균형의 음악으로 절대 음악 시대였다. 글룩, 하이든, 모차르트, 베토벤 등의 음악가가 있다.
6) **낭만주의 음악** : 19세기, 자유와 개성의 추구로 성격 소곡, 예술가곡, 교향시, 표제교향곡이 발전했다. 슈베르트, 멘델스존, 쇼팽, 슈만, 리스트, 브람스 등의 음악가가 있다.
7) **민족주의 음악** : 19세기 후반, 음악을 통한 민족주의의 부흥으로 자국민요의 재편성, 자국의 신화 전설 역사를 소재화했다. 러시아 5인조, 스메타나, 드보르자크, 그리그, 시벨리우스 등의 음악가가 있다.
8) **근·현대음악** : 20세기, 탐구와 실험의 음악으로 원시주의 음악, 표현주의 음악, 구체음악, 전자음악, 우연성 음악이 있다. 쇤베르크, 스트라빈스키, 스토크하우젠, 메시앙, 케이지, 윤이상 등의 음악가가 있다.